内蒙古自治区草原英才工程项目（KYCYYC23003）、内蒙古自治区深化新时代教育评价改革试点项目（KYPT23002）、内蒙古自治区直属高校基本科研业务费青年科技领军人才项目，以及内蒙古自治区学生欺凌防治中心资助出版

思想政治教育研究文库

——

青少年问题性移动社交媒体使用研究

基于生成机理及社会治理路径

姜永志　白晓丽　著

光明日报出版社

图书在版编目（CIP）数据

青少年问题性移动社交媒体使用研究：基于生成机
理及社会治理路径 / 姜永志，白晓丽著．--北京：光
明日报出版社，2025.1. -- ISBN 978 - 7 - 5194 - 8465 - 1

Ⅰ. G206.2；C913.5

中国国家版本馆 CIP 数据核字第 2025MS9891 号

青少年问题性移动社交媒体使用研究：基于生成机理及社会治理路径
QINGSHAONIAN WENTIXING YIDONG SHEJIAO MEITI SHIYONG YANJIU：
JIYU SHENGCHENG JILI JI SHEHUI ZHILI LUJING

著　者：姜永志　白晓丽

责任编辑：杜春荣　　　　　　　　　责任校对：房　蓉　李佳莹
封面设计：中联华文　　　　　　　　责任印制：曹　净

出版发行：光明日报出版社

地　　址：北京市西城区永安路 106 号，100050

电　　话：010-63169890（咨询），010-63131930（邮购）

传　　真：010-63131930

网　　址：http：// book. gmw. cn

E － mail：gmrbcbs@ gmw. cn

法律顾问：北京市兰台律师事务所龚柳方律师

印　　刷：三河市华东印刷有限公司

装　　订：三河市华东印刷有限公司

本书如有破损、缺页、装订错误，请与本社联系调换，电话：010-63131930

开　　本：170mm×240mm

字　　数：287 千字　　　　　　　　印　　张：16

版　　次：2025 年 1 月第 1 版　　　　印　　次：2025 年 1 月第 1 次印刷

书　　号：ISBN 978 - 7 - 5194 - 8465 - 1

定　　价：95.00 元

目　录
CONTENTS

绪　论

互联网的高速发展已经将当代社会推向一个全新的数字化网络时代，互联网在我们生活和学习中所起的作用也越来越重要，越来越多的现实问题被转移到网络中来，现实世界与虚拟世界之间的界限越来越模糊，这也给社会治理带来了更多挑战。社交网络是网络时代与我们息息相关的媒体平台，它的出现正改变着人们之间的交往方式，这种新的交往方式已经嵌入青少年学习和生活的方方面面。中国互联网信息中心（CNNIC）结合我国社交网络应用使用情况，并参考国内外相关研究机构的分类标准，把社交网络应用类型分为即时通信工具、综合社交应用、图片/视频社交应用、社区社交应用、婚恋/交友社交应用和职场社交应用 6 大类。第 51 次《中国互联网络发展状况统计报告》（CNNIC，2023）统计显示，截至 2022 年 12 月，中国移动手机网民规模达 10.65 亿，手机上网使用率为 99.8%（见图 1），其中即时通信类是移动手机网络使用最多的应

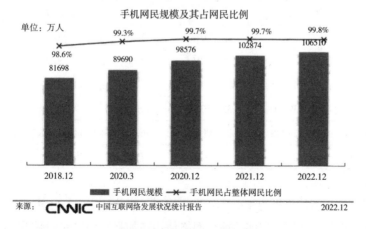

图 1　中国手机网民规模①

---

①　数据源于 CNNIC 第 51 次《中国互联网络发展状况统计报告》。

用（见表1）。在各种社交网络平台的使用中，微信朋友圈、QQ空间和微博牢牢占据着前三位。另外，从手机网民的年龄结构或者职业结构来看，10～19岁人群占14.3%（见图2）。上述数据均表明，以即时通信为代表的移动社交网络应用，已经成为与现实社会交往同样重要的一种社交方式，并且呈现出用户年轻化的特点和趋势。

表1　2021年12月—2022年12月各类互联网应用用户规模和使用率①

应用	2021年12月用户规模（万）	2021年12月网民使用率	2022年12月用户规模（万）	2022年12月网民使用率	增长率
即时通信	100666	97.50%	103807	97.20%	3.10%
网络视频（含短视频）	97471	94.50%	103057	96.50%	5.70%
短视频	93415	90.50%	101185	94.80%	8.30%
网络支付	90363	87.60%	91144	85.40%	0.90%
网络购物	84210	81.60%	84529	79.20%	0.40%
网络新闻	77109	74.70%	78325	73.40%	1.60%
网络音乐	72946	70.70%	68420	64.10%	-6.20%
网络直播	70337	68.20%	75065	70.30%	6.70%
网络游戏	55354	53.60%	52168	48.90%	-5.80%
网络文学	50159	48.60%	49233	46.10%	-1.80%
网上外卖	54416	52.70%	52116	48.80%	-4.20%
线上办公	46884	45.40%	53962	50.60%	15.10%
网约车	45261	43.90%	43708	40.90%	-3.40%
在线旅行预订	39710	38.50%	42272	39.60%	6.50%
互联网医疗	29788	28.90%	36254	34.00%	21.70%
线上健身	—	—	37990	35.60%	—

可见，基于智能手机的移动社交网络使用、移动社交网络在我们生活中发挥着越来越大的积极作用，如移动社交网络使用在加强人们之间的联系、维持社会

---

① 数据源于CNNIC第51次《中国互联网络发展状况统计报告》。

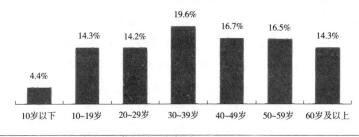

图 2　中国网民年龄结构分布①

关系、提升个体间自尊水平和幸福感、缓减抑郁和焦虑情绪等方面均发挥着重要作用（Gentile, Twenge, Freeman, & Campbell, 2012）。但研究发现，随着青少年对移动社交网络的过度使用，某些消极问题也在逐渐凸显，如线上社会比较导致个体消极自我评价，移动社交网络过度使用引起个体高焦虑和抑郁心理，移动社交网络过度使用对个体的睡眠质量产生消极影响，过多的自我表露增加个体受到在线伤害和网络欺负的风险（Xanidis & Brignell, 2016）。青少年移动社交网络的过度使用，以及由此带来对个体生理和心理的消极影响，已经成为社会高度关注的问题。移动社交网络过度使用带来的消极影响凸显，已经严重影响了青少年正常的学习生活，对青少年的生理、心理和行为均产生了消极影响，这种消极影响不但对青少年自身身心发展不利，在一定程度上也给学校教育和家庭教育制造了诸多障碍，使得传统教育方式在青少年人格塑造和积极行为习惯养成等方面的影响力被削弱。因此，从心理学视角揭示基于智能手机的移动社交网络使用问题，挖掘青少年移动社交网络使用背后的心理动机和心理机制，并从社会现实视角为青少年提供有效的教育引导对策，具有积极的现实价值。

由于移动社交网络使用的消极影响在现实生活中日益显现，这也使得从心理学视角进一步揭示青少年移动社交网络使用及其相关问题，引导他们以恰当合理的方式使用移动社交网络，为青少年心理发展保驾护航，成为一个热点问题。那么，探究青少年移动社交网络使用的深层心理动机，明确移动社交网络使用成因，揭示青少年心理发展、行为塑造与移动社交网络使用间的关系，已

_____

① 数据源于 CNNIC 第 51 次《中国互联网络发展状况统计报告》。

经成为十分迫切的问题。从文献梳理来看，现有研究主要关注几个方面：一是相关概念界定的争议；二是手机成瘾或移动社交网络使用动机问题；三是手机成瘾或移动社交网络使用与人格关系问题；四是手机成瘾或移动社交网络使用与消极情绪情感关系问题；五是手机成瘾或移动社交网络使用带来消极影响；六是社交网络过度使用问题。这几方面是目前国内外手机使用及其相关问题研究的主要内容，但现有研究并没有独立的理论体系，所依据的理论构想和解释性理论，大多来自早期网络成瘾和物质成瘾的相关研究。这也使我们注意到，依据物质成瘾理论开展的手机等移动终端使用问题研究，其理论假设或理论依据为移动社交网络使用相关研究提供支持是存在质疑的；另一个问题也是以往研究所忽略的，基于手机等移动终端开展的依赖或成瘾研究，其研究对象是手机本身还是手机功能，抑或是手机互联网服务？现有研究大多不进行区分，而事实上青少年移动社交网络作为一种基于移动终端的服务形式，移动网络服务及其 APP 的使用才是青少年产生问题性使用行为的关键。那么，将手机本身与服务功能的分离应该是今后研究的重要方向，这类研究的缺失也导致理论与实证研究在基本假设、理论建构等方面存在滞后现象。

以往相关研究难以全面加深人们对青少年移动网络使用的理解，尤其是备受青睐的移动社交网络使用研究仍较少。为了对该问题有较为深入的理解，我们有必要针对现有研究的不足并结合社会实际，开展青少年移动社交网络使用的深入系统研究。如修订和完善相关概念，并进一步明确问题性移动社交网络使用，同时对这一问题性行为开展筛查标准的制定；现有研究对移动社交网络使用发生机制的探讨多集中在人格或消极情绪方面，较少有研究从移动社交网络使用的认知视角来探讨，那么加强认知视角的讨论必然能对该领域研究有所贡献；移动社交网络使用与社会心理的关系复杂，目前较少有研究能够深入探讨它发生的社会心理机制，尤其对问题性移动社交网络使用的干预方案研究较少，导致对该问题的现实解决路径受到限制，很难从青少年心理发展规律方面开展有效干预和引导。

现有相关研究虽然丰富了该研究领域的成果，也对现实问题的解决提供了学理支持，但仍需要进一步对相关研究进行扩展和深化：（1）该问题相关的概念界定、评估标准并没达成一致；（2）该问题相关的发生机制尚没有完全清楚，且部分研究存在矛盾；（3）现有研究较少从认知视角揭示其影响因素或发生机制；（4）该问题的相关干预研究较少，已有相关干预研究是基于其发生机制（如人格特质、情绪、社会心理动机）和认知特点，针对性地制订相应的预防干预方案。因此，我们按照研究目标设定→可行性论证→理论建构→专题研究→预防干预→理论构建的思路开展，基于非病理性评估标准，从社会心理学视角评估青少年移动社交网络使用，揭示这种行为的认知特点及发生机制，采取分类干预方案对该行为进行预防干预，避免对青少年身心发展带来消极影响，并探究移动社交网络使用在青少年社会化发展中发挥的积极作用。

具体来看，本书共分八章，第一章"问题性移动社交网络使用概述"，包括7节，主要探讨和分析了问题性社交网络使用的基本概念、理论、测量、影响因素及干预方式等；第二章"青少年问题性移动社交网络使用评估及现状"，包括3节，主要编制了用于评估青少年问题性移动社交网络使用筛查和评估的工具，并基于此探讨和分析了青少年社交网络使用的基本特征和现状；第三章"青少年问题性移动社交网络使用影响因素研究"，包括3节，主要从人格、情绪和动机方面探讨了青少年问题性社交网络使用的影响因素；第四章"问题性移动社交网络使用相关影响因素的作用机制"，包括5节，主要探讨了神经质人格、自恋性人格、孤独感和无聊感与青少年问题性移动社交网络使用的关系及其作用机制；第五章"青少年问题性移动社交网络使用的认知特点"，包括2节，主要通过实验的方式探讨了注意偏性和心理渴求感与青少年问题性移动社交网络使用的关系；第六章"青少年问题性移动社交网络使用干预实验研究"，包括2节，主要探讨了心理健康教育课程和正念认知技术对青少年问题性移动社交网络使用行为矫正的作用；第七章"青少年问题性移动社交网络使用理论模型构建"，包括3节，主要基于相关理论与实证基础，提出建构解释青少年问题性移动社交网络使用的框架。第八章"问题性移动社交网络使用的社会治理路径"，包括3节，主要从青少年问题性社交网络使用的家庭教育、学校教育和社会教育3方面，提出了青少年社交网络使用教育引导的对策建议。

本书分八章对青少年问题性移动社交网络使用问题进行了探讨，本书主要关注青少年移动社交网络使用的非特异性使用问题，即问题性移动社交网络使用在青少年社会化心理发展中的作用。本书第一章第五、六节，第二章第三节，第三章第二节，第四章第三、四节，第五章第一、二节，第六章第二节为白晓丽撰写，约为10万字，其余章节为姜永志撰写。本书的研究内容仅是笔者在对该问题研究过程中的一些个人观点，难免有不够成熟之处，还需与学界同人商榷；本书涵盖的内容仅是社交媒体心理与行为研究中的很小一部分，限于笔者个人能力以及网络心理学正处于快速发展阶段等原因，本书在内容上也并不能对所有移动社交网络使用的心理与行为问题进行全面探讨。本书尽管在各个方面仍存在一些不尽如人意的地方，但笔者还是希望通过这本书的出版促进我国网络心理学的基础与应用研究，推动更多青年学者投身到网络心理学研究中来。

第一章

问题性移动社交网络使用概述

　　信息技术发展已经改变了人们的生活方式，人们通过智能手机，便捷高效地进行网络连接，建立了一个与现实社会一样的虚拟社会。随着移动社交媒体使用的人数越来越多，研究者开始关注移动社交媒体使用过程中伴随的心理与行为问题，尤其关注哪些因素导致了问题性移动社交媒体的使用，以及问题性移动社交媒体使用会给个体和家庭带来哪些影响。研究者普遍认为，移动社交媒体的过度使用使人们逐渐产生了对虚拟网络社会的依赖，甚至混淆了虚拟与现实的界限，破坏了人们正常的现实社会生活。如有很多家长抱怨孩子因长时间使用移动社交媒体，产生了社会疏离和学业成绩下降的现象。社会现实亟须对这一问题的形成原因、深层动机、发生机制和干预手段展开系统研究，但这一系列问题的解决尚不能有效开展，原因是过度的移动社交媒体使用的概念和标准仍未达成一致看法，如这一行为应称作"移动社交媒体成瘾""移动社交媒体依赖"还是"病理性移动社交媒体使用"？它是成瘾行为还是一般心理问题？这些问题的讨论主要集中在成瘾行为上，以及衡量指标上。基本概念的澄清也将为进一步探究移动社交媒体使用的心理结构，以及对该问题的风险评估提供依据。不过现有的理论基础和研究假设主要借鉴病理性赌博和网络成瘾的相关标准，这也导致网络成瘾的评估标准等同基于智能手机的移动社交媒体使用行为评估标准，使得现有评估工具也照搬了病理性赌博和网络成瘾的标准。除了概念界定和行为测量这两个问题之外，现有研究在对移动社交媒体使用行为的理论解释上仍过多依赖网络成瘾等相关理论，而缺少基于智能手机的移动社交媒体使用行为理论解释框架。移动社交媒体使用的界定，其风险的评估，以及对这现象作出的合理解释，这需要进一步澄清。因此，本书在文献分析基础上，对上述问题进行了较为系统的梳理，来澄清现有研究中存在的混淆和分歧。

第一节　问题性移动社交网络使用相关概念辨析

一、行为成瘾

传统的诊断系统严格地把重复性和过多的物质滥用所引起的生理、心理和行为症状视为成瘾，并强调成瘾是由于物质滥用导致个体生理和心理功能障碍的一种行为，包括毒品滥用、酒精滥用、过度吸烟引起的生理和心理症状。例如，当一个人痴迷于某种活动，且这种痴迷活动对他的日常生活产生消极影响，并呈现出类似物质成瘾的症状。然而，美国的《精神疾病诊断与统计手册》（DSM-4）并没有使用"成瘾"这个概念来描述这样一种行为，而只是将物质滥用和物质依赖与其他精神疾病进行了鉴别，并且没有对不包括物质使用的成瘾行为进行讨论。

虽然在《精神疾病诊断与统计手册》（DSM-4）中行为成瘾仍是按照物质成瘾的标准来制定的，但《精神疾病诊断与统计手册》（DSM-5）在物质相关障碍上做出重要修改，"成瘾及相关障碍"取代原来的"物质依赖"分类，增加了"行为成瘾"，并建议把"病理性赌博"从"冲动控制疾病"归类于"物质相关疾病"类目下的行为成瘾中，其主要理由是工作组认为病理性赌博与物质成瘾在临床、病因、生理和治疗方面有诸多共同点，应把两者归为同类。工作组还将网络成瘾列入该类目下，但是由于目前还缺乏足够的神经生物学证据支持，因此暂将其列入手册的附录。

在《精神疾病诊断与统计手册》（DSM-5）中也对物质使用障碍的标准进行了重新描述，认为物质使用障碍可包括11个临床症状：（1）使用数量或者时间比想象的更多；（2）有想要控制或中断使用的愿望；（3）花费大量的时间来获取和使用；（4）使用渴求性；（5）反复的物质使用导致无法承担角色任务；（6）尽管知道反复使用会产生消极影响仍继续使用；（7）由于反复使用而忽略其他重要活动；（8）在对身体有损害的情况下继续使用；（9）尽管知道使用对生理和心理的消极后果仍然使用；（10）耐受性提高；（11）戒断性症状（Laconi，Rodgers，& Chabrol，2014）。根据这些症状标准，冲动性赌博行为、过度进食行为、冲动性行为，虽然不包含任何化学物质的使用，但它们表现出的症状与物质使用障碍标准十分相似。病理性赌博也是第一个被正式收录在《精神疾病诊断与统计手册》（DSM）中的非化学物质使用导致的心理障碍。在传统的诊断系统中，病理性赌博被看作一种冲动控制障碍，而此后的大多数成瘾行为都是以病理性赌博标准为依据来制定的，例如网络成瘾和网络游戏成瘾。

但在物质成瘾相关研究中，《精神疾病诊断与统计手册》（DSM）将神经生物学的证据视为成瘾行为存在的重要依据。早期研究均发现，病理性赌博、网络成瘾均可以找到有力的神经生物学证据，来证明成瘾行为导致了神经系统的变化。但目前，《精神疾病诊断与统计手册》（DSM）并没有将网络成瘾看作一种十分具体明确的精神疾病，那么将网络成瘾作为一种明确的行为成瘾，这种观点仍处在争论之中。我们可以明确的是，以病理性赌博为代表的行为成瘾已经基本具备了所有物质成瘾的各项生理和心理筛查标准，而将基于现代信息通信技术的问题性技术使用行为，看作一种行为成瘾，仍需要更多的证据来支持。

二、技术性使用及成瘾

在信息社会中，人们在生活中需要更快地获取各种信息，更快地与人沟通交流以节省时间成本，这就导致了人们对信息技术有更多的渴求，使人被高度卷入技术性需求之中，并最终产生对技术使用的依赖性。Griffiths（1999）最早将行为成瘾的概念发展为"技术性成瘾行为"，认为技术性成瘾是一种不涉及化学物质的、在人机交互作用中产生的对机器使用的依赖，它也是以《精神疾病诊断与统计手册》（DSM）的标准制定的，常被描述成一种基于技术使用并与心理相关的行为成瘾（Kuss D J，Griffiths M D，2011）。这种行为成瘾主要与技术在人类生活中扮演的重要角色有关。正如以往研究所揭示的那样，技术性使用对人们的生活具有积极作用，而过度的技术性使用则会让使用者产生很多生理、心理和行为问题。换句话说，当技术性使用行为占据了一个人大部分的时间和精力时，这些技术性行为就会对人的身心产生消极影响，并表现出成瘾行为的主要症状。Carbonell 等人（2009）对 1995—2005 年这十年技术性使用问题进行文献计量分析，认为技术性成瘾行为主要包括电视成瘾、网络成瘾和手机成瘾（早期研究主要涉及手机短信成瘾）等。心理学和健康医学研究也对技术性成瘾行为的各种形式展开研究，这些研究主要集中在过度的技术性使用行为的发生，例如，技术性成瘾行为使用的动机、发生机制，以及技术性使用行为对个体身心发展带来的影响。

在技术性成瘾行为的筛查上，我们目前主要是以《精神疾病诊断与统计手册》（DSM-4）中病理性赌博的症状标准为依据，如 Young（1996）最早使用病理性赌博的标准对网络成瘾编制了"网络成瘾量表"，并提出了网络成瘾行为的筛查标准。随着研究的深入，网络成瘾的神经生物学证据被发现得越来越多，这也进一步确定了过度的网络使用是一种基于技术性使用的成瘾行为。近年来，由于移动互联网的快速发展和 WiFi 覆盖率的提高，以及基于智能手机 APP 应用服务的快速发展，过度的智能手机使用行为也导致了一系列的社会心理问题，使过度的智能手机使用也发展为一种新的技术性成瘾行为（Wei & Lu, 2014）。

三、网络成瘾

网络成瘾是一种十分普遍的网络使用障碍，它是近 20 年基于技术性使用开展研究最多的一种成瘾行为。网络成瘾是 Young 在 1996 年以《精神疾病诊断与统计手册》（DSM-4）中病理性赌博的诊断标准为基础提出的概念，将它看作一种对特定在线行为过度使用的冲动控制障碍（王福兴，倪牧宇，李卉，沃建中，2008）。目前大多网络成瘾的研究认为，网络成瘾与其他公认的成瘾行为（如病理性赌博、进食障碍、酒精依赖等）一样具有破坏性，其滥用模式类似病理性赌博，具有精神病理行为特征，是一种包括耐受性增强（按以前相同的上网量则满足感下降，须增加上网量才能达到原有的满足程度）、戒断性症状（尤其是震颤、焦虑）、情绪障碍（包括抑郁、焦虑等）、社会关系中断（数量减少或质量降低）等的精神障碍，而且 Young 开发的网络成瘾筛查工具也是根据赌博成瘾改编而来的，要求满足 8 条标准中的 5 条可被认为成瘾行为（梅松丽，2008）。虽然在《精神疾病诊断与统计手册》（DSM-4）及其修订版 DSM-4-TR 中也没有将网络成瘾列入其中，但在 DSM-5 的附录中将网络成瘾列入其中，《精神疾病诊断与统计手册》（DSM-5）认为网络成瘾是一种更为普遍的成瘾行为（Marder B, Joinson A, Shankar A, Thirlaway K, 2016）。这条尽管没有被收录在正文中，但这也标志着作为非化学物质使用行为的技术性使用问题，已经被权威机构承认。目前，学界已经承认这样一种基于网络使用成瘾行为的存在，并将基于网络的成瘾行为视为精神卫生疾病的一种亚型，强调网络成瘾与物质成瘾和药物滥用间的关系，以及网络成瘾行为对现实生活产生的消极影响。

根据《精神疾病诊断与统计手册》（DSM-5）的症状标准，网络成瘾及其亚型应主要包括以下症状：一是缺乏控制，个体试图控制和减少使用网络的时间但总是失败；二是耐受性提高，个体总是无意识延长了使用网络的时间，并且只有花费更多的时间上网才能达到以往同样的愉快体验；三是戒断性症状，当网络使用受限时，个体会产生紧张、焦虑、易怒等消极情绪，并产生强烈的上网渴求；四是消极结果，个体长时间使用网络对生理、心理和行为产生消极影响。根据现有成瘾行为诊断标准，网络成瘾除了应具有显著的临床症候群外，同时也应具备独特的神经生物学基础。例如，现有研究已发现，网络成瘾与物质使用障碍都存在类似的大脑神经机制，当使用网络时，人大脑的奖赏系统会比一般情况释放更多的多巴胺，引起大脑过度兴奋，并导致该区域神经元联结变化，而且网络成瘾已经被证明前额皮层和扣带回区域频繁被激活，这些神经生物学的证据都证明网络成瘾作为一种行为成瘾，呈现出了与物质成瘾越来越多的相似性。

四、社交网络成瘾

社交网络集合了多种网络应用服务，尤其是社交网络向智能手机终端的转移，使越来越多的人频繁、高强度地使用社交网络，智能手机已经成为社交网络依托的主要媒介。目前欧美国家使用的主流社交网站主要是指 Facebook，作为世界上最流行的社交网站，Facebook 综合了多种网络功能，如 Facebook 提供了图片、音乐、视频、信息传输、娱乐和网络游戏等功能，人们在这个社交网络中可以与熟人或陌生人通过视频、音频等进行联系，同时个体也可以通过这个平台发布和更新状态、上传和下载照片、玩网络游戏、听歌和看电影等，使用社交网络已经成为一种新的生活方式，就如同我们每一个使用智能手机的人都会使用微信一样（姜永志，李笑燃，白晓丽，阿拉坦巴根，王海霞，刘勇，2016）。

随着使用强度的增加，有一小部分个体出现了过度的社交网络使用问题，这种过度的社交网络使用行为被认为是网络成瘾的一种具体形式，也常被称作社交网络成瘾行为。有研究者将社交网络成瘾看作一种基于人机交互作用的不涉及化学物品使用的技术性成瘾行为（Lin, et al., 2014）。而这种行为被描述为成瘾行为时，研究者常使用《精神疾病诊断与统计手册》（DSM-4）中病理性赌博的标准来看待。按照该标准，社交网络成瘾行为主要体现在社交网络使用的时间和频率方面（凸显性）。基于《精神疾病诊断与统计手册》（DSM-4）来解释，人们使用社交网络主要是用来缓解负面情绪的（情绪调节或心境改变），希望通过频繁使用社交网络获得积极愉悦体验（耐受性或渴求感），如果终止使用时就会产生痛苦体验（戒断症状），由于过度的社交网络使用会对个体的生理或心理产生功能性损害（冲突或功能损害），个体便会试图控制社交网络使用但却总是失败（反复或失去控制）。Echeburúa 和 Corral（2009）总结认为，社交网络成瘾行为不仅是指社交网络使用时间和强度的增加，它还是一种包含心理依赖性、缺乏控制和对日常生活产生消极影响的行为，而且表现出较强烈的戒断综合征。目前社交网络使用已经成为人们日常生活不可缺失的一部分，尽管研究表明社交网络使用的积极影响显著大于消极影响，但社交网络使用消极影响的范围因智能手机的普及而迅速蔓延，越来越多的青少年产生了社交网络成瘾行为。青少年社交网络成瘾行为常常与抑郁倾向、自卑心理、低挫折耐受性和低自尊有关，并且会导致青少年学习成绩下降，会产生攻击性行为、盗窃行为、社会关系发展不良等行为问题（Cheung & Wong，2011）。正是由于目前社交网络成瘾行为带来消极影响，社交网络成瘾的生理、心理与行为研究才显得迫切。

五、手机成瘾

（一）传统手机与智能手机

1973 年世界第一款手机诞生，重量超过 1 公斤，电池仅能维持 20 分钟通话，而 40 多年后，手机已经变得轻巧可随身携带（Akın，Altundağ，Turan，& Akın，2014）。现在关于手机使用问题研究存在一个分水岭，那就是智能手机（Smart Phone）的出现打破了人们基于传统功能手机（Feature Phone）的理解，这也使得手机使用问题的研究出现了重要的转折。智能手机概念与传统功能手机是相对应的，主要是指可以像电脑一样，能够安装和卸载第三方应用程序的手机。从苹果公司 2007 年发布的第一代 iPhone，以及苹果公司 2008 年推出 iPhone 3G 服务开始，智能手机开启了手机使用的新时代。在随后的 10 年中，智能手机 APP 软件的开发满足了大多数人的学习、生活、工作和娱乐需求，使那个曾经网络成瘾盛行的时代再次出现，只是这个时代人们对技术的依赖由电脑转移到了智能手机上。因此，我们有必要对智能手机与传统功能手机的区别与联系做简要介绍，以便人们对智能手机时代相关概念有更加深入的理解。

智能手机与传统手机存在三个显著的区别：一是智能手机的使用与传统手机相比是一个动态的使用过程，智能手机使用者能够积极参与手机 APP 的使用，几乎所用 APP 都在为满足不同的用户而不断变化，而且用户可以在使用过程中对 APP 的使用体验进行积极反馈，以获得更优质的服务；二是智能手机提供了融合的服务，智能手机下载 APP 就可以使用各种应用软件，进行图片处理、网络社交、GPS 定位、信息浏览、收发邮件、玩网络游戏等，同时智能手机的服务会实时更新，使手机成为一部便携式电脑，也正是因为智能手机的使用可以获得更多便利，智能手机的过度使用行为也越来越多；三是智能手机可以满足不同年龄阶层人的需求，传统手机的主要功能是语音电话和收发信息功能，而智能手机则可以满足不同年龄人群的特殊需求，如进行网络社交、玩网络游戏、听歌看视频、收发邮件等，这也使不同年龄阶层的人对智能手机的功能使用产生了使用偏好和依赖性（Kim, Lee, Nam, & Chung, 2014）。目前手机使用问题带来的广泛影响，主要是在 2008 年智能手机时代来临之后所产生的。近年手机使用问题研究的内容主要也是指智能手机使用及其相关问题，因而文中讨论的手机成瘾问题主要指智能手机成瘾，下文不再做具体区分。

（二）手机成瘾及相关概念的争议

智能手机除了具备传统手机的便携式特点之外，它还是一部掌上电脑，它可以不受时间地点限制连接互联网，并可以随时下载、安装和使用各种 APP 应用，例如，智能手机的 Facebook、微信、在线网络游戏、在线视频音频、卫星定位等功能 APP。由于智能手机是一种集合式的便携设备，它的诸多优点使人们越来越频繁地使用它，在时间和强度上都超出了正常水平，并对个体的生理、心理和行为产生了消极后果。近年研究指出，手机的过度使用会对个体的健康产生消极后果，这使手机使用问题成为心理学、健康医学和信息技术科学的热点研究问题。尤其是，有研究表明手机的过度使用会导致学业成绩下降、家庭冲突和工作困扰，甚至导致较为严重的抑郁和孤独症状（Chen et al., 2016）。基于智能手机终端的低头族现象就是一种典型的手机使用问题，低头族泛指那些只顾低头玩手机，而无暇顾及（冷落）其他人或事物的一群人或一种社会现象［词汇来源：phubbing＝phone（手机）＋snubbing（snub 冷落的进行时态）］，这种现象的全球蔓延趋势已经产生了较为明显的消极后果。

在移动网络时代，个体可以通过各种智能手机 APP 进行网络活动，使得由传统计算机进行的活动都可以转移到智能手机上，这使得手机成瘾与网络成瘾具有很多的相似性，并且存在相互影响，例如，如果一个人总是在网络上花费大量时间，那么他更容易产生手机成瘾行为。手机成瘾常被看作"由于过度的手机使用而对个体生理、心理和行为产生消极影响的一种冲动控制障碍"，人们认为这种行为与病理性赌博、冲动性购物、网络成瘾等成瘾行为具有很多相似性。但是，手机成瘾的概念在学界尚未统一，关于手机成瘾行为的观点主要有两种：一种观点认为过度的手机使用是一种病理性的成瘾行为；另一种观点认为过度手机使用应看作一种非病理性的问题性使用行为。

第一种观点认为过度手机使用所表现的临床症状与病理性赌博和网络成瘾等十分相似，应该将其看作成瘾行为。持有此种观点主要有两点理由：一是在临床心理学的文献中，手机成瘾与网络成瘾、病理性赌博等一样都具有相同的核心症状症候群，手机成瘾的筛查标准也要以《精神疾病诊断与统计手册》（DSM-4）的症状标准为依据来评价，例如，Mok 等人（2014）认为手机成瘾行为可表现为以下临床症状：（1）个体专注于特定行为（如智能手机）；（2）这种行为是为了逃避现实或带来积极体验；（3）随着行为的持续会出现耐受性提高；（4）当行为终止或受干扰，会出现戒断症状（如感到焦虑、抑郁、暴躁）；（5）行为持续的后果会带来人际关系问题；（6）渴望终止行为却总是失败。二是过度的手机使用给个体的生理、心理和行为都带来巨大的消极影响，如过度手机使用会产生睡眠障碍、注意力不集中、记忆力减退等生理问题，会给个体带来焦虑、孤独和抑郁等消极情绪，并产生学业成绩下降、工作效率降低和退缩行为等。

持有第二种观点的研究者认为，过度的手机使用所产生的临床症状与病理性赌博等虽然十分相似，但并不能完全按照《精神疾病诊断与统计手册》（DSM-4）的标准将其看作成瘾行为，应看作基于一般心理问题的手机使用行为，而不是基于精神病学的病理性成瘾行为。持此观点的人主要有两点理由：一是尽管过度手机使用行为带来很多消极后果，但是与网络成瘾相比这些症状显得微不足道，手机使用产生的心理和行为问题几乎在每一个使用智能手机个体的身上都存在，危害并没有想象的那样严重；二是尚无明确证据表明过度手机使用与某些神经生物学机制存在联系，而神经机制是评价成瘾行为的关键指标，不能将这一行为称为手机成瘾，而应看作一种心理问题。

事实上，从现有研究来看，很多学者仍认为过度手机使用是一种成瘾行为，但这个概念仍然缺少确切的证据，迄今将这种行为作为成瘾症状的证据仅来自一些测量学数据分析。更具体地说，与其他化学物质及行为成瘾相比，手机成瘾缺乏类似的神经生理学及心理学机制参与其中的证据。在《精神疾病诊断与统计手册》（DSM-4）中，这类证据在病理性赌博和网络游戏成瘾的诊断中起到了关键作用，尤其是在成瘾行为的三大特征方面，即控制力丧失、耐受性和戒断症状，但在手机成瘾研究领域仍然缺少确切的证据。很多研究者主张将控制力缺失看作手机成瘾的关键症状（例如，失去对冲动的控制），在现有研究框架内，研究结果主要来自心理测量分析和少数案例报告，在神经生物学方面仍然缺少实证证据。因此，我们需要进一步研究来证实这种证据的存在，即与病理性赌博和网络成瘾研究类似，需要从神经生物学层面对其加以研究（例如，使用 ERP、EEG 或 fMRI 技术）。根据物质成瘾标准，学者们试图将耐受性应用于手机成瘾的诊断，如姜永志等人（2016）指出在手机成瘾的研究框架内，耐受性表现为"通过增加使用手机的频率与持续时间来获得满足"或者"需要市场中出现新型的替代操作设备"。事实上，根据手机使用时间和频率的增加来推断其耐受性的科学性仍值得商榷，尤其是在不同情境下，以及受到其他社会心理变量的影响，都会对使用频率和时间产生影响，如年龄（青少年更容易受到同龄人的影响）、状态关系（单身或恋爱）、职业情况（职业性质）及重要的生活事件（恋爱关系的开始或结束）等。

尽管以往研究均认为，手机成瘾具有与药物成瘾类似的戒断症状特点，但是，这方面的支撑证据仍然很稀少。在这类研究中，用来评估戒断的项目包括"当无法使用时我会感到焦躁易怒"或"当我无法使用手机时会恐慌"等。从严格意义上讲，这些研究仅能够提供戒断症状的间接证据，正是由于这些问题的不确定性，将过度手机使用看作成瘾行为还存在问题。但这并不意味着过度手机使用并非不能看作一种成瘾行为（至少一部分个体展现出问题性手机使用症状），只是目前现有研究证据还不足以得出明确的结论，还需要通过深入的实验研究来获取它与神经生物学基础的关系。

通过以上分析，本书认为过度手机使用无论被看作成瘾行为还是问题性使用行为，学界最重要的分歧在于，是否应依据《精神疾病诊断与统计手册》（DSM-5）的标准，如果按照《精神疾病诊断与统计手册》（DSM-5）的标准，过度手机使用应是一种精神疾病；如果不使用《精神疾病诊断与统计手册》（DSM-5）的标准，按照心理问题的行为标准来看，这一行为应属于不同程度的心理问题。我们并不希望在评判标准上过多纠结，而是认为过度手机使用问题的评估，既应借鉴《精神疾病诊断与统计手册》（DSM-5）的病理性使用相关标准，也应基于现实生活实践寻求生活的标准。因此，本书倾向于将其看作一种问题性手机使用行为，这种行为表现为个体过度使用手机，并对生理、心理和行为造成损害，但这种损害没有达到精神病学标准，而仅是一种技术性依赖行为。因此，本书将其称作问题性手机使用，强调其只是一种介于心理问题与精神疾病之间的心理状态。

六、核心概念界定：问题性移动社交网络使用

基于上述概念分析，本书将基于手机终端的社交网络过度使用称为"问题性移动社交网络使用"。从文献分析来看，国外研究主要使用量表测量社交网络使用，主要使用"成瘾"这个概念，如"Facebook Addiction Scale"，也有研究使用"Problematic Social Networks Usage"来表述的。一般认为"Addiction"偏向于精神病学的病理性症状（尤其是物质成瘾），而"Problematic"更倾向于正常人的使用问题（较少表现病理性症状）。"精神病学成瘾行为诊断标准"具体指行为符合《精神疾病诊断与统计手册》（DSM-5）中规定的冲动控制障碍（ICD-10）的诊断标准，而且所有被试同时还至少表现出符合《精神疾病诊断与

统计手册》（DSM-5）中规定的 I 型精神障碍（包括情绪障碍、精神病、物质依赖、焦虑障碍、饮食障碍、冲动控制障碍等）。显然，问题性移动社交网络使用较少反映出这些症状，将问题性移动社交网络使用作为成瘾行为，仍需要探讨。

问题性移动社交网络使用是否一定要依据现有的《精神疾病诊断与统计手册》（DSM-5）来制定？这个标准是否也可以是正常化的而非病理性的？问题性移动社交网络使用虽然与网络成瘾等类似，会对青少年的生理、心理与行为方面带来的消极影响，但这种使用行为带来的消极影响与网络成瘾并不完全一样，而且目前并没有足够证据表明问题性移动社交网络使用与网络成瘾具有一致或相似的神经生物学基础。例如，一般认为网络成瘾者大脑神经中枢会引起肾上腺素水平异常增高，出现交感神经过度兴奋和植物性神经功能紊乱等症状，并且可以激活个体中枢神经的奖赏机制（姜永志 等，2016）。

本书并不完全否定将问题性移动社交网络使用归为网络成瘾的一种亚型，但并不完全认可其评估标准，认为并没有任何特异性的症候群与"问题性移动社交网络使用"相对应，而是应以一般心理问题的生理—心理—社会不良反应作为评价指标。因此，本书主张使用"问题性移动社交网络使用"（Problematic Mobile Social Networks Usage）来界定（以下简称 PMSNU）更为恰当。问题性社交网络使用以及基于移动终端的移动社交网络使用，是基于正常社交网络使用的基础，对个体带来的介于病理性与正常使用之间的一种心理问题，这种心理问题可被看作由正常使用向"病理性使用"的一种过渡水平。那么，通过问题性移动社交网络使用测量和评估，可以进一步预测社交网络成瘾行为（这里更多应指具有精神病学诊断标准的行为），这部分观点可以以网络成瘾形成的相关理论，以及网络成瘾的阶段性特点等研究作为依据。由此，问题性移动社交网络使用是"个体长时间和高强度使用移动社交网络，使个体的生理、心理和行为等受到消极影响，并在一定程度上对正常的生活产生消极影响，但这种影响尚未达到精神障碍程度的一种移动社交网络使用行为"。

七、相关概念的层次梳理

通过相关概念的辨析，本书将相关概念按照层级逻辑进行了梳理。这个概念系统共分为四层：第一层为行为成瘾，它是与物质成瘾相对应的概念类别，是一种不包括化学物质使用的冲动控制障碍。第二层可分为技术性成瘾与非技术性成瘾，技术性成瘾与非技术性成瘾是相对应的概念。第三层次，非技术性成瘾主要以病理性赌博最为典型，其他还包括色情成瘾、性行为成瘾等；技术性成瘾主要包括网络成瘾、手机成瘾和其他技术性成瘾，其中网络成瘾是最为典型的技术性成瘾。早期技术性成瘾还包括电视成瘾，而问题性手机使用也常被称作手机成瘾，它是近几年随着手机尤其是智能手机的发展而产生的一种新技术性使用问题，但目前尚缺乏足够的证据支持其为成瘾行为。第四层次主要包括基于网络成瘾的各种亚型，以及基于问题性手机使用的各种亚型。典型的网络成瘾包括网络游戏成瘾和社交网络成瘾，其中网络游戏成瘾是最早提出来的网络成瘾亚型，而社交网络成瘾则是近十年随着 Facebook 等社交网络的发展而出现的一种新网络使用行为。典型的问题性手机使用主要包括问题性移动社交网络使用和问题性移动在线游戏使用，其中问题性移动社交网络使用是随着社交网络从电脑终端向智能手机终端转移后，产生的一种新技术性使用行为，这种技术性使用行为已经成为人们生活的一部分，对人们的学习生活和心理发展都具有重要作用（见图 1-1）。

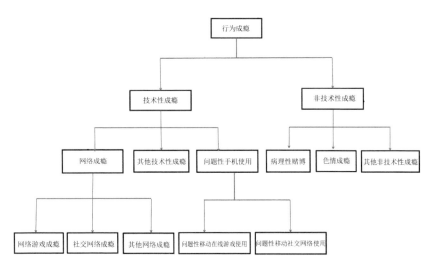

图 1-1　问题性移动社交网络使用及相关概念结构图

第二节　问题性社交网络使用的理论基础

一、媒介依赖理论

美国传播学家桑德拉·鲍尔·洛基奇（Sandra Ball-Rockeach）和学者梅尔文·德弗勒（Melvin De Fleur），在 1989 年出版的《大众传播学绪论》中正式提出媒介依赖理论。该理论认为，如果个体越是希望通过媒介使用来满足自己的心理需求，那么这种媒介在生活中就扮演越重要的角色，对个人的影响也越大。这一理论包括四方面假设：一是某种媒介的影响力并不完全由媒介和信息决定，而是看媒介是否在一定情境中满足了个体对特定信息的心理需求；二是媒介的影响力受到个体心理与行为因素的影响，主要取决于特定媒介及其信息与个体的认知、情感和行为变量间的关系强度，如果这种关系强度越大，个体更可能选择某种媒介；三是当个体身处复杂的社会情境中，个体不仅需要通过特定的媒介（如电视、网络）来认识情境和理解情境，而且需要依赖特定的媒介做出反应，以达到心理需求的满足，而媒介使用与积极心理预期及其满足又会强化媒介使用的行为；四是媒介对个体的影响各不相同，有些人受媒介影响大，而有些人受媒介影响较小，那些心理需求多的个体受到媒介影响也就越大。[1]

媒介依赖理论认为，信息技术的发展使个体面对越来越多的信息负载，这也使个体需要主动寻求特定信息来满足自己的需求，并且随着个体需求的增多，个体与媒介之间的关系也越来越紧密。该理论还认为，媒介系统与个体的关系并不是谁影响谁，而是相互作用的关系。从个人层面来讲，个体受到生存与发展动机的驱使，需要依赖媒介寻求自己的需求满足：理解自己和社会、确定自己与他人的行为，以及娱乐与社会交往，这些需求都是与个体生存发展关系密切的需求，这些需求的满足必定要依赖个体对媒介及其信息的使用及控制，而信息社会的不确定性和信息超载使人们对能够满足需求的媒介更加渴求。具体来说，个体对媒介的依赖，既包括对媒介工具的依赖，又包括对媒介内容的依赖。根据媒介依赖理论，个体之所以出现网络成瘾或问题性手机使用行为，是因为个体需要满足生存与发展需要，如网络游戏成瘾的个体希望获得娱乐需求的满足，社交网络成瘾的个体希望获得社会交往需求的满足。

二、穷者变富与富者更富模型

在网络成瘾相关研究中，人们提出"穷者变富模型"（Poor-Gets-Richer）和"富者更富模型"（Richer-Gets-Richer），这两种理论相互对应，均来自"补偿理论"（Compensation Theory）的发展。补偿理论认为人们之所以会产生某种心理并做出某种行为，是由于这种行为补偿了个体其他方面的缺失。穷者变富模型认为，互联网不只是扩展了线下社会交往，线上社会交往缺少言语线索提示和对社会交往的主动控制等特点，迎合了个人不同社会交往需求，这满足了

---

[1] 雷雳. 青少年网络心理解析 [M]. 北京：开明出版社，2012.

一些存在社会交往障碍的个体在社会交往中的心理需求。尤其对内向性人格个体来说，他们在现实生活中社交关系较为简单，可能存在更多社会交往缺陷，同时这些个体往往也存在低自尊和高抑郁情绪，他们倾向在虚拟世界中寻求在线网络社交，从而弥补现实社交缺陷。富者变富模型认为，在线的社会交流给个体提供了更多社会交往机会，尤其是那些具有外向性人格和具有较多的线上线下社会关系的个体，能通过社交网络进一步促进社会交往发展（Kraut et al.，2002）。

现有研究主要使用该理论解释人格特质社交网络成瘾的关系（Grobe Deters，Matthias，& Michael，2016）。例如，有研究表明，外向性个体比内向性个体拥有更多的线上朋友，他们更喜欢使用在线社交网络与他人进行交流，这使他们更容易出现社交网络使用问题；也有研究表明，外向性和内向性个体使用社交网络存在着不同的动机，外向性个体将社交网络当作一种与现实社交一样的社交方式，而内向性个体使用社交网络则是为了弥补现实社交的不足（Kuo & Tang，2014）。因此，外向性个体更愿意使用社交网络来扩展现实生活中的社交圈子，而内向性个体在现实生活中往往是社交不良者，他们想要通过社交网络弥补现实社交的不足。

三、使用与满足理论

在现代信息技术快速发展的今天，人们寻求媒体使用来满足自我心理需求，例如，网络媒体使用是为了满足自己对信息的渴求、对休闲娱乐的需要、对社会交往的需要等，而电视媒体使用则满足了人们对各类信息和休闲娱乐的需要等。人们选择使用某种媒体都是出于某种特定心理需求，通过心理需求满足来获得积极情绪（刘树娟，张智君，2004）。使用与满足理论（Uses and Gratifications Theory，UGT）是一种被广泛用于理解媒体选择和使用行为的理论（Chen & Leung，2016）。使用与满足理论假设：（1）媒介的选择和使用是有目的和动机的行为；（2）人们主动选择特定网络通信媒介是为了满足某种心理需求；（3）社会和心理因素直接或间接影响人们之间的沟通行为；（4）通过对各种媒体的比较来选择能够使个体得到满足的媒体；（5）个体对媒体使用的选择具有主动权。这一理论可以解释现代通信技术使用与心理行为间的关系。该理论还认为，人们基于个人心理需要或动机选择媒体和技术来满足不同的需求，如果这些需要得到满足，人们就更可能继续重复这样的行为。近几年越来越多的研究使用该理论对成瘾行为进行解释，例如，有研究发现社交关系维持和娱乐休闲需要是人们使用社交网络的主要动机（Quan-Haase & Young，2010）。也有研究者认为社交网络的使用动机主要包括信息需求、娱乐需求、社会交往需求和身份认同需求。Ku 等人（2013）则认为，人们经常使用 Facebook 的动机包括关系维持需求、娱乐需求、信息需求、社交需求和自我呈现需求。上述研究均表明，建立和维持社交关系、信息需求、休闲娱乐、分享信息、情感需求等是社交网络使用者的心理动机，这在使用与满足理论的解释框架下。

四、行为强化理论

行为主义心理学家斯金纳（Burrhus Frederic Skinner）最早提出行为强化理论，强调个体某种行为之所以出现是因为受到强化的结果。按照行为强化理论，强化可分为正强化和负强化，当一种积极刺激的出现使行为出现概率增加的强化称为正强化，当一种消极刺激减少使行为出现概率增加的强化称为负强化。行为强化理论被提出以来，主要应用于学习行为和行为矫正等领域，在行为强化理论的具体应用中，强调要因地制宜地使用强化物、信息反馈应及时、强化物呈现要及时，当在上述原则基础上使用行为强化理论，就会使特定行为发生的概率增加，并塑造和改变特定行为。按照行为强化理论，问题性移动社交网络使用是受到强化的结果。根据该理论的解释，如果移动社交网络使用在过去获得奖励，这种行为可能会再次发生。例如，他人积极关注和积极反馈作为正强化物，可以增加行为产生的概率。如果移动社交网络使用可以避免个体现实生活中的社交焦虑、孤独感和抑郁等情绪，那么移动社交网络使用的时间和频率也会得到增加。从现有文献来看，移动社交网络使用给个体带来了积极影响，如提升自尊、获得情感支持和认同感，缓解社交焦虑、孤独感和抑郁情绪等，这些影响作为一种强化物能显著增强个体移动社交网络使用的动机（巢乃鹏，2012；McEwan，2013）。在移动社交网络使用过程中，个体可以被"点赞"、获得即时反馈和评论，这也可以作为积极强化物而增加移动社交网络使用的行为。可见，行为强化理论从行为主义视角为问题性移动社交网络使用行为提供了一条解释路径。

五、计划行为理论

计划行为理论（TPB）是理性行为理论（TRA）的发展延伸，理性行为理论认为个体认知系统能够对凸显信息进行合理和系统的评价（Walsh & White，2007）。该理论认为个体的行为意向，也就是个体行为表现动机是行为的直接决定因素。行为意向被认为包括两个重要成分：行为态度（Attitude toward the Behavior，AB）和主观规范（Subject Norm，SN）。行为态度反映了个体对执行行为积极或消极的评价；主观规范反映了个体根据来自重要他人的压力感知来决定是否采取行动。因此，当个体感知到来自重要的人的积极期望时会产生积极态度，有利于个体行为意向的形成，这种行为意向强度对行为具有积极的预测作用。为了提高对非自主行为的预测，计划行为理论（TPB）在理性行为理论（TRA）的行为态度和主观规范两个基本结构上，又增加了知觉行为控制这个结构，来增加对特定行为的有效预测。知觉行为控制（PBC）是指个体感知到的内部和外部因素对促进或抑制某种行为的影响（段文婷，江光荣，2008）。根据计划行为理论，行为意向受到行为态度、主观规范和知觉行为控制的影响，这三个成分相互作用产生相应的行为意向，行为意向最终导致某种行为产生，即当个体对行为态度越积极、重要他人支持越大、知觉行为控制越强，就会产生积极的行为意向（见图1-2）。

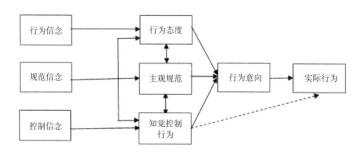

图 1-2   计划行为理论结构模型

可见，计划行为理论对行为意向和实际行为具有显著预测作用，但从目前研究来看，该理论仅能对行为意向和实际行为作出有限的预测。段文婷和江光荣（2008）认为，尽管个体拥有大量关于行为的信念，但在特定时间和环境下只有相当少量行为信念能被获取，这些可获取的信念也叫凸显信念，它们是行为态度、主观规范和知觉行为控制的认知与情绪基础。社交网络使用作为一种技术性使用的类型，可以被看作一种凸显信息，人们对社交网络的积极需求使个体对社交网络使用产生积极态度，而社交网络中被反馈的信息可以看作重要他人的支持，这些积极信息能使个体的心理需求获得更多满足，从而产生较强的知觉行为控制力，三者相互作用产生积极行为意向。这得到了 Walsh 和 White（2007）研究的支持，他们基于计划行为理论考察了计划行为理论对手机使用的影响，发现计划行为理论对手机使用强度有直接预测作用。

六、认知自我调节理论

认知自我调节理论是 Lin, Fan 和 Chau（2014）在班杜拉（Albert Bandura）自我调节理论基础上发展而来的。该理论强调个体首先要对环境进行评价，看其是否可以满足自己的目标；其次，这个评价过程将引发个体不同的情绪反应；最后，通过评价和情绪反应，个体将产生继续维持情绪体验的意图。如果个体通过评价产生积极情绪体验，就会持续这种行为；如果个体通过评价产生消极情绪体验，就会终止这种行为①。因此，这个认知加工过程包括三个阶段：认知评价→情绪反应→应对反应。这个模型强调认知和情绪自我调节机制对行为反应的重要作用，而自我调节受结果导致的认知评价和情绪反应的相互影响②。他们基于自我调节的视角提出解释社交网络使用的理论框架，认为社交网络使用涉及复杂的认知过程，是一个认知→情感→行为相互连接的过程（见图1-3）。

图1-3　认知自我调节理论结构模型

移动社交网络使用一般包括三个认知阶段。第一阶段为认知评价阶段，即个体对移动社交网络的整体评价，包括系统质量和价值感知（包括连通性、觉察和愉快感），系统质量主要是指整个移动社交网络的技术是否达到预期，如链接是否流畅、页面是否美观、功能是否齐全等，这种对移动社交网络整体技术的评价会产生积极情绪体验。价值感知是指用户对移动社交网络满足自己某种需求的主观评判，价值感知对使用者的满意度和重复使用有直接影响。第二阶段为情绪反应阶段，包括用户满意度和归属感，满意度是指使用者对移动社交网络的整体达到心理预期而持有的态度，归属感是指使用者能够在移动社交网

---

① HUANG L Y, HSIEH Y J, WU Y C J. Gratifications and social network service usage：The mediating role of online experience［J］. Information & Management，2014，51（6）：774-782.

② LIN H, FAN W G, CHAU P. Determinants of users' continuance of social networking sites：A self-regulation perspective［J］. Information & Management，2014，51（5）：595-603.

络使用中获得归属体验，归属感对在线虚拟网络使用具有直接影响。第三阶段为应对反应阶段，包括持续的使用意向，当个体通过认知评价产生积极情绪体验时，移动社交网络使用者会希望继续获得积极体验，并产生持续使用的行为意向。通过这个理论模型，我们能够从认知视角解释问题性移动社交网络使用的发生。

七、自我决定理论

移动社交网络使用使越来越多的人产生"缺失恐惧症"，"缺失恐惧症"是指当人们长时间无法使用手机或手机无法连接网络时，个体因为害怕错过与自我有关的信息而产生的焦虑心理。也就是说，缺失恐惧是一种人们对能给自己带来积极回报行为的缺失导致的普遍心理担忧。对于那些具有缺失恐惧的人来说，社交媒体的参与对他们具有很大的吸引力，例如，Facebook 和微信这样的社交网络平台能使个体更深入地参与到社交互动中。自我决定理论从一个宏观的视角提出了对缺失恐惧的合理解释，根据自我决定理论，有效的心理调节和心理健康应基于以下三方面：能力——有效与他人相互作用的能力、自主性——能够主动做出改变的能力、关联性——与他人建立联系的能力。自我决定理论认为，心理满足感应来自自我积极主动的心理与行为调节。

根据该理论，缺失恐惧可以被理解为个体对相关信息需求的缺失，使个体感到不能自主掌控与外界的相互关系，由此带来的希望积极寻求需求满足而产生的信息恐惧。因此，人们在现实生活中的心理缺失会导致个体通过移动社交网络使用来寻求满足，而移动社交网络的即时变化又使很多信息无法即时获得，这使个体基于获得心理需求满足的心理承受压力，由此使个体产生基于移动社交网络使用的缺失恐惧心理，这种缺失恐惧强迫个体不断使用移动社交网络，由此造成恶性循环并导致问题性移动社交网络使用的产生。例如，Przybylski 等人（2013）研究发现，那些具有较低心理需求满足、情绪较低落和生活满意度较低的个体报告了更多的缺失恐惧，具有较高缺失恐惧的个体更倾向于移动社交网络使用。因此，缺失恐惧可以被看作移动社交网络使用的心理动机和预测因素，而自我调节理论能为基于缺失恐惧而产生的问题性移动社交网络使用提供理论解释。

八、心理流动理论

Barnett（2005）提出一种心理流动理论，该理论认为责任心促使个体专注于特定的活动，这种活动如果能让人体验到愉悦就会促使个体渴望不断重复这种行为①。这种状态体验主要与休闲活动相联系，例如，游戏、跳舞、下棋等活动会使个体全神贯注，个体会逐渐体验到活动带来的愉悦体验，但这种愉悦体验的产生需要特定的前提条件，例如，技能、控制力、重要性、挑战性、互动性、唤醒、时间感淡化和临场感等要素的综合作用。在这其中，控制性和重要性与活动本身的操作有关（例如，进行工作和信息搜索），而技能、挑战性、时间感淡化和临场感主要与活动的娱乐性有关（例如，玩网络游戏）。互动性和唤醒既与活动的操作性有关，又与活动的娱乐性有关（例如，聊天）。根据该理论的解释，在线社交网络使用是一种包含了操作性和娱乐性的活动，而如果具备了上述条件，在线的社交网络活动就会给个体带来积极的情绪体验，并使个体不断重复这一行为。这一理论尽管能对在线网络活动提供一定的解释，但这一理论过于烦琐而较少受到关注（Huang, Hsieh, & Wu, 2014）。

九、问题性手机使用综合模型

Billieux 等人（2015）通过手机成瘾及相关研究文献的分析，提出了问题性手机使用行为综合模型，认为至少三个路径可以导致问题性手机使用：（1）过度安慰寻求路径；（2）冲动性路径；（3）外向性路径。他们强调每条路径都会受到个体因素的影响，并会导致不同的使用行为（例如，使用的频率及类型、风险使用、类成瘾症状）。第一条路径是过度安慰寻求途径，以往研究认为某些个体会通过手机使用来获取情感支持（Alt, 2015），例如，短信的过度使用与关系维持具有积极相关性（Alavi, Maracy, Jannatifard, Ojaghi, & Rezapour, 2014）；也有研究发现社交焦虑水平与问题性手机使用及发送信息数量存在密切关系（Babadi-Akashe, Abedini, Akbari, & Hedayati, 2014）；有研究者还使用聚类研究，发现较高的神经质水平及较低的自尊水平都与问题性手机使用的增加相关（Augner & Hacker, 2012）。因此，问题性手机使用可能是由安慰需求所引发的，而较高焦虑水平、缺少自尊、不安全依附或情感不稳定性等这些因素，都会使个体通过手机寻求心理安慰。第二条路径是冲动性路径，调查研究显示，手机使用的成瘾倾向与具体的冲动性表现相关，如迫切性（在涉及情感时行为鲁莽）、缺乏计划（更高的无意识行动倾向）和自我控制力差（不愿意考虑行为后果）。第三条路径是外向性路径，已有研究表明，问题性手机使用与高外向性

① HUANG L Y, HSIEH Y J, WU Y C J. Gratifications and social network service usage: The mediating role of online experience [J]. Information & Management, 2014, 51 (6): 774-782.

存在密切关系，当个体受到与他人持续紧密交流欲望及建立新关系欲望的驱动时，就会产生问题性手机使用行为。根据该理论假设，个体产生问题性手机使用受到情感因素和人格因素影响，其中情感因素主要涉及情感寻求，而人格因素主要涉及冲动性和外向性人格。这一理论仅是根据文献分析后提出的，总体而言并不能完全揭示问题性手机使用的发生机制，例如，某些人格特质、心理与社会动机和情绪因素未能完全包含在该模型中。

第三节　问题性手机使用及社交网络使用相关测量

一、问题性手机使用的相关测量

问题性手机使用研究主要以测量法为主，但不同时期人们关注内容并不一致。本书对目前已经编制的问题性手机使用及相关问题测量工具进行了梳理（尽管大多数研究针对的现象都是手机成瘾，但是研究者对这一现象的称呼或者命名因其关注点不同而有所差异，因而我们对与这类问题相关的现象统称为问题性手机使用）。本书将问题性手机使用研究分为三个阶段：第一阶段为非智能手机时期，时间大概在 2008 年之前；第二阶段为智能手机初步发展阶段，时间大概为 2008 年至 2012 年；第三阶段为智能手机快速发展阶段，时间大概为 2012 年之后。在第一阶段，问题性手机使用主要从整体上探讨过度手机使用产生的症状和消极后果，主要根据《精神疾病诊断与统计手册》（DSM-4）中病理性赌博症状作为评估标准，这导致相关测量工具结构基本一致，这一阶段的研究现象主要是手机短信和语音通话在使用中所表现出来的具体问题；在第二阶段，随着智能手机的出现，人们除了关注问题性手机使用的症状表现，还同时关注问题性手机使用的前因和后果，即什么原因导致了问题性手机使用，以及问题性手机使用带来了哪些消极影响，这一阶段的研究对象主要是新兴网络服务平台，如人人网、开心网、微博等；在第三阶段，智能手机使用对个人、家庭和社会带来的消极影响日益凸显，尤其是某些问题性手机使用成为研究的热点，如 Facebook、微信等社交网络使用成为欧美和我国在该领域研究的关注点。

在上述三个阶段的研究中，国内外研究编制了相关的测评工具，只是每个时期人们的关注点不同，也使测评工具的名称和结构存在差异。人们尽管在这三个时期对该问题的关注视角不同，但基本上所有研究及其测评工具的开发，都是以《精神疾病诊断与统计手册》（DSM-4）中与行为成瘾相关的标准为依据的。从国内外研究来看，现有测量工具存在三个主要问题：一是绝大多数测验只能测量问题性手机使用的严重程度，揭示这种现象的结构，而不能来制定筛查工具进行诊断；二是大部分工具都基于《精神疾病诊断与统计手册》（DSM-4）关于病理性赌博的症状来制定评价标准，而这种基于病理性赌博的标准对问题性手机使用行为的评价值得商榷；三是所有测评工具都以大学生为研究对象，针对青少年、中老年人或者全部人群的工具较少，这也使得这类研究工具的普适性受到极大限制。

通过文献搜集和整理，本书对近几年发表在 SCI 期刊数据库中的论文和国内发表在专业期刊上的文献进行检索，并根据量表名称、作者、时间、对象、题目/计分、信度系数和维度结构几个方面，进行了归纳和整理（见表1-1）：

表 1-1　问题性手机使用及相关问题测量

量表名称	作者	时间	对象	题目/计分	信度系数	维度结构
手机依赖问卷（MPDQ）	Toda，Monden，Kubo，Morimoto	2004 年	大学生	20 题/4 点计分	0.86	三维度：凸显性、过度使用、强迫性短信使用
手机依赖问卷（MPS）	Bianchi，Phillip	2005 年	大学生	27 题/10 点计分	0.91	五维度：戒断症状、消极健康影响、消极社交影响、经济问题、社会地位影响
短信使用问题诊断问卷（SMS-PUDQ）	Rutland，Sheets，Young	2007 年	大学生	8 题/2 点计分	0.87	二维度：病理性使用、过度使用
大学生手机依赖量表（MPDQ）	徐华、吴玄娜、兰彦婷、陈英和	2008 年	大学生	13 题/5 点计分	0.59	四维度：耐受性、戒断性、社会功能、生理反应
问题性手机使用问卷（PMPUQ）	Billieux，Van der Linden，Rochat	2008 年	大学生	30 题/4 点计分	0.85	四维度：禁止使用、危险使用、依赖性、经济问题
手机短信依赖量表（TMDS）	Igarashi，Motoyo-shi，Ta-kai，Yoshida	2008 年	青少年	15 题/5 点计分	0.85	三维度：情感反应、过度使用、关系维持

续表

量表名称	作者	时间	对象	题目/计分	信度系数	维度结构
问题性手机使用问卷（PCPU-Q）	Yen, Tang, Yen	2009年	青少年	12题/2点计分	0.96	二维度：问题性使用症状、功能损害
手机卷入问卷（MPIQ）	Walsh, White, Young	2010年	大学生	8题/7点计分	0.87	单维度
大学生手机成瘾倾向量表（MPATS）	熊婕、周宗奎、陈武、游志麒、翟紫艳	2012年	大学生	16题/5点计分	0.91	四维度：戒断症状、凸显行为、社交抚慰、心境改变
青少年问题性手机使用量表（PMPUS）	Guzeller, Cosguner	2012年	青少年	18题/5点计分	0.84	三维度：消极影响、强迫性、戒断性
大学生手机依赖量表（MPAS）	姜永志、白晓丽	2013年	大学生	21题/5点计分	0.86	五维度：强迫性使用、戒断性反应、关系卷入、身心健康不良、人际疏离
青少年手机使用依赖自评问卷（SQPMPU）	陶舒曼、付继玲、王惠、郝加虎、陶芳标	2013年	青少年	13题/5点计分	0.87	三维度：戒断症状、渴求性、身心效应
智能手机成瘾量表（SAS）	Kwon, Lee, Won, Park, Min	2013年	青少年	33题/6点计分	0.96	六维度：日常生活干扰、积极预期、戒断症状、过度使用、耐受性、网络关系取向
智能手机成瘾量表（SAS-SV）	Kwon, Kim, Cho, Yang	2013年	青少年	10题/6点计分	0.91	单维度

续表

量表名称	作者	时间	对象	题目/计分	信度系数	维度结构
智能手机成瘾量表（SAUS）	Won-jun, Lee	2013 年	大学生	20 题/5 点计分	0.84	六维度：忽视工作、逃避现实、忽视现实社交、缺乏控制、凸显行为、过度使用
问题性手机使用量表（PUMP）	Merlo, Stone, Bibbey	2013 年	大学生	20 题/5 点计分	0.94	七维度：耐受性、戒断症状、时间延长、渴求性、活动减少、任务失败、忽视问题
手机依赖指数中文版（MPAI）	黄海、牛露颖、周春燕、吴和鸣	2014 年	大学生	17 题/5 点计分	0.91	四维度：失控性、戒断性、逃避性、低效性
大学生智能手机成瘾量表（SAS-C）	苏双、潘婷婷、刘勤学、陈潇雯、王宇静、李明月	2014 年	大学生	22 题/5 点计分	0.88	六维度：戒断行为、凸显行为、社交安抚、消极影响、APP 使用、APP 更新
智能手机成瘾倾向量表（SAPS）	Kim, Lee, Lee, Nam, Chung	2014 年	青少年	15 题/4 点计分	0.86	四维度：适应困扰、虚拟生活取向、戒断症状、耐受性
大学生手机依赖问卷（CPDQ）	Alavi, Maracy, Jannatifard, Ojaghi, Rezapour	2014 年	大学生	18 题/5 点计分	0.88	三维度：凸显性、过度使用、强迫性短信使用
智能手机成瘾倾向量表（SPAI）	Lin, Chang, Lee, Tseng, Kuo, Chen	2014 年	大学生	29 题/4 点计分	0.94	四维度：强迫行为、功能障碍、戒断症状、耐受性
中学生智能手机依赖量表（SDISA）	向松柏、刘建榕	2015 年	青少年	24 题/5 点计分	0.86	四维度：症状诊断、人际依赖、行为表现、情感依附

续表

量表名称	作者	时间	对象	题目/计分	信度系数	维度结构
问题性手机使用量表（PMPUS）	Pamuk，Atli	2016 年	大学生	24 题/5 点计分	0.99	四维度：手机剥夺、消极后果、控制问题、社交回避
大学生智能手机依赖量表（SDISC）	王睿迪	2016 年	大学生	33 题/5 点计分	0.96	四维度：戒断性、凸显性、兴奋性、满足感
大学生手机移动网络过度使用量表（MPIEU）	姜永志、白晓丽、阿拉坦巴根、刘勇、李敏、刘桂芹	2016 年	大学生	17 题/5 点计分	0.78	五维度：戒断症状、情绪改变、社会功能受损、耐受性提高、时间延长
问题性手机使用量表（PMPUS）	Mohammadi，Alavi，Jannatifard，Sepahbodi	2015 年	大学生	24 题/5 点计分	0.91	三维度：过度专注、戒断症状、过度使用
成年人智能手机成瘾量表（SASA）	陈欢、王丽、乔宁宁、曹玉萍、张亚林	2017 年	成年人	26 题/5 点计分	0.91	六维度：APP 使用、APP 更新、戒断反应、凸显性、社会功能受损、生理不适

整理分析发现，最早对手机使用开展研究的是 Toda 等人（2004），他们以大学生为研究对象编制了"手机依赖问卷（MPDQ）"，量表包括 20 个题目，分为凸显性、过度使用、强迫性短信使用 3 个维度，这是最早对该问题进行测量的工具。随后研究者们相继编制了相关测评工具，但以 Billieux 等人（2008）编制的"问题性手机使用问卷（PMPUQ）"最为著名，该问卷针对大学生使用手机中存在的问题，编制了 30 个题目，包含禁止使用、危险使用、依赖性、经济问题 4 个维度，这个问卷在随后研究中不断在其他国家和文化背景中进行信效度的检验，且基本得到了验证。在 2010 年之前，智能手机使用带来的相关问题没有成为人们关注的主要问题，在这个阶段相关测评工具更多关注的是人们在使用短信和语音通话过程中存在的过度使用问题，以及这些问题给个体带来的经济问题、安全问题和依赖性问题等。因此，这一阶段的相关研究还没有深入到问题性手机使用自身的具体问题。

在 2012 年之后，智能手机开始普遍使用以及相关 APP 的开发和应用，使智能手机 APP 及其相关使用问题成了人们关注的焦点，这一时期的测评工具开发包括几个特点：首先，这一时期人们关注的是基于智能手机的移动互联网和相关 APP 使用与个体身心发展的关系。例如，Lee 在 2013 年编制的"智能手机成瘾量表（SAUS）"，这个量表主要关注大学生使用智能手机造成的不良后果，量表包括忽视工作、逃避现实、忽视现实社交、缺乏控制、凸显行为和过度使用 6 个维度，以揭示智能手机使用带来的消极后果为目的。其次，这一阶段测量工具均使用了《精神疾病诊断与统计手册》（DSM-4）中关于病理性赌博的相关标准，例如，Merlo 等人（2013）编制的"问题性手机使用量表（PUMP）"，该量表包含 7 个维度：耐受性、戒断症状、时间延长、渴求性、活动减少、任务失败和忽视问题，结构大多是借鉴了《精神疾病诊断与统计手册》（DSM-4）的相关标准。在这之后的测评研究，虽然大多是针对智能手机使用，但人们在对它的命名上并不一致，例如，"智能手机成瘾倾向量表（SAPS）""大学生手机依赖问卷（CPDQ）""智能手机成瘾倾向量表（SPAI）""问题性手机使用量表（PMPUS）"和"大学生手机成瘾倾向量表（MPATS）"等，这也构成了这一时期相关测评工具开发的第三个特点，即尽管测评内容和结构维度十分相似，但名称却没有统一。另外，国外主要以《精神疾病诊断与统计手册》（DSM-4）的标准作为工具编制的依据，国内研究者在借鉴过程中也是以这样的标准作为依据，但这一标准对网络成瘾行为或许有效，它是否同样也可以直接照搬到对智能手机使用问题上来，这还值得商榷，并需要相关研究进一步证实。

二、问题性社交网络使用及相关测量

随着社交网络使用的普及以及社交网络使用带来的一系列消极影响，问题性社交网络使用及相关测量工具也得到开发，但这些量表大多与问题性手机使用及相关测量工具并无太多变化。通过文献整理，本书对近几年发表在 SCI 期刊数据库中的论文和国内发表在专业期刊上有关社交网络使用相关的测评工具进行检索，根据量表名称、作者、时间、对象、题目/计分、信度系数和维度结构几个方面，进行了归纳和整理（见表 1-2）。

表1-2 问题性社交网络使用及相关测量

量表名称	作者	时间	对象	题目/计分	信度系数	维度结构
社交网站成瘾量表（SNWAS）	Turel, Serenko	2012年	大学生	5题/7点计分	0.87	单维度
卑尔根Facebook成瘾量表（BFAC）	Andreassen, Torsheim, Brunborg, Pallesen	2012年	大学生	17题/5点计分	0.83	六维度：凸显性、情绪改变、耐受性、戒断性、冲突、反复性
Facebook依赖问卷（FDQ）	Aquije, Bernabe-Ortiz	2013年	大学生	8题/2点计分	0.67	单维度
Facebook自我呈现问卷（SPFBQ）	Michikyan, Dennis, Subrahmanyam	2014年	大学生	17题/5点计分	0.81	五维度：真实自我、理想自我、自我欺骗虚假自我、探索虚假自我、虚假自我比较
Facebook社交焦虑量表（F-SIAS）	McCord, Rodebaugh, Levinson	2014年	大学生	7题/5点计分	0.86	单维度
微博过度使用量表（MEUS）	Hou	2014年	大学生	10题/5点计分	0.92	三维度：健康和戒断问题、时间管理、社会舒适
社交网络成瘾风险建构量表（C^r.A.R.S）	Vilca, Vallejos	2015年	青少年	43题/5点计分	0.96	七维度：缺乏控制、戒断症状、学业失败、情绪改变、依赖性、其他活动失去兴趣、社会冲突
社交媒体成瘾量表（SMAS）	Al-Menayes	2015年	大学生	12题/5点计分	0.75	三维度：消极社会后果、时间延长、冲动性

续表

量表名称	作者	时间	对象	题目/计分	信度系数	维度结构
Facebook 使用的社会心理行为问题量表(PSAFU)	Bodroža,Jovanović	2016 年	大学生	43 题/5点计分	0.92	五维度：心理补偿、自我呈现、关系维持、成瘾行为、虚拟自我

从文献数量来看，这类测评工具数量并不多。较早的是 Turel 和 Serenko（2012）以大学生为研究对象编制的"社交网站成瘾量表（SNWAS）"，量表主要是基于传统互联网的使用编制，量表是包括 5 个题目的单维量表。其他相关工具大多针对 Facebook 的问题性使用编制，例如，Andreassen 等人（2012）编制的"卑尔根 Facebook 成瘾量表（BFAC）"，为 17 个题目的 6 维度结构量表，包括凸显性、情绪改变、耐受性、戒断性、冲突和反复性。从国外研究来看，Facebook 的使用问题是研究者关注的热点问题，也有部分研究者针对微博等其他社交网络，编制了相关的测评工具。这一时期测评工具的编制和开发，主要是基于传统互联网的社交网络使用编制，且以 Facebook 使用为主。

我们进一步分析发现，这些工具呈现以下几个特点：一是大多工具仍延续了网络成瘾的研究思路，采用了病理性赌博的症状标准作为评定依据，所以在工具结构上有很多共性；二是这类工具的编制主要以 Facebook 使用为主，根据 Facebook 的功能特点设置相应的题目，偶尔也有研究者针对微博和 Twitter 使用编制工具，但主要以 Facebook 使用为主；三是问题性社交网络使用及相关量表，并没具体区分基于传统互联网的在线社交网络还是基于智能手机的移动社交网络使用；四是相比问题性手机使用及相关量表在数量上比较少，且这类工具编制时间主要以近 5 年为主；五是量表主要以国外研究为主，我国尚没有专门针对社交网络使用而编制的测量工具。由此可见，问题性社交网络使用工具的开发主要以 Facebook 使用为主，并且测量工具主要是国外研究者开发的。

综上所述，无论手机使用问题的相关测评工具，还是社交网络使用问题的相关测评工具，都存在一些共同特点和问题。首先，它们都主要以《精神疾病诊断与统计手册》（DSM-4）中行为成瘾的标准作为问卷编制的理论依据；其次，现有手机使用或社交网络使用问题相关测评工具的编制和开发，仅能探寻现象的基本结构或严重程度，而不具备问题筛查功能，使得相关测评工具在评估筛查等应用领域受到很大限制。

第四节　移动社交网络使用对社会心理与行为的影响

伴随着"微时代"的到来，越来越多的现实问题被转移到网络中，现实世界与虚拟世界之间的界限越来越模糊，这给社会治理带来了诸多挑战。从新技术发展角度来看，社交网络作为一柄双刃剑，它给个体的心理行为发展带来诸多益处，如合理的社交网络使用有利于提高个体的自尊水平和幸福感，减少焦虑和抑郁心理，对青少年社会交往技能的提高和高层次社会交往需要的满足也有益处。然而，不恰当的社交网络使用也给青少年社会性心理发展带来了严重的消极后果，如认知功能受损、消极情绪、消极自我评价和消极学业行为等。为更好地揭示社交网络使用对青少年社会性心理发展的影响，本书梳理了社交网络使用对青少年社会性心理发展产生的积极和消极影响，一方面对加深人们对社交网络使用与个体社会性心理发展的关系具有重要价值，另一方面对引导青少年健康合理使用社交网络、摆脱对虚拟社交的依赖、促进现实社交技能发展、减少学校与家庭教育的矛盾与冲突、缓解社会对青少年社会化进程的忧虑也具有重要现实意义。

一、移动社交网络使用对心理与行为的积极影响

（一）移动社交网络使用对社会关系的影响

信息通信技术的发展使人与人之间的交往方式发生了巨大变化，尤其是以Facebook和微信为代表的社交网络已经成为人们生活中不可缺少的一部分。当社交网络从传统PC端向手机端转移后，社交网络的使用无论在覆盖范围上，还是在使用频率上都达到了前所未有的水平。社交网络之所以受到如此欢迎，主要是它以其完善的功能和服务满足了不同人群的各种心理需求。例如，在社交网络中个体可以通过视频、音频、文字、图片等，表达观点、分享经验、上传和下载照片、更新状态、传递信息、在线游戏、建立和维持关系等。但是，社交网络作为一种集合多功能的社交网络平台，它主要功能仍是进行人际关系的建立、维持和发展。有研究表明，社交网络使用不仅有利于线下社会关系的维持，还有利于建立和发展线上社会关系。例如，外向性个体不仅在现实生活中具有很多的朋友，而且他们也更愿意通过社交网络维持现实人际关系，并发展新的线上人际关系（姜永志，王晓超，白晓丽，2015）。可见，社交网络的使用

不但可以加强现实和网络中与他人的弱连接关系，而且可以建立较为稳固的强连接关系（刘沛汝，姜永志，白晓丽，2014；McEwan，2013），同时社交网络使用还能促进群体认同、性别认同、民族认同，尤其是能促进特殊小群体认同，并使其加强联系。

（二）移动社交网络使用对心理健康的影响

社交网络除了能促进人们之间社会关系的建立、维持和发展，同样还能促进个体心理健康水平（姜永志，白晓丽，2014；黄海，侯建湘，余莉，周春燕，2014）。人们都有获得归属和被他人认可的需要，这种归属一般需要建立在个体与某个群体亲密情感联系的基础上。在社交网络中，人们同样需要获得归属感，自我呈现是个体在社交网络中获得归属感的主要途径，而在社交网络中，自我表露是自我呈现的最主要形式。例如，在自我呈现的过程中，个体往往以积极的方式表露自我的相关信息，采取相应的印象整饰策略来提升自我社交形象，通过在社交网络中的印象整饰，使个体更容易被他人接纳，这不但满足了个体的归属需要、认同需要和社会交往需要，而且提高了个体的自尊水平，同时能减少焦虑、抑郁等消极情绪，从而显著提高个体的主观幸福感和生活满意度（姜永志，白晓丽，刘勇，陈中永，2017；王月琴，张宇，2015；Lento，2010）。在Krasnova 等人（2013）的一项调查研究中，要求被试报告在最近一次使用社交网络之后的情绪体验，有 43.8%的人报告他们体验到积极的情绪（例如，愉快、满足、兴奋、放松等），有 36.8%的人报告他们体验到了消极的情绪（例如，无聊、愤怒、悲伤、孤独、嫉妒等）。在另一项研究中，Lin 等人（2015）通过心理测量和实验法考察了个体浏览社交网站的情绪反应，情绪反应着重考察高兴和羡慕两种情绪，其中羡慕分为善意的嫉妒和恶意的嫉妒，结果发现个体在浏览社交网站时积极情绪显著多于消极情绪，并且主要表现为高兴和善意的嫉妒。我们分析可知，无论是基于传统 PC 端的社交网络使用还是基于智能手机端的移动社交网络使用，都能为个体提供获得心理满足的途径，能够为个体带来更多的积极情绪，并减少消极情绪体验，这对提高个体的心理健康水平具有积极意义。

（三）移动社交网络移动使用对躯体疾病康复的影响

移动社交网络使用不但有利于维持和发展社会关系，提高个体心理健康水平，而且也对躯体疾病的康复起到积极的促进作用。Househ 等人（2014）在医疗保健领域文献检索中发现，使用社交网络进行医疗保健的患者逐渐增多，而且通过社交网络（年轻人群更青睐移动社交网络）能有效增进患者之间、患者与医生间的交流，使患者更清楚认识自己的疾病，同时也能在患者之间建立起社会支持和情感支持系统，帮助患者克服对疾病的焦虑和恐惧心理。近年来西方"电子健康"（E-Health）的兴起，也为社交网络应用于疾病治疗提供了新的平台，电子健康是以互联网、无线通信技术、移动电话、平板电脑等为媒介，通过计算机程序整合各种资源而形成的一种在线社交网络交互平台（白晓丽、姜永志，2014），这项新技术正在应用于心理与躯体疾病的治疗。基于电子健康的交互式语音应答系统已经开始应用于收集患者疾病信息的领域，在这种基于互联网的交互式治疗系统中，患者会比在现实生活治疗中更能坦诚地面对自己的问题。我们通过交互式治疗技术，能够有效提高患者的治疗动机并帮助患者获得更多的社会支持（Moessner & Bauer，2017）。也有研究发现，基于手机移动网络的电子健康治疗技术，对糖尿病、癌症、慢性心脏病、吸烟、酒精滥用等方面都具有很好的治疗效果（Giansanti，2017）。这项技术同样可以应用于行为成瘾的治疗，通过这项技术能对网络成瘾、游戏成瘾及智能手机成瘾等行为进行有效治疗。

二、移动社交网络使用对心理与行为的消极影响

（一）移动社交网络使用产生"社交网络疲劳"现象

移动社交网络使用对维系人们之间的社会联系，获得社会支持和情感支持，以及提高生活满意度和幸福感具有积极作用，这种积极体验也会使个体愿意花更多的时间和精力使用社交网络。尤其是，基于智能手机的移动社交网络使用会使个体负载更多社交信息而产生信息超载，当社交网络传递给个体的信息超过个体负担水平时，就会产生由信息过载而导致的社交网络使用的回避现象，这种现象称为"社交网络使用疲劳"。社交网络使用疲劳是当个体浏览太多的网站和内容，为了与太多朋友建立联系和保持社会关系而在社交网络中花太多时间时，因信息负载而倾向于远离社交网络的心理（Bright, Kleiser, & Grau，2015）。信息过载理论认为，人的认知能力是有限的，人的认知系统对信息接受是有选择性的，过多信息输入不但不能增加个体对经验的认知，反而会损害认知加工，并对个体心理健康产生消极影响。Choi 和 Lim（2016）还考察了社交信息超载和社交网络使用对大学生心理健康的影响，发现社交信息超载并没有对心理健康产生直接影响，但社交信息超载会通过社交网络成瘾间接影响心理健康水平。由此可见，移动社交网络使用虽然给人们生活带来了诸多益处，但

这种过载网络信息也会使人的认知系统超载而产生疲劳感，进而产生消极的心理体验并导致心理健康问题。

（二）移动社交网络使用增加躯体疾病风险

移动社交网络使用虽然对某些躯体疾病康复有积极的促进作用，但也会增加躯体疾病风险。移动社交网络使用常使青少年沉溺其中而产生时间扭曲幻觉，并且他们会长时间保持一个静坐姿势。健康医学研究表明，长时间久坐不动可以导致多种健康问题，比如，血压升高、心肺功能下降、葡萄糖代谢异常、患病和死亡风险增加。Lepp 等人（2013）的研究也发现，高频率使用智能手机比低频率使用智能手机的个体，放弃了更多体育锻炼的机会，长时间使用智能手机不但减少了体育锻炼活动，而且还增加了久坐不动的时间，造成颈椎、臀部肌肉和神经受损。研究还发现，智能手机使用强度与个体的心肺功能存在显著的负向相关，且智能手机使用可以直接反向预测心肺功能（Lepp, Barkley, Sanders, Rebold, & Gates, 2013）。Korpinen 等人（2015）采用自我报告方法考察了长时间使用移动社交网络对身体的损害，结果发现有 8.2% 的被调查者说，由于经常使用移动社交网络而感到臀部、髋关节、背部等出现酸痛和麻木的感觉（Korpinen, Pääkkönen, & Gobba, 2015）。除了对躯体产生的损害外，流行病学研究还认为，长时间使用智能手机或移动社交网络会使个体长时间暴露在手机辐射下，使个体罹患脑癌的风险大大增加（Leszczynski & Xu, 2010）。医学研究也表明，手机辐射会导致基因组织的变化，长期使用手机可能导致脑肿瘤，对眼角膜和晶状体组织产生破坏，同时也会产生偏头痛、记忆力减退、易疲劳等生理症状。智能手机在世界范围内的使用有近 20 年时间，而想要清楚确定智能手机辐射与脑癌之间存在必然联系是十分困难的，至少从现在研究来看，正常使用智能手机产生的辐射与脑癌之间并不存在直接的关系。尽管有些问题尚在争论之中，但不可否认的是，长时间使用智能手机会对个体的肌肉组织和心肺功能产生消极影响。

（三）移动社交网络使用导致睡眠质量下降

问题性移动社交网络使用会对睡眠质量产生消极影响。睡眠对人的生理和心理健康都至关重要，尤其是青少年处在身心快速发展的阶段，良好睡眠对保证他们的身心健康非常重要。青少年越来越多的睡眠时间被移动社交网络占据，这使青少年的睡眠质量受到严重影响（李丽，梅松丽，牛志民，宋玉婷，2016）。已有研究表明，睡觉前使用智能手机玩在线游戏和使用社交网络进行在线社交，不但会影响青少年睡眠习惯和睡眠时间，而且会造成睡眠紊乱、睡眠质量下降和白天嗜睡等不良的现象（Vernon，Barber，Modecki，2015）。有研究者还考察了大学生睡前移动媒体使用行为（数据通过提交在线日记的形式完成，要求被试在睡前 15 分钟到 2 小时内提供），发现睡前使用移动媒体的时间越长，会使睡眠整体时间减少且产生晚起行为，而睡前使用移动媒体时间越短，会使整体睡眠时间延长；对睡前最后 1 小时的数据进行分析，我们还发现活动类型在移动媒体对睡眠质量的影响上起着关键作用，其中使用智能手机上网、进行网络社交和听音乐等几种活动对睡眠质量影响最大。Oshima 等人（2012）还考察了青少年夜晚使用移动社交网络与心理健康的关系，发现夜晚使用移动社交网络时间越长睡眠质量越差，睡前移动社交网络使用会提高个体自杀意愿和自伤风险，并对心理健康产生消极影响。Vernon 等人（2015）也揭示了睡前长时间使用移动社交网络的危害，如睡前移动社交网络使用降低了睡眠质量和学业满意度。上述研究均表明，睡前使用智能手机（尤其是社交网络和在线游戏服务），不但对个体的睡眠质量产生消极影响，而且还会因睡眠质量不佳对学业成绩和心理健康带来消极影响。

（四）移动社交网络使用导致认知功能受损

问题性移动社交网络使用不但对睡眠质量产生消极影响，还对认知功能产生严重的破坏，尤其是长时间移动社交网络使用会导致认知失败、记忆减退和注意分散等问题（Vernon，Barber，Modecki，2015）。有研究表明，长时间暴露在智能手机电磁辐射下，个体的认知加工能力将会受到损害，尤其是对注意力和记忆力的影响尤为明显。Hadlington（2015）考察了网络成瘾、移动社交网络使用与日常生活认知成功/失败的关系，发现网络成瘾和问题性移动社交网络使用与认知失败存在显著正相关，将网络成瘾和问题性移动社交网络使用分为高分组和低分组，发现网络成瘾和问题性移动社交网络使用高分组存在更多的认知失败。

除问题性移动社交网络对认知功能造成的损害外，夜晚使用智能手机导致的睡眠问题也会对认知功能产生影响。医学研究表明，睡眠质量会影响与创造、整合、计划等认知活动有关的大脑前额叶皮层的功能（贺金波，郭永玉，柯善玉，赵仑，2008），较差的睡眠质量会导致更多的认知问题。Wilkerson 等人（2012）考察了失眠与日常生活认知失败的关系，发现较差的睡眠质量和失眠与注意力不集中、与个体对名字记忆差等认知失败有关。Xanidis 和 Brignell（2016）还考察了睡前移动社交网络使用、睡眠质量和认知失败的关系，发现睡前移动社交网络使用强度会降低睡眠质量，还会增加日常生活认知失败的概率，而且睡眠质量在移动社交网络使用与认知失败之间起中介作用。这意味着，当个体对移动社交网络使用的依赖程度增加时，移动社交网络使用时间增加，强度就会增大，睡眠时间就会减少，由此引发一系列生理紊乱，进一步增加日常生活认知失败概率。以上研究表明，问题性移动社交网络使用会导致认知失败、记忆力减退和注意力分散等问题，而且这种认知功能受损会受睡眠质量影响，较差的睡眠质量增加了认知失败的风险。

（五）移动社交网络使用产生消极的情绪体验

问题性移动社交网络使用也会导致后悔体验、孤独感、焦虑和抑郁等负面情绪（Smock, Ellison, Lampe, & Wohn, 2011）。有研究表明，问题性移动社交网络使用者比正常使用者面临更多的现实社会交往问题，在现实社会交往中常表现出更多的社交焦虑、孤独感和抑郁等消极情绪（Hames, Hagan, & Joiner, 2013）。Beranuy 等人（2009）发现，问题性使用者（包括手机成瘾、网络成瘾、社交网络成瘾）表现出更多的焦虑和抑郁情绪。Yen 等人（2009）的研究也表明，具有明显抑郁倾向的青少年表现出更多手机成瘾症状的特征。韩国、美国和澳大利亚的研究也对这一观点进行了印证（Chen & Lee, 2013）。

究竟是问题性移动社交网络使用导致了消极情绪，还是消极情绪导致了问题性移动社交网络使用？有研究表明，问题性移动社交网络使用不仅会导致消极情绪，消极情绪也会导致问题性手机使用，问题性移动社交网络使用与消极情绪之间不是单一的决定关系，而是相互作用的关系。但现有研究大多关注抑郁、焦虑、孤独等消极情绪对问题性移动社交网络使用的影响和预测作用（Hong, Chiu, Huang, 2012）。如果问题性移动社交网络使用与消极情绪之前存在相互作用关系，这就意味着它们之间的这种关系很有可能是受到其他心理因素的间接影响，而人际关系常被认为是在问题性移动社交网络使用与消极情绪之间起中介作用的。为证实问题性移动社交网络使用、人际关系问题与消极情绪之间的关系，Chen 等人（2016）研究发现，青少年在智能手机使用上花了更多的时间，并表现出更多的人际关系问题和社交焦虑、抑郁等消极情绪。问题性移动社交网络使用一方面直接预测人际关系问题，预测社交焦虑和抑郁情绪，另一方面人际关系问题间接影响社交焦虑和抑郁情绪（Chen, et al., 2016）。上述研究表明，在问题性移动社交网络使用与负性情绪之间可能存在着某些中介或者调节变量，进一步的研究可对问题性手机或社交网络使用与负性情绪之间存在的间接效应进行深入探讨。

（六）移动社交网络线上社会比较，导致消极的自我评价

社会比较理论认为，个体倾向于通过社会比较寻求自己在社会群体中的相对位置，从而形成对自我的认识和评价。社交网络使用使青少年更愿意在移动网络中进行积极自我呈现，并获得积极关注。有研究认为，女大学生更愿意在社交网络中展现积极的自我形象的照片，将自己的形象与他人进行比较以增强理想、积极的自我体验。但是，这种通过在线社交网络的社会比较，有时并不能真正提升个体的自我认识水平，不恰当的社会比较反而助长了个体的虚荣心，并降低了自我评价。当个体在社交网络中被他人发布的积极形象所吸引时，会对自我身体形象产生消极影响，认为自己的身体形象更差，认为他人比自己更幸福、比自己生活得更好（Chou & Edge，2012）。同样，Eckler 等人（2016）的研究也印证了这样的结论，他们考察了女大学生社交网络使用与自我形象的关系，发现在社交网络上花的时间越多和使用频率越高的女大学生，更关注社交网络中他人的积极形象，体验到更多的消极情绪。为何人们在社交网络中的社会比较中会产生消极体验？这是因为大多数人使用社交网络的动机是呈现积极的自我，即通过印象整饰策略或者美化技术使自己看上去更好，通过美化处理的个体无论在形象上还是在社会地位上都比现实生活中的自己更优秀。那么，在社交网络中往往都是自己与他人经过美化处理的形象进行比较，个体基于现实出发与社交网络中经过美化处理的对象进行比较，大多会采取向上比较的策略，而这也会使个体产生更多消极自我评价，并体验到更多的消极情绪。

有研究还发现，社交网络使用不但使青少年普遍对自己的身体形象不满意（Berg，Frazier，Sherr，2009），而且这种对自我身体形象的不满意会使青少年通过不健康的饮食习惯来维持自我形象。例如，有研究认为经常使用社交网络的女性比不经常使用社交网络的女性更加关注自己的身体形象，她们在社交网络上花的时间越多对自我形象越不满意，同时表现出更多的节食瘦身行为。也有研究发现，女中学生在社交网络上自我展示的照片数量与自我不满意度之间存在关系，并认为外表比较是影响社交网络使用与自我形象满意度的重要因素（Meier & Gray，2014）。相关研究也证实了社交网络使用与个体身体形象关注的关系，发现社交网络使用使女生更关注自己的身体形象，并且外表比较在二者间起到调节作用，即女大学生在社交网络中通过比较对自己的身体形象更加关注（Fardouly & Vartanian，2015）。以往研究表明，个体尽管希望通过社交网络呈现积极的自我来获得积极的自我评价，但个体在社交网络中更愿意采取向上比较策略，这种比较有时并不能获得积极的自我评价，反而由于过多的向上比

较会减少积极的自我评价。

（七）移动社交网络使用增加在线伤害风险

在社交网络的界面信息中，包括性别、年龄、职业、爱好、照片等个人基本信息大多公开，这些暴露的信息也成为网络骚扰、网络欺负的重要信息源（Dredge, Gleeson, de la Piedad Garcia, 2014）。青少年在社交网络中的自我呈现与网络欺负之间的关系也逐渐成为研究者感兴趣的话题。网络欺负行为是一种由团体或个人在网络上故意实施的对他人反复和长时间的网络侵犯行为，这种行为对受害者的认知、情感和行为都会产生消极影响，例如，网络欺负行为会使个体产生焦虑、抑郁、恐惧等消极情绪，尤其对青少年危害更大。有研究还发现，女生相比于男生更容易受到网络欺负，社交网络使用时间和网络熟悉性能够对网络欺负行为作出正向的预测，在社交网络中留有电话号码和详细地址信息的个体会受到更多的网络骚扰（Walrave & Heirman, 2011）。由此可见，社交网络使用给某些群体带来了在线伤害，尤其是对于女生以及那些问题性社交网络使用者来说，他们更易受到在线网络伤害，基于智能手机的移动社交网络更是增加了这种在线伤害行为发生的概率。

（八）移动社交网络使用导致消极的学习行为

移动社交网络使用所引发的社会认知功能障碍、睡眠质量和消极情绪等，均会对青少年学习行为产生消极的影响。Jankovic 等人（2016）研究发现，大学生平均每天花 2.76 个小时使用移动社交网络，而平均每天花在智能手机上的时间为 8.34 个小时，这表明在使用智能手机的时间中有 1/3 是使用移动社交网络，大学生宁愿牺牲学习时间也要为使用社交网络和智能手机留有时间。Sánchez-Martínez 和 Otero（2009）考察了西班牙高中生社交网络使用与学业成绩的关系，同样发现社交网络使用导致了学业成绩的显著下降。其他相关研究也证实，智能手机或社交网络使用时间和强度与学生的学业成绩和消极学习行为存在密切的关系，智能手机或社交网络使用时间和强度可以预测消极学业成绩和学业焦虑水平（Hong, Chiu & Huang, 2012）。冀嘉嘉、吴燕和田学红（2014）的研究还认为，智能手机或社交网络使用除了对学业成绩产生消极影响，还易使个体产生学习倦怠行为，研究发现大学生智能手机成瘾可以预测学习拖延行为。上述研究表明，问题性移动社交网络使用易引发学习倦怠、学习拖延等不良学习行为，还会直接对学业成绩产生消极影响。进一步研究可对问题性移动社交网络使用与消极学习行为影响的中间过程或作用机制进行深入探究，尤其是对

"翻转课堂""云课堂"等基于智能手机的课堂进行探究。

第五节　移动社交网络使用的影响因素及作用机制

问题性移动社交网络使用作为新媒体时代普遍关注的社会问题，它的形成受个体内部驱力与外部驱力双重影响。我们从个体内部诱发驱力来看，主要包括源自个体内部的心理需求动机、人格特质、情绪体验等。从智能手机成瘾的个体外部诱发驱力来看，移动新媒体时代的社会背景和环境"迫使"人们不得不使用智能手机，而社会线索刺激则加剧了人们对智能手机使用的心理渴求感。此外，也有研究者从功能视角强调智能手机本身的特性是诱发人们对其产生成瘾行为的重要因素，如智能手机本身的功能集合性、易得性和便利性，以及内容的个性化和定制化功能。智能手机成瘾的形成尽管受多重因素影响，但核心还在于人自身与环境交互作用形成的内外诱发驱力。

一、人格特质对移动社交网络使用的影响

（一）外向性人格和神经质人格与移动社交网络使用的关系

人格因素作为一种稳定的心理特质，被看作成瘾行为的重要影响因素（John & Lucila, 2016）。外向性人格和神经质人格与物质成瘾存在密切的关系（王欢，黄海，吴和鸣，2014），外向性人格和神经质人格不但与物质成瘾有关系，而且与智能手机使用也存在密切的关系。从现有文献来看，这两种人格特质也是智能手机使用和移动社交网络使用的重要预测指标（章群，龚俊，李艳，章雪颖，史碧君，2016）。Ezoe 等人（2009）考察了大学生人格特质与手机成瘾的关系，发现外向性人格和神经质人格可以显著地正向预测手机成瘾。Takao（2009）还提出了著名的成瘾人格的观点，他考察了问题性手机使用的风险预测因素，认为外向性人格和神经质人格是两种典型的成瘾人格，高外向性人格和高神经质人格这两种人格对问题性手机使用具有较强的积极预测作用。Błachnio 和 Przepiorka（2016）的研究也显示，问题性移动社交网络使用与高外向性人格、高神经质人格存在密切的关系，高外向性和神经质个体更愿意使用社交网络，并且在社交网络使用上会花更多的时间。也有研究者综合研究了青少年网络成瘾、网络游戏成瘾、问题性移动社交网络使用等与人格特质的关系，发现高神经质和高外向性人格能够显著预测问题性移动社交网络使用，高神经质能

显著预测网络成瘾（Wang, Ho, Chan, & Tse, 2015）。Lee 等人（2014）还发现外向性个体比内向性个体更频繁地更新状态、下载和上传照片、评论他人发布的状态，而且外向性个体也拥有更多的社交朋友。高外向性的青少年更加活跃、合群、热情、富有表现力，而且具有更多的积极情绪，这对问题性移动社交网络使用的预测验证了"富者更富模型"。高神经质的青少年具有易情绪化、易冲动、易焦虑和逃避现实等特点（Walsh, White, & Cox, 2011），这对问题性移动社交网络使用的预测也验证了"使用与满足理论"。

（二）自恋人格与移动社交网络使用的关系

自恋人格是青少年问题性移动社交网络使用的重要影响因素。自恋通常被视为一种人格特质，主要表现为膨胀的自我概念、盲目的自我夸耀，优越感和权力感以及需要不断得到他人的赞赏和崇拜等。自恋人格的个体大多具有较强的表现欲并期望通过呈现积极的自我以及建立大量人际关系来获得心理满足（杨秀娟，周宗奎，刘庆奇，牛更枫，2017）。有研究发现，自恋人格能够正向预测个体移动社交网络的使用时间、频率和强度，而且自恋人格个体拥有的网友数量也远超过正常使用者（Wang, Gaskin, Wang & Liu, 2016）。相关研究也发现，高自恋性与高外向性直接影响其在社交网络中上传照片和状态更新的频率（Ong et al., 2011），而且青少年主要将社交网络用于交流沟通、休闲娱乐、分享新闻、听音乐、上传和下载照片，具有自恋倾向的中学生更频繁地更新自己的状态和上传照片，而且花在社交网络中的时间远远超过没有自恋倾向的学生。由此可见，一方面自恋人格个体往往在移动社交网络使用的频率、强度、时间和朋友数量方面显著高于正常使用者，另一方面自恋人格倾向的青少年希望在移动社交网络中展示自己最好的一面，期望通过社交网络构建理想的自我，他们在社交网络中表现得非常活跃。适当的自恋对提高心理健康水平有帮助，但过度的自恋会表现出傲慢、自大、漠视和缺乏同情心等行为，且更易导致问题性移动社交网络使用。

（三）冲动性人格与移动社交网络使用的关系

冲动性人格是青少年问题性移动社交网络使用的重要影响因素。冲动性是早期病理性赌博诊断标准的重要指标，主要表现为缺乏自我控制。以病理性赌博为基础发展而来的手机成瘾的诊断标准也将冲动性纳入其中。自我控制是一种个体管理和调节自我情绪和行为的能力。社会认知学习理论和自我控制理论认为，个体的自我管理机制影响着自我控制，缺乏自我控制的个体会产生各种各样的行为问题和社会适应不良的现象，包括冲动行为和冒险行为（汤雅婷，邹锦慧，李敏，梁洁，刘文沃，2015）。现有研究表明，冲动性与一些成瘾行为存在密切的关系。一项以中国中学生为研究对象的研究发现，自我控制与网络成瘾行为存在密切的关系，且低自我控制的学生更容易产生网络成瘾行为（Li，Dang，Zhang，Zhang & Guo，2014）。有研究者认为问题性手机使用的症状与其他成瘾行为成瘾类似，问题性手机使用也受到冲动性人格的影响，他们的研究结果验证了冲动性人格直接正向预测问题性手机使用行为的假设，这一结论在相关研究中得到越来越多的验证。梅松丽和柴晶鑫（2013）以中学生为研究对象，发现具有过度手机使用倾向的中学生，自我控制力往往也比较差。Masur 等人（2014）通过研究还发现，个体缺乏控制、能力不足和社会关系缺失等是影响社交网络使用的主要因素，这些因素与社交网络使用的关系以信息寻求、逃避现实、自我呈现和发展新朋友等动机为中介，他们还发现缺乏控制会直接导致社交网络使用成瘾行为。在早期《精神疾病诊断与统计手册》（DSM-4）的诊断标准中，冲动性和缺乏控制都是诊断的核心指标，尽管人们普遍认为问题性移动社交网络与网络成瘾相似，它们之间也拥有相似的发生机制，冲动性和缺乏控制也应被看作重要的预测指标，但现有研究主要通过间接方式，揭示了冲动性和缺乏控制对问题性移动社交网络使用的影响，而这一影响也需要进一步的理论讨论和实证研究来验证。

（四）抑郁性人格与移动社交网络使用的关系

抑郁性人格作为一种伴随着抑郁情绪而存在的人格特质，它常被看作问题性移动社交网络使用的重要预测指标和影响因素。抑郁性人格作为一种以消极情绪为主要伴随情绪的人格特质，与大多数问题性行为均存在密切关系，例如，抑郁与消极的心理健康水平、自杀风险、网络成瘾行为、社交网络使用行为等存在密切的关系。Kim，Seo 和 David（2015）考察了抑郁与问题性手机使用之间的关系，发现具有抑郁倾向的个体会更倾向于使用手机来缓解这种消极情绪，他们在智能手机移动社交网络上会花更多的时间，而且更可能产生问题性移动社交网络使用行为，研究还发现移动社交网络使用在抑郁倾向与问题性手机使用行为间起到中介作用，即抑郁倾向的个体倾向于使用移动社交网络与他人交流来缓解消极情绪，而且可能会产生移动社交网络的过度使用行为，并进而增加问题性手机使用行为。有研究还采用聚类分析的方法，发现青少年问题性移动社交网络使用呈现出某些精神学症状，发现以抑郁为核心的边缘性人格的青少年在移动社交网络使用的得分要高于正常组，抑郁症状被认为是网络成瘾和移动社交网络使用最有效预测的变量。由此可见，抑郁性人格特质作为一种负性人格，能够在一定程度上预测问题性移动社交网络使用。

综上所述，自恋性人格、冲动性人格、抑郁性人格在青少年问题性移动社交网络的预测上具有重要作用。具有特定人格特质的个体往往愿意通过移动社交网络来寻求心理需求的满足，而且更易产生问题性移动社交网络使用。那么，将这些消极人格特质看作问题性移动社交网络使用具有长期预测作用的因素，还需要进一步的实证检验。

二、负面情绪对移动社交网络使用的影响

（一）社交焦虑与移动社交网络使用的关系

社交焦虑是青少年问题性移动社交网络使用重要的影响因素之一。社会交往技能的缺失以及社会交往焦虑是人们使用移动社交网络的一个重要原因。社交焦虑是个体害怕与他人面对面交流，害怕受到别人的评价而产生的一种社会交往障碍，这使社交焦虑个体在现实生活中产生了更多的孤独感和疏离感。网络社交与现实社交的区别，主要是网络的匿名性减少了来自物理刺激的压力感知，并加强了个体在社会交往中的主动控制和把握，这意味着个体有更多的时间来进行语言组织进而呈现积极的自我。正因网络社交的特点，人们认为网络社交更安全，同时也可以获得更多的社交体验，而那些在现实中社交不良、具有社交焦虑的个体更倾向通过社交网络进行在线社交以满足自己的心理需求（Yen，Yen，Chen，Wang，Chang，Ko，2012）。现有研究发现，在线网络社交与现实面对面社交相比可以减少很多社会因素的影响，并较少受到直接的评价，人们更希望通过使用社交网络进行自我呈现和建立并维护自己的积极形象，来减少和避免在现实社会交往中存在的焦虑，因而社交焦虑的个体更倾向通过社交网络与他人进行交流（Lee，Chang，Lin，Cheng，2014）。但是，通过这样的方式寻求社会交往需要的个体也更易产生对社交网络的依赖，尤其是移动社交网络的普及更强化了青少年对社交网络的依赖，也使基于智能手机的移动社交网络使用为社交焦虑个体提供了维持社会交往关系的新纽带。

这一观点得到很多的证据支持，例如，在较早的研究中，Sheldon（2008）发现，当个体在面对面的社交中感到焦虑和恐惧时，他们会十分渴求通过社交网络的使用来减少现实社会交往中的焦虑；Lee，Cai 和 Qiu（2013）通过研究还发现，人格特质、交往焦虑和孤独感对手机语音通话和短信使用偏好有显著的预测作用，其中社交焦虑可以显著正向预测手机短信使用，但可以反向预测语

音通话使用，即具有高交往焦虑的个体更愿意使用延时反馈的短信功能，而不愿意使用具有即时反馈功能的语音通话功能。事实上，对短信功能使用的偏好也正是青少年希望通过使用移动社交网络来缓解社交焦虑的原因，无论是短信使用还是社交网络使用，人们主要是想通过非即时通话进行交流，而这种方式恰恰为那些具有社交焦虑恐惧的个体提供了空间（Lee，Tam，Chie，2013）。Lee（2014）还发现，那些缺乏自我控制和社交焦虑的大学生更倾向使用移动社交网络，无论在使用时间还是使用频率上都远多于没有社交焦虑的个体。Lee，Herzog 和 Park（2015）的研究也发现，社交焦虑、社交需求与问题性移动社交网络使用存在显著正向关系，而且不同的社交需求获得满足的水平可以加强或减弱社交焦虑对问题性移动社交网络的影响。Enez 等人（2015）在智能手机成瘾的相关研究中也得出了类似的结论，发现大学生使用智能手机的主要目的是移动网络社交，具有孤独感和社交焦虑的大学生更愿意使用智能手机进行网络社交，且女大学生更易产生智能手机成瘾行为。

上述研究表明，现实生活的社交焦虑会引发更多的移动社交网络使用行为，当青少年在现实生活中面对越来越多的社交困扰时，他们更愿意通过社交网络来寻求这种心理满足，而移动社交网络的使用为他们提供了这种"全天候"的服务，社交焦虑是社会交往障碍最主要的表现形式，具有这种社交问题的青少年对移动社交网络产生了更大的依赖性。

（二）孤独感与移动社交网络使用的关系

孤独感是青少年问题性移动社交网络使用的重要影响因素之一。孤独感是由于社会交往能力不足或社交网络缺失产生的一种不愉快的主观情绪体验，大多数人希望能够与他人建立联系并在社会交往中产生积极的交往体验，如果个体在社会交往中不能体验到积极的愉悦感，就会产生孤独感（姚梦萍，贾振彪，陈欣，周静，2015）。移动社交网络使用可以增强个体在现实和虚拟环境中的社会交往，为青少年提供了一种新的交流方式，移动社交网络可以有效减轻面对面社交的焦虑，同时网络社交还能显著降低个体的抑郁水平（刘红，王洪礼，2011）。Shaw 和 Grant（2002）研究发现，与一个陌生人在网络上交谈 5 次以上，可以显著降低抑郁水平和减少孤独感，并获得高自尊和社会支持，但过度的社交网络使用则会导致现实社会支持减少，现实社交焦虑增加。相关研究也表明，通过社交网络与他人进行网络社交可以有效减少孤独感（Baker & Oswald，2010）。

现有研究存在两种分歧，究竟是孤独感导致了问题性移动社交网络使用，还是问题性移动社交网络使用导致了孤独感？从现有文献来看，大多数研究支持孤独感是问题性移动社交网络使用行为的风险性预测因素的观点。Song 等人（2014）采用元分析探讨了孤独感与社交网络使用的关系，发现孤独感预测社交网络使用的模型成立，而社交网络使用预测孤独感的模型不成立，这个结果支持孤独感导致了社交网络使用的结论。Błachnio 等人（2016）的研究也证实了这样的结论，他们研究大学生在移动社交网络中的自我呈现方式、隐私保护需要和孤独感，与不同 Facebook 使用程度（正常使用、问题性使用）间的关系，发现高孤独感和自我呈现可以显著正向预测移动社交网络使用，而隐私保护的需要可以反向预测移动社交网络使用，同时也发现青少年孤独感在隐私保护的需要与移动社交网络之间存在部分中介作用。其他相关研究发现，孤独感与智能手机使用存在密切关系，而且 17.6% 有孤独感倾向的大学生使用移动社交网络的时间和频率远超没有孤独感倾向的个体，并且这些个体也普遍存在智能手机成瘾行为，高孤独感倾向的个体更易产生问题性移动社交网络使用行为，孤独感是问题性移动社交网络使用的风险性因素。

孤独感作为一种消极情绪体验，是社会交往障碍的主要表现形式，孤独感的个体往往在现实生活中存在社会交往障碍，这也进一步导致他们的社交焦虑和自卑心理，但这些个体同样需要社会交往的满足。孤独感作为一种消极情绪可能导致问题性移动社交网络使用，是问题性移动社交网络使用的预测变量（谢其利，宛蓉，2015）；孤独感作为一种消极情绪也可能被问题性移动社交网络使用所引发。这两种观点看似矛盾实则是一致的，当个体在现实社会交往中感到孤独而寻求移动社交网络满足社交需要时，孤独感是一个预测变量；当过度使用移动社交网络时，产生的孤独感实则是一个循环，即孤独感→问题性移动社交网络使用→孤独感，由此看来，孤独感仍是问题性移动社交网络使用的发生机制之一。

（三）遗漏焦虑与移动社交网络使用的关系

遗漏焦虑是青少年问题性移动社交网络使用的重要影响因素之一。在移动社交网络的使用中，很多人都存在"遗漏焦虑症"［Fear of Missing Out（FO-MO）］，当人们长时间无法使用手机或手机无法连接网络时，个体会因为害怕错过与自我有关的信息而产生焦虑的心理，也就是说遗漏焦虑是一种对能给自己带来积极回报的行为缺失导致的普遍心理担忧，它的特征是希望与他人保持持续的联系或对网络中与自我相关的事过度关心。那么，是遗漏焦虑导致了问题性移动社交网络使用，还是问题性移动社交网络使用导致了遗漏焦虑？事实上，按照进化心理学的解释，人类天生具有对未知的恐惧，尤其是与自我相关的事情会感到更加恐惧和焦虑。对于大多数青少年而言，Facebook、Twitter、微信等这样的社交网络能使个体更深入参与到社交讨论中，能获取与自己有关的更多积极关注（例如，发微信朋友圈之后，个体会更加频繁地查看朋友圈动态），而这种频繁查看、频繁更新状态，以及网络中断后的戒断心理等都源自遗漏焦虑（FOMO）。

　　因害怕错过电话或信息而习惯性查看手机的行为，使人们每天大多数时间都无法离开手机（Lee，Chang，Lin，Cheng，2014）。Przybylski 等人（2013）通过研究发现，那些具有较低心理需求、情绪较低落和生活满意度较低的个体有更多的遗漏焦虑，具有较高遗漏焦虑的个体更倾向使用社交网络。也有研究者通过实验，验证了这种遗漏焦虑是问题性手机使用的证据，研究首先将大学生区分为手机过度使用组和手机正常使用组，大学生被随机分成两组，一组大学生要求将手机上交由实验者统一保管（手机分离组），另一组大学生要求将手机关机并放置在座位之外但不能使用（手机半分离组）。在研究过程中，大学生被强迫要求静坐不受任何干扰，在研究中使用特质焦虑量表分 3 次对大学生的焦虑水平进行测量，分别是进入房间、手机分离 10 分钟后、手机分离 20 分钟后。结果发现手机分离组和手机半分离组大学生均表现出了显著的特质焦虑，且这种焦虑随着时间的推移愈加显著；手机分离组大学生比手机半分离组大学生表现出更多的焦虑，手机过度使用的大学生比正常使用的大学生表现出了更显著的焦虑，而且这种显著的焦虑只在手机分离组存在显著的差异（Cheever，Rosen，Carrier，Chavez，2014）。实验验证了当手机暂时无法使用时个体会表现出更多的焦虑，而且问题性手机使用者表现得更为强烈。

　　根据自我决定理论，遗漏焦虑可以被理解为个体对相关信息需求的缺失，使个体感到不能自主掌控与外界的相互关系，由此带来的希望积极寻求需求满足而产生的信息恐惧。因此，人们在现实生活中的心理缺失会导致个体通过移动社交网络使用来满足，而社交网络平台中即时变化的信息，又使很多信息无法被个体即时获得，由此使个体产生基于移动社交网络使用的遗漏焦虑心理，这种遗漏焦虑强迫个体频繁使用移动社交网络，由此造成恶性循环并导致问题性移动社交网络使用。因此，遗漏焦虑可以被看作社交网络使用的心理动机和预测因素，而自我调节理论能为基于遗漏焦虑的问题性移动社交网络使用提供理论解释。

三、社会心理动机对移动社交网络使用的影响

（一）积极自我呈现动机与移动社交网络使用的关系

积极自我呈现是青少年问题性移动社交网络使用的重要影响因素之一。青少年普遍关注自己在社交网络中的形象，他们通常会通过一定的策略去进行形象管理，希望在社交网络中展现积极自我，并通过积极自我呈现来弥补在社交网络中存在的一些负面或消极信息。当他们在社交网络中进行自我呈现时，他们更愿意采用自我提高策略而不是自我损毁策略，因而具有积极自我呈现倾向的个体，会选择那些对自我呈现有利的信息，并避免选择对自己不利的信息。在社交网络的众多应用中，分享自己的照片是积极自我呈现的主要方式。Malik等人（2016）基于使用与满足理论，通过在线调查对社交网络照片分享背后的心理动机进行了揭示，该研究要求被调查者在情感需求、寻求关注、自我表露、自我信息分享、习惯性消遣和增强社会影响6种需求满足后做出反馈，结果发现分享图片的主要动机是进行积极自我表露和增强社会影响力。有研究在探讨移动社交网络使用动机时，也认为积极自我呈现是最为重要的动机（姜永志，阿拉坦巴根，刘勇，2016）。牛更枫等人（2015）研究还发现，社交网站中的积极自我呈现和真实自我呈现与积极情绪、社会支持和生活满意度都呈显著正相关。可见，这种通过朋友圈"晒"积极自我的行为是为了获得更多的关注和积极评论，而最终目的则是满足自尊心理，一旦长时间沉浸其中，便有可能产生虚拟的积极自我过度膨胀和自我人格扭曲。

（二）提升自尊动机与移动社交网络使用的关系

提升自尊水平是青少年移动社交网络使用的主要心理动机之一。早期研究认为，人们为了获得高自尊和归属感会主动与他人保持接触，而基于智能手机的移动社交网络实现了这种个体与外界的持续联系，从而为个体获得自尊和归属提供了条件（Walsh，White，Cox，Young，2011）。以往研究表明，自尊、认同感和归属感与网络成瘾、手机成瘾等存在密切关系（周扬，刘勇，陈健芷，2015）。从现有研究来看，社交网络使用有利于个体社会资本的增加，帮助个体建立和维持良好的社会关系，满足个体对各种信息的需求，使个体获得积极的心理体验（如获得较高的自尊水平和生活满意度）。例如，自尊和归属感与社交网络使用关系密切，低自尊可以显著预测手机过度使用行为（Bianchi & Phillips，2005）。Ehrenberg等人（2008）研究发现，自尊水平越低的大学生在手机使用上的时间

越多，也更容易产生手机成瘾行为。Ha 等人（2008）研究也发现，问题性手机使用者表现出了更多的抑郁症状、社交焦虑和低自尊，具有问题性手机使用行为倾向的青少年使用手机的主要动机是获得自我认同。Mäntymäki 和 Islam（2016）还发现自我提升和社会交往动机能增加个体使用社交网络的时间和强度，其中自我呈现和归属寻求需要是促使个体寻求社交网络使用的两种重要动机。低自尊者大多对自我评价较低，认同感和归属感缺失，以及存在社会交往障碍，这些问题综合在一起共同导致了个体对积极社会关系的寻求，尤其是移动社交网络的诸多特点使个体在这个平台上不用过多考虑他人的即时反馈、他人的压力对自己的影响，而能够更加积极地参与社会交往，进而提升社会交往技能。但是，低自尊个体更可能产生问题性移动社交网络使用，这说明低自尊者为了寻求积极的社会交往可能会沉溺其中，从而忽略现实社会交往，进而产生较为严重的问题性移动社交网络使用行为。

（三）寻求生活满意度和幸福感动机与移动社交网络使用的关系

寻求生活满意度和幸福感是移动社交网络使用的心理动机之一。Satici 和 Uysal（2015）研究发现，低生活满意度和低幸福感对 Facebook 成瘾行为具有直接预测作用，也就是说当青少年体验到较低生活满意度和较低幸福感时，他们希望通过移动社交网络使用来提高生活满意度和幸福感，但也有可能导致问题性移动社交网络使用。Ledbetter 等人（2016）进一步研究了社交网络使用的愉快体验与社交网络使用的时间和频率，以及社交网络使用体验与亲密感的关系，发现社交网络使用的愉快体验越积极，个体在社交网络中的时间越长，进一步增加了与朋友及家庭成员之间的亲密感。研究同时发现，语音电话、短信、电子邮件、即时通信、视频聊天和社交网站这 6 种社交服务的使用更易与家人和朋友建立亲密关系。研究还发现，社交网络使用的愉快体验在社交网络使用频率和亲密感之间起调节作用，即社交网络使用频率能否加强亲密感，受社交网络使用愉快体验的影响。但有研究也发现，高幸福感能反向预测 Facebook 成瘾（Modi & Gandhi，2014），这一结果是与上述结果存在矛盾的。事实上，当青少年没有形成问题性移动社交网络使用时，他们使用移动社交网络仅是为了从社交网络中获得心理满足，提高生活满意度和获得幸福感，但是如果青少年本身就已经对生活感到满意和幸福，或者他们通过社交网络的使用获得了生活满意感和幸福感，那么在对满意感和幸福感不再强烈需要时，可能就会产生合理但过度的社交网络使用行为，这就会导致高生活满意度和幸福感与 Facebook 成瘾呈负相关（姜永志 等，2016）。

四、性别和年龄差异对移动社交网络使用的影响

（一）移动社交网络使用的性别因素

性别因素是影响青少年问题性移动社交网络使用的重要因素之一。以往研究发现，成瘾行为与性别存在密切关系，现有研究认为男生比女生更易网络成瘾，而女生比男生更易形成手机依赖、手机成瘾行为（Hong，Chiu，Huang，2012）。为了进一步验证该结论，Chiu，Hong 和 Chiu（2013）考察了不同性别大学生在网络成瘾和手机成瘾上的差异，发现网络成瘾与手机成瘾间存在显著的正向相关，男生比女生更易产生网络成瘾行为，而女生比男生更易产生手机成瘾行为。Mok 等人（2014）的研究也得到类似结果，他们考察了性别与网络成瘾和智能手机成瘾的关系，发现男生比女生更易产生网络成瘾，而女生比男生更易产生智能手机成瘾。但也有研究发现，在网络成瘾上男、女生不存在差异，但在移动社交网络使用上却存在女生更易成瘾的现象。为何女生比男生更偏好使用移动社交网络？有研究认为女生比男生更倾向于通过手机与他人进行交流，并通过移动社交网络维持和发展线上社交关系，尤其是女生偏好使用移动社交网络建立和维持社会关系，女生也更愿意在晚上通过社交网络、即时通信等方式与他人进行在线社会交往（Rees & Noyes，2007），而男生则偏好休闲娱乐。因此，基于智能手机终端的社交网络服务吸引了更多女生，她们更愿意通过 Facebook、微信等这样的社交平台与他人建立联系、分享经验、展现积极自我。由此可见，性别作为一个人口学变量，在移动社交网络使用上存在显著的差异，女生比男生更倾向于使用移动社交网络，她们主要用于建立社交联系和进行积极自我呈现。

（二）移动社交网络使用的年龄因素

年龄因素是影响青少年问题性移动社交网络使用的重要因素之一。在移动社交网络使用的研究中，以往研究主要以中学生、大学生等群体为研究对象，较少有研究关注其他群体的移动社交网络使用情况，以及移动社交网络使用的年龄代际差异问题。对移动社交网络年龄差异的研究发现使用移动社交网络的年轻人显著多于中老年人，年轻人也比中老年人更容易形成问题性移动社交网络使用。Hayes（2015）以 28~70 岁的个体为研究对象，考察了移动社交网络使用的年龄代际差异，以及不同年龄阶段个体移动社交网络使用的特点，发现移动社交网络使用存在显著的年龄代际差异。年轻人使用移动社交网络的时间显

著多于中老年人，并且年轻人的情绪更易受到不同移动社交网络的影响，例如，年轻人每天会比中老年人花更多的时间进行网络社交，对自我身体形象有更消极的感知。年轻人与中老年人在使用移动社交网络不同的功能上存在差异，年轻人更愿意在移动社交网络中上传图片和进行积极自我呈现。年轻人在移动社交网络中有更多的消极自我身体形象的体验，他们也更加难以控制社交网络使用的冲动性。

Joinson（2008）基于使用与满足理论，发现大学生使用移动社交网络的动机主要包括社会交往、内容满足、自我呈现、上传照片、社交网络冲浪、状态更新等，该研究认为内容满足（玩游戏、体验新程序等）对社交网络使用时间具有显著的预测作用。与年轻人不同，在老年群体中移动社交网络的使用率相对较低，但随着社交网络技术的发展，老年人也正逐渐加入社交网络使用的大军，但他们的使用动机与年轻人不完全一致。Jung 和 Sundar（2016）研究发现，老年人使用移动社交网络主要有 4 个动机：与家庭成员和老朋友建立社会联结、将社交网络作为加入某些群体组织的桥梁、对新事物的好奇心、对家庭成员的回应。与家庭成员和老朋友建立社会联结是老年人使用社交网络的主要动机。有部分研究者虽然将移动社交网络使用的年龄范围扩展到中老年人，但这方面的研究仍然十分缺少，年龄作为一个人口学变量对移动社交网络必然会存在影响。

第六节　问题性移动社交网络使用的干预和治疗

我们从问题性移动社交网络使用及相关问题产生的消极影响来看，如果不进行积极的引导和干预，将对个体的身心发展造成很多潜在的伤害。而目前针对问题性移动社交网络使用干预和治疗的方法还较少，现有研究发现目前相关干预模式主要来自对其他成瘾行为的干预和治疗方法的借鉴。从目前已有文献来看，与问题性移动社交网络使用相关的干预手段主要包括自助心理干预、认知行为干预、正念认知疗法和药物干预。

一、自助心理干预

自助心理干预是伴随着智能手机 APP 的发展而衍生出的一种干预方法（Montag, et al., 2015）。已有研究在评价智能手机或社交网络使用存在问题性使用时，都将使用强度和频率看作最主要的评价指标，手机使用的耐受性显著提高（更长时间的使用才能达到同等的满足感）和不可控制的强迫性使用行为，均是评价问题性手机或社交网络使用行为的重要指标（Christensen, et al., 2016）。对时间和频率的控制就可以成为一种干预问题性移动社交网络使用行为的手段。Lin 等人（2015）为了更精确地对问题性手机使用行为进行评价，采用智能手机 APP 软件来监控手机使用的碎片化时间、使用总时间，并结合智能手机使用者在一段时间的耐受性，以及每次使用智能手机的时间间隔（用来评价不可控制的强迫使用行为），来评价问题性手机使用行为，并通过 APP 设置的方式来进行使用行为控制（见图 1-4）。例如，通过下载 APP 控制应用（Cold Turkey, Self-Control, Freedom），用户可以屏蔽想要避免的社交网站，同时也可以在社交网络上设置固定登录时间（如每 2 小时）或通过定时开启或关闭飞行模式或静音模式来避免社交网络的打扰。可见，通过 APP 权限设置，强迫控制使用智能手机或社交网络的时间，能够在一定程度上控制个体的使用时间和频率，这种干预方法加强青少年的自主性和自我管理，他们不需要他人帮助即可减少移动社交网络使用时间。

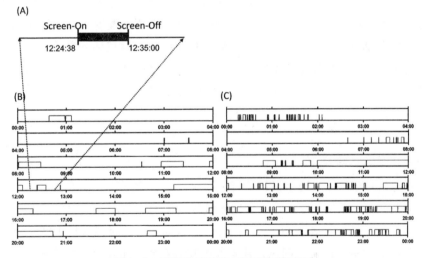

图 1-4　APP 监控智能手机使用模式图

注：（A）智能手机使用原始数据（1 天）：使用智能手机的开始时间（12：24：38）和结束时间（12：35：00），持续使用时间为 622s；（B）非智能手机成瘾个体的原始数据（1 天）：一天中共使用智能手机 19 次，总时间为 25121s，平均每次使用的时间为 1322s；（C）智能手机成瘾个体一天中共使用智能手机 211 次，总时间为 26562s，平均使用时间为 126s。

二、认知行为干预

认知行为干预在网络成瘾的行为矫正中具有很大的应用空间，例如，通过认知行为疗法来揭示网络成瘾者认知、记忆、思维及解决问题的内部机制，对个体的认知失调进行建构，从认知的视角改变行为（邓林园，方晓义，兰菁，张锦涛，刘勤学，2013；方晓义 等，2015）。在心理与行为治疗领域，有研究将班杜拉的自我效能感作为理论基础，提出通过改变个体的自我效能来干预问题性移动社交网络使用（Clarke, et al., 2014）。自我效能常被认为是解释治疗效果和行为变化的关键，如在戒烟、控制饮酒、药物滥用和慢性疾病的控制方面，自我效能感都起着关键作用。已有研究表明，自我效能感的大小受到个体情绪影响较大，积极情绪能提高自我效能感，消极情绪则降低自我效能感，治疗前较高的自我效能感和不断增加的自我效能感是治疗成功的有效预测因素（Janine, Judith, Ma, 2016）。为考察在线心理干预治疗过程中自我效能感对消极情绪的改善作用，Clarke 等人（2014）试图通过认知心理干预实验提高个体自我效能感和减少消极情绪，进而减少个体对智能手机的使用行为，他们研究发现，积极的效能感能够显著降低问题性手机使用者的焦虑和压力水平，并且有效减少了智能手机使用时间和使用频率。Enock（2014）还使用注意偏向修正矫正行为训练，对问题性移动社交网络使用者进行训练，发现实验组社交焦虑水平显著低于控制组，且实验组使用网络的时间和频率均较训练之前减少。上述研究表明，积极自我效能感和积极情绪对问题性移动社交网络使用干预有积极的效果，通过认知行为训练提高自我效能感和积极情绪能有效缓解青少年的社交焦虑，并对问题性移动社交网络使用起到有效干预。

三、正念认知疗法

正念认知疗法作为近年兴起的行为干预手段，逐渐得到学界和基层心理服务者的关注，正念认知疗法在心理健康教育领域的应用和其取得的效果也逐渐得到认可（Alexander & Tatum, 2014）。正念认知疗法的目标是使个体学会"面对"问题而不是"逃避"问题，其要求通过培养个体开放和接受的态度来应对当前出现的想法与情绪，强调通过打坐、静修或者冥想来完成，其核心技术是集中注意力、觉察自己的身体与情绪状态、顺其自然和不做评判（熊韦锐，于璐，2011）。这种正念训练使个体能够产生一种"能意识到"的觉醒模式，这些训练通常使个体逐渐学会正视问题、面对问题和接纳问题，最终改变认知与行为。相关研究表明，正念认知疗法不仅对抑郁、药物依赖和行为依赖等具有较好的效果，而且正念认知训练可以有效缓解压力、调节情绪和改变心境，该疗法甚至被应用于治疗边缘人格障碍、焦虑障碍和抑郁症的复发和预防（黄明明，王立君，2014；任振宇，2016）。也有研究表明，长期（一般为 8 周）和短期（一般为 4 周）正念认知训练在改善抑郁复发、强迫症、问题行为，以及网络成瘾和手机依赖方面均存在显著的效果（翟成，盖笑松，焦小燕，于博充，2016）。张晓旭和朱海雪（2014）使用正念认知疗法对手机依赖的大学生进行干预实验研究，发现实验组被试在接受正念认知疗法 4 周的团体训练后，手机依赖总分、失控性、戒断性和逃避性因子得分与对照组相比显著降低，正念水平显著提高，表明正念认知疗法对个体手机依赖的干预效果明显。通过正念认知训练，个体能够正确对待移动社交网络的诱惑，他们虽然能够对移动社交网络信息做到觉知，但并非总是对移动社交网络 APP 及其相关内容进行立即回应，并且能够通过注意力控制来减少移动社交网络使用时间和频率，提高对移动社交网络使用的延迟满足能力，从而改善问题性移动社交网络使用。

四、药物干预

药物干预常被用于网络成瘾和其他物质成瘾的干预治疗，物质成瘾的治疗在于使用药物抑制成瘾回路的神经兴奋性，以此来减轻人们对物质的依赖。同样，网络成瘾是一种已经被证实存在特定大脑区域异常的机能障碍，那么通过药物，能够降低某些脑区的激活水平从而抑制网络成瘾（高文斌，陈祉妍，2006）。如安非他酮、艾司西酞普兰、苯哌啶醋酸甲酯在网络游戏成瘾治疗中均发挥了积极作用（贺金波，洪伟琦，鲍远纯，雷玉菊，2012）。尽管在网络成瘾治疗中药物干预是一种常用和较为有效的方法，但目前并没有发现存在特定脑区或组织结构变化与问题性移动社交网络使用存在直接关系。神经生物学等基础研究的缺失，使问题性移动社交网络使用是否与网络成瘾一样存在相关的脑区激活，我们现在尚未可知。问题性移动社交网络使用并不完全以《精神疾病诊断与统计手册》（DSM-5）的临床标准作为评价依据，至少目前不能被看作一种病理性成瘾行为，这也意味着在问题性移动社交网络使用干预中，使用药物治疗应持谨慎态度。

第七节 不足与问题

随着信息技术的发展，网络在生活中已经发挥着无法替代的作用，尤其是基于智能手机便携式网络的快速崛起，使智能手机成为生活中必不可少的随身物品，有研究者甚至将智能手机看作个人身体的一部分，强调没有哪一种机器能让人一天 24 小时都不愿离开。可见，智能手机使用在当前的社会生活中已被深深嵌入，在继传统功能性手机的短信使用功能之后，基于智能手机的社交APP成为当前对人们影响最大的网络服务平台，例如，Facebook、MySpace、Twitter、微信等社交网站全球用户正在迅速增加。人们在体验移动社交网络带给人们便捷生活的同时，也深深被移动社交网络所羁绊。从现有国内外相关研究来看，移动社交网络使用给青少年身心发展带来了诸多消极影响，这种消极影响甚至被看作继网络游戏成瘾之后的又一种新的在线行为障碍。通过文献梳理，我们发现当前研究存在一些问题，可以作为今后研究的知识增长点。

第一，问题性移动社交网络使用概念内涵和类属不清，导致概念等值性缺失。青少年问题性移动社交网络使用与以往网络成瘾和病理性赌博等成瘾行为具有很大的相似性，但概念内涵与以往相关概念仍存在区别。姜永志等人（2016）认为，问题性社交网络使用是由不可抑制的冲动导致长期和频繁使用社交网络，对个体身心发展造成消极影响，但却未达到精神障碍程度的一种社交网络使用行为。这一概念与以往的相关概念的主要区别在于采用了什么依据和标准对其进行操作定义。以往相关概念主要基于《精神疾病诊断与统计手册》（DSM-4）中精神病学标准界定网络成瘾和手机成瘾，而这一标准又是以基于病理性的物质依赖标准为依据的，那么网络成瘾或手机成瘾的内涵其实是一种病理性症状（刘勤学，杨燕，林悦，余思，周宗奎，2017）。本书涉及的问题性移动社交网络使用是对姜永志等人提出的概念的延伸，将其看作一种非病理性症状的移动社交网络使用。那么，澄清相关概念，明确概念的内涵和类属，则能为后续研究提供的概念等值价值，避免因概念内涵和类属不清导致概念等值性缺失，造成夸大或缩小问题性移动社交网络使用带来的消极影响。未来研究应进一步对问题性移动社交网络使用的概念内涵和类属进行探讨，既要借鉴网络成瘾等病理性标准，也要基于社会现实评价标准确定这一概念的内涵和类属。

第二，问题性移动社交网络使用的筛查和诊断标准需要商榷和制定。问题性移动社交网络使用比其他成瘾行为更为普遍，但问题性移动社交网络使用的测量和评估，却远并没有网络成瘾等成熟。目前，国内外针对这一问题编制了一些测评工具，如 Lin 等人（2014）编制的"智能手机成瘾量表（SPAI）"、Merlo 等人（2013）编制的"问题性手机使用量表（PUMP）"、Guzeller 等人（2012）编制的"青少年问题性手机使用问卷（PMPUS）"、Al-Menayes（2015）编制的"社交媒体成瘾量表（SMAS）"、Foerster 等人（2015）修编的"青少年问题性手机使用量表（MPPUS-10）"。这些测评工具虽然能对问题性手机使用和移动社交网络使用开展评估，但这些测评工具仅能对青少年社交网络使用严重程度进行评定，不能作为筛查和诊断的工具。随着问题性移动社交网络使用的凸显，开展问题性移动社交网络使用筛查及干预，对新媒体时代的青少年具有积极意义。从现有测评工具来看，它们主要是借鉴了病理性赌博的筛查和诊断标准，而病理性赌博已经被认定是一种与物质成瘾具有类似发生机制的成瘾行为，也就是说这是一种病理性行为。那么，基于智能手机的移动社交网络使用在多大程度上符合这种标准，或者它在多大程度上可以被看作属于精神疾病的范畴，这是值得商榷的问题。

第三，问题性移动社交网络使用的消极影响被过度关注，人们忽视了对社会认知和神经生物基础的探讨。尽管现有研究已经揭示人格特质、消极情绪、社会心理动机（Meier & Gray, 2014）等因素，它们在问题性移动社交网络使用形成中发挥着重要作用，但由于基础性实验研究缺失，目前仍没能对该问题性移动社交网络使用的发生机制进行深入研究。一方面导致了问题性移动社交网络使用概念内涵和类属无法明确，无法提供它与其他成瘾行为具有类似或相同神经生物学基础的证据，而这正是确定概念核心内涵的最重要证据。另一方面导致了问题性移动社交网络使用发生机制缺乏有效证据，无法深入揭示问题性移动社交网络使用的形成原因和发生机制，而原因和发生机制与相应的干预方法选择存在密切关系，只有明确了问题的发生机制，才能开发或选择相应技术开展干预和治疗。未来的研究要从微观视角，尤其是从社会认知和神经生物学视角提供相关证据，揭示问题性移动社交网络使用的发生机制，为干预手段的选择提供依据。

第四，问题性移动社交网络使用影响因素或发生机制仍存在不确定性。以往研究主要集中在人格特质和社会心理动机（例如，自我认同、归属需要、消极情绪等）如何对青少年移动社交网络使用产生影响（Bright, Kleiser, Grau, 2015）上，使用心理测量探讨哪些人格特质更易引起问题性移动社交网络使用，如神经质、抑郁性、自恋性、冲动性等，对问题性移动社交网络使用具有预测作用（Sussman, Lisha, Griffiths, 2011）。这些研究虽然丰富了对该行为发生机制的认识，但仍不够系统全面。另外，网络成瘾等均发现存在相关大脑机能或结构的变化，尤其是某些脑区的激活水平和激素水平与正常大脑存在明显差异，例如，网络成瘾者比正常人需要更长时间和更大强度的刺激才能激活奖赏系统，这导致他们的前额皮层和扣带回频繁释放多巴胺，并导致神经元的联结和大脑结构发生变化（Kuss & Griffiths, 2012）。那么，问题性移动社交网络使用者的脑机制是否与正常使用者的一致，如果不一致，它与网络成瘾者的脑机制有什么联系？我们接下来的研究可以从问题性移动社交网络使用的脑神经机制进行，探寻问题性移动社交网络使用的大脑生物学基础，揭示引发问题性移动社交网络使用形成的脑机制，并通过相应的机能训练来调节（姜永志 等，2016）。

第五，"嫁接"网络成瘾相关技术，使问题性移动社交网络使用干预缺乏独立性。问题性移动社交网络使用的发生机制虽然尚需要进一步探讨，但现有研究已经明确了神经质、外向性、冲动性和自恋性等人格特质，交往焦虑、孤独感、无聊感等消极情绪，以及寻求归属感和认同感、积极自我呈现、关系维持和扩展、信息查询与收集等社会心理动机，是问题性移动社交网络使用的重要预测性指标（姜永志 等，2016）。那么，针对这些预测性指标，开展相应干预研究是较为迫切的事情。目前较少有针对智能手机使用或问题性移动社交网络使用的干预研究，而多是"嫁接"网络成瘾相关干预方法和技术，来进行智能手机或问题性移动社交网络使用的干预。例如，上文涉及的认知行为矫正和正念认知疗法均是网络成瘾行为普遍使用的干预手段，这些干预手段在网络成瘾干预中的有效性，是否在智能手机或问题性移动社交网络使用干预中仍有效，需要进一步验证。未来干预的研究，应基于智能手机或问题性移动社交网络的自身特点，开发相应的干预技术和方法，例如，文中提到的借助 APP 进行自我心理干预就是一种符合其自身特点的干预手段，近年兴起的电子健康（E-health）在身心疾病的治疗中已取得一定的积极效果，也可以在未来的智能手机或问题性移动社交网络使用干预中应用。

第二章

青少年问题性移动社交网络使用评估及现状

移动社交网络作为新技术发展的产物对我们的生活具有积极影响，它在加强青少年之间联系、维持社会关系、提升自尊水平和幸福感、减少抑郁和焦虑情绪等方面发挥着作用。但随着青少年对移动社交网络的过度使用，某些消极问题也逐渐凸显出来，如线上社会比较导致青少年产生消极的自我评价，过度使用引起青少年的高焦虑和抑郁心理，过度使用对青少年的睡眠质量产生消极影响，过多自我表露增加青少年受到在线伤害和网络欺负的概率。青少年问题性移动社交网络使用行为以及由此带来的消极影响，已经影响了青少年的正常学习生活，对青少年身心发展和行为塑造带来的消极影响已经成为社会高度关注的问题。青少年作为移动社交网络使用的主要群体，他们存在的问题性使用行为的现状和呈现出的特点是本书最为关注的问题，同时具有问题性使用行为的青少年与正常使用者在移动社交网络使用的时间强度上的差异，以及存在的典型的人口学差异，同样是值得关心的问题。

第一节　青少年问题性移动社交网络使用评估问卷编制

一、问题提出

基于智能手机的移动社交媒体使用在人们生活中发挥的积极作用越来越大，它在加强人们之间的沟通和联系、维持社会关系、缓解焦虑情绪等方面均发挥着重要作用。但随着青少年对移动社交媒体使用时间和强度的增加，某些消极问题也逐渐凸显。例如，研究发现过度的移动社交媒体使用不但会对个体的睡眠质量产生严重影响，而且可以引发个体的焦虑和抑郁情绪，线上社会比较还会导致个体消极的自我评价。这种基于智能手机的社交媒体使用对个体带来的消极影响常被称为"问题性移动社交媒体使用"，它是指个体长时间和高强度使用移动社交媒体，使个体在生理、心理和行为等方面受到消极影响，但这种影响尚未达到《精神疾病诊断与统计手册》（DSM-5）所确定的精神疾病标准的移动社交媒体使用行为（姜永志，白晓丽，刘勇，李敏，刘桂芹，2016）。青少年问题性移动社交媒体使用，以及由此对个体生理和心理产生的消极影响，已经严重影响了青少年正常的学习生活，同时它在一定程度上也给学校教育和家庭教育制造了阻碍，使传统教育在青少年人格塑造和积极行为养成等方面的影响力被削弱。

随着社交媒体的快速发展以及社交媒体使用带来的一系列消极影响，问题性移动社交媒体使用的研究逐渐成为热点（陈武，李董平，鲍振宙，闫昱文，周宗奎，2015；姜永志，白晓丽，刘勇，陈中永，2017；王东梅，张立新，张镇，2017），问题性移动社交媒体使用及相关测量工具也得到发展。在 Web of Science、Science Direct、Springer、PubMed 等重要外文数据库和国内心理学专业期刊上，以 Social networking usage、Problematic mobile social network usage、Smartphone addiction、智能手机成瘾、问题性社交网络使用等为关键词进行检索，发现较早对这一问题开展测评研究的是 Turel 和 Serenko（2012），他们以大学生为研究对象编制了"社交网站成瘾量表（SNWAS）"，量表主要基于传统互联网使用而编制，是一个包含 5 个题目的单维量表。随着社交媒体使用的普及，尤其是以 Facebook 为代表的社交媒体使用，成为网络心理学的主要研究内容，因此在随后研究中编制的测评工具多是针对 Facebook 使用，例如，Andreassen 等人（2012）编制的"卑尔根 Facebook 成瘾量表（BFAC）"，量表由 17 个题目构成，包括凸显性、情绪改变、耐受性、戒断性、冲突和反复性 6 个因子。

除此之外，国内外研究者还陆续编制了相关测评工具。例如，Vilca 和 Vallejos（2015）编制的"社交网络成瘾风险建构量表（C. A. R. S）"，该量表包括缺乏控制、戒断症状、学业失败、情绪改变、依赖性、其他活动失去兴趣和社会冲突 7 个维度；Al - Menayes（2015）编制的"社交媒体成瘾量表（SMAS）"，该量表包括消极社会后果、时间延长和冲动性 3 个维度；Bodroža 和 Jovanović（2016）编制的"Facebook 使用的社会心理行为问题量表（PSA-FU）"，该量表包括心理补偿、自我呈现、关系维持、成瘾行为和虚拟自我 5 个维度；Lin 等人（2014）编制的"智能手机成瘾倾向量表（SPAI）"，该量表包括强迫行为、功能障碍、戒断症状和耐受性 4 个维度；徐华等人（2008）编制的"大学生手机依赖量表（MPDQ）"，该量表包括耐受性、戒断性、社会功能和生理反应 4 个维度；熊婕等人（2012）编制的"大学生手机成瘾倾向量表（MPATS）"，该量表包括戒断症状、凸显行为、社交抚慰和心境改变 4 个维度；

陈欢等人（2017）编制的"成年人智能手机成瘾量表（SASA）"，该量表包括 APP 使用、APP 更新、戒断反应、凸显性、社会功能受损、生理不适 6 个因子。

从国内外现有研究来看，测量工具主要存在以下几个特点：一是大多数工具仍延续了网络成瘾的研究思路，采用了病理性赌博的症状标准作为评定依据，所以在工具的结构上有很多共性；二是相关测评工具编制主要以 Facebook 使用为主，根据 Facebook 的功能特点设置相应的题目；三是相关测评工具在编制过程中，较少对传统互联网与移动互联网进行区分，国内目前还没有移动社交媒体使用的相关工具。因而，本书在充分借鉴以往相关测评工具及其理论的基础上，以社会现实为出发点构建理论结构，希望从移动社交媒体使用消极影响的视角编制问题性移动社交媒体使用评估问卷。

二、研究方法

（一）问卷条目收集与整理

首先，通过专家访谈与咨询，收集问卷题目，主要采用网络和现场咨询的方式进行，选取长期从事心理学教学科研工作的 12 名高校心理学专业教师，作为访谈对象，访谈结束给予一定报酬作为酬谢。访谈内容主要涉及如何认识学生过度使用移动社交媒体的问题、学生们使用移动社交媒体的动机问题，以及移动社交媒体使用对学生的影响等问题。将归类整理出的信息进行条目化，即抽取受访者回答的核心意义，把句子完整化、书面化、简洁化，并合并同类条目，归纳整理后获得有价值题目 25 个。

其次，通过开放式问卷收集题目，开放式问卷包括 3 个题目，为避免学术术语对研究对象在理解上的影响，将"问题性移动社交媒体使用"改为"过度移动社交媒体使用"。具体题目：a. 请问您认为什么样的移动社交媒体使用行为才算过度使用？请结合自身经验谈一谈；b. 请您列出您认为过度移动社交媒体使用的具体表现，如生理、心理和行为症状；c. 您认为过度移动社交媒体使用给您带来了哪些不便或消极影响？请举例说明。研究者通过网络形式发放开放式问卷，收回问卷 109 份，删除无效问卷 7 份，剩余有效问卷 102 份。通过 ROSTCM6.0 软件进行词频分析，获得反映问题性移动社交媒体使用的高频词 145 个（含两字、三字和四字词汇）。根据高频词进行结构分类，可进一步归纳为身心反应和行为反应，其中身心反应还可包括生理症状和心理症状，行为反应还可包括行为症状和使用强度，如生理症状包括睡眠障碍、视力损伤、局部肌肉损伤、生物系统紊乱；心理症状包括负性情绪、负罪感、戒断恐惧、情感寄托；行为症状包括活动抑制、沟通减少、思考减少、注意分散、无意识查看、生活无规律、过分修饰、行为拖延、效率下降、记忆减退、频繁使用、深度卷入等方面，根据各词条之间的强相关，进一步对高频词进行完善和补充，合并整合后获得有效题目 24 个。

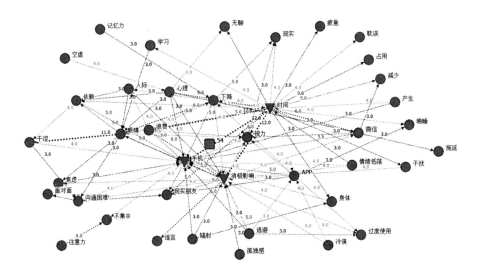

图 2-1　词频分析散点图谱

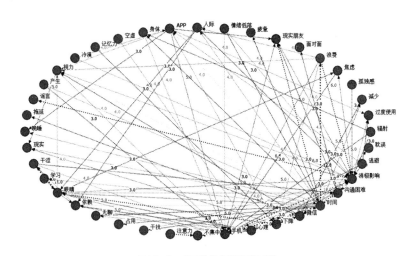

图 2-2　词频分析环形图谱

最后，问卷题目的搜集还借鉴了国内外相关问卷和量表，以往相关测量工具主要依据《精神疾病诊断与统计手册》（DSM-4）标准进行结构化区分。本研究借鉴了近年国内外公开发表的使用率和再版率较高的工具（熊婕，周宗奎，陈武，游志麒，翟紫艳，2014；Lin, Chang, Lee, Tseng, Kuo, & Chen, 2014），并对上述相关测评工具的题目进行借鉴和改编，获得与编制问卷关系密切的题目30个。

（二）问卷条目归类

通过对上述问卷条目进行再次合并、归类和整理，删除在表述上雷同和可能存在歧义的条目，最后获得有效题目50个。请两位心理学博士对上述题目进行归类，并结合《精神疾病诊断与统计手册》（DSM-5）中关于行为成瘾的诊断标准和上述借鉴测评工具的结构维度，将50个题目区分为生理损伤、黏性增加、认知失败、控制减弱、错失焦虑、情感寄托、负罪感和过分修饰8个类别。最后再由另外两位未参加过前面程序的心理学博士对上述题目做逆向归类，即在了解各类别及其操作性定义后，自行将50个题目放入8个类别中，看两者是否归类一致，删除掉两人归类完全不一致的3个陈述句，最终剩余47个典型题目。

（三）施测与分析

1. 被试

样本1：在2016年9月，采用整群抽样方法，在内蒙古通辽市4所中学和内蒙古民族大学发放初始问卷，共发放问卷600份，回收有效问卷574份，问卷有效率95.67%。被试平均年龄为16.55±2.45岁，男生254人（占33.5%）、女生320人（占66.5%），高中生162人（28.22%）、初中生208人（36.23%）、大学生204人（35.55%）。该样本用于问卷项目分析、探索性因素分析，以及Cronbach's α 信度系数和分半信度系数检验。

2. 数据分析

采用SPSS 18.0和LISREL8.7软件进行数据处理分析，使用 t 检验进行项目分析，考察高低分组的差异；使用探索性因素分析，考察量表的基本结构维度；使用LISREL构建模型，考察量表的结构效度；使用信度分析来考察量表各因子和总量表的信度系数；采用相关分析等进行效标效度检验。

三、研究结果

（一）项目分析

研究者按照量表总分将被试分为高分组和低分组，区分原则为统计学的最高上限27%和最低下限27%，本研究划分的低分组为总分小于127分，高分组为总分高于169分，对这两组被试得分在高低分组上进行t检验，若t检验不显著将予以剔除，同时计算每个项目与总分之间的相关，将项目鉴别指数较低（$D<0.30$）的题项剔除。结果表明，题目Q14（$t=-1.234$，$p>0.05$）、题目Q29（$t=1.509$，$p>0.05$）和题目Q34（$t=1.049$，$p>0.05$），这3个题目在高低分组的差异检验中没有达到显著，应予以删除。剩余的44个题目在高低分组之间存在显著差异（$t=2.958\sim16.612$，$p<0.05$），相关分析显示44个题目与总分之间相关均显著（$r=0.359\sim0.742$，$p<0.01$），44个题目可以保留下来做进一步的因素分析。

（二）探索性因素分析

对样本进行探索性因素分析（EFA），并结合以下标准对项目进行筛选：（1）每个题目因子负荷小于0.40（$a<0.40$）；（2）每个题目共同度小于0.30（$h^2<0.30$）；（3）题目在多个因子上存在交叉负荷（$a>0.40$）；（4）题项归属明显不恰当。初始探索性因子分析结果显示，KMO检验值为0.906，Bartlett球度检验值为5522.570，$p<0.01$，Bartlett球形检验值达到显著水平，可进一步进行因素分析。用主成分分析法（PC）和方差极大正交旋转（Varimax）求出最终的因子负荷矩阵，结合陡阶检验准则提取因子，抽取特征根大于1的因子，题目筛查标准按照上述4点执行（姜永志，白晓丽，刘勇，2017）。

1. 第一次探索性因素分析

初步探索性因素分析发现，多个题目在多个因子上存在共同负荷，为了更为严谨地删选有效题目，我们决定进行二次探索性因子分析，在满足上述删除条件（1）和（2）的基础上，第一次对共同因子负荷大于0.40的题目进行删除，第二次对共同因子负荷大于0.30的题目进行删除，这样做的目的是通过多次探索性因素分析，提取出最具代表性的题目构成问卷的因子。

在第一次探索性因素分析中，提出因子按照以下原则进行：（1）因子的特征值要大于1；（2）抽取出的因子在旋转前至少能解释问卷总变异的3.0%；（3）提取出的每个因子至少包含2个及以上题目。根据上述原则，共提取特征值大于1的因子9个，且每个因子至少可以解释问卷总变异的3.0%以上，9个因子可以共同解释问卷总变异的64.281%。根据题目删除的原则进行题目合并，发现各题目的共同度均大于0.30，因子载荷均大于0.40，但发现有12个题目存在共同因子负荷大于0.40的现象。上述12个题目在多个因子上存在较高共同负荷，应予以删除。研究者分析发现题目Q26"我发现经常使用手机移动社交网络，并没有真正加强我与现实中朋友的联系"仅有 1 个条目，并独立构成因子 9，按照提取的因子题目数量应在 2 个及以上的原则，考虑将该题目删除。

在二次探索性因素分析中，同样按照上述因子提取原则，共提取特征值大于 1 的因子 8 个，可以共同解释问卷总变异的 65.365%，各题目的共同度均大于 0.30，因子载荷均大于 0.40，但又发现有 6 个题目存在共同因子负荷大于 0.30 的情况。根据题目的删除原则，将上述在多个因子上存在高共同负荷的 6 个题目删除。通过两次探索性因子分析后，有效题目剩余 26 个，因子分析可以提取出特征值大于 1 的因子 8 个，可以共同解释问卷总变异的 67.237%（如图 2-3）。

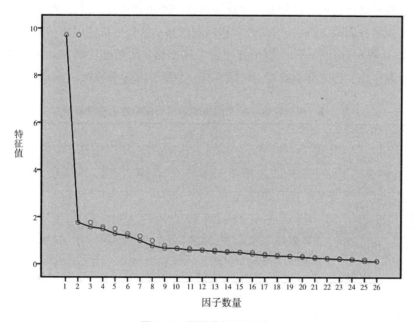

图 2-3 因子分析碎石图

2. 因子命名

根据分析结果和理论构想，问卷最后得到包括 8 个维度 26 个题目的"青少年问题性移动社交网络使用评估问卷"，根据理论构想分别命名。

因子 S1：主要涉及青少年在过度使用移动社交网络后出现的消极生理反应，如视力下降、视觉疲劳、睡眠不足、躯体疼痛，因此命名为"生理损伤"；因子 S2：主要涉及青少年使用移动社交网络的时间、频率和强度，以长时间、高频率和高强度使用为症状指标，因此命名为"使用黏性增加"；因子 S3：主要涉及青少年在使用移动社交网络后，在认知和行为上表现出的消极后果，如记忆减退、思维停滞、行为活动减少等，因此命名为"知行能力下降"；因子 S4：主要涉及青少年在使用移动社交网络过程中，遇到无法及时查看手机的情况产生的担心错过和遗漏的焦虑心理，因此命名为"遗漏焦虑"；因子 S5：主要涉及青少年在使用移动社交网络过程中，对自身使用时间和频率的有意识控制，主要表现为控制力减弱，因此命名为"控制抑制减弱"；因子 S6：主要涉及青少年经常将移动社交网络当作自己的情感伴侣和情感寄托，将智能手机的社交APP 拟人化来弥补现实情感的缺失，因此命名为"情感寄托"；因子 S7：主要涉及青少年在长时间使用移动社交网络后，没有完成预定学习任务而产生的内疚心理，因此命名为"负罪感"；因子 S8：主要涉及青少年通过移动社交网络进行自我展现所表现的过分美化和修饰自己，因此命名为"过分修饰"。

在探索性因素分析之后，"青少年问题性移动社交网络使用评估问卷"包括26 个题目和 8 个因子，8 个因子分别为生理损伤、使用黏性增加、知行能力下降、遗漏焦虑、控制抑制减弱、情感寄托、负罪感和过分修饰，见表 2-1。

表 2-1　问题性移动社交网络使用问卷探索性因素分析表

题项	因子负荷								共同度
	S1	S2	S3	S4	S5	S6	S7	S8	
1-Q4	0760								0.529
2-Q5	0.727								0.639
3-Q6	0.714								0.730
4-Q3	0.692								0.734
5-Q1	0.599								0.595
6-Q41		0.773							0.868
7-Q42		0.747							0.873
8-Q43		0.721							0.512
9-Q44		0.540							0.649
10-Q28			0.793						0.611
11-Q27			0.764						0.677
12-Q40			0.565						0.696
13-Q25			0.428						0.554
14-Q16				0.812					0.685
15-Q17				0.743					0.702
16-Q18				0.710					0.588

题项	因子负荷								共同度
	S1	S2	S3	S4	S5	S6	S7	S8	
17-Q38				0.689					0.735
18-Q15					0.727				0.688
19-Q13					0.625				0.680
20-Q20					0.580				0.769
21-Q22						0.685			0.729
22-Q21						0.644			0.561
23-Q11							0.855		0.659
24-Q12							0.850		0.717
25-Q36								0.831	0.742
26-Q35								0.712	0.559
特征值	9.133	1.760	1.572	1.530	1.264	1.210	1.115	1.014	
贡献率（%）	14.305	11.490	10.550	8.986	7.281	5.928	5.397	3.300	67.237

注：S1-生理损伤、S2-使用黏性增加、S3-知行能力下降、S4-遗漏焦虑、S5-控制抑制减弱、S6-情感寄托、S7-负罪感、S8-过分修饰。

四、复测及信效度

（一）方法与程序

1. 研究对象

样本 2：2016 年 12 月，采用整群抽样方法，在内蒙古通辽市第五中学、通辽市实验中学和内蒙古民族大学发放问卷，共发放问卷 800 份，回收有效问卷 768 份，问卷有效率 96.0%。被试平均年龄为 $M_{年龄} = 16.55$，$SD_{年龄} = 3.45$，包括男生 368 人、女生 400 人，初中生 214 人、高中生 272 人、大学生 282 人。该样本用于验证性因素分析、效标效度和重测信度分析。

2. 研究工具

采用"青少年问题性移动社交网络使用评估问卷"，问卷包括 26 个题目，分为生理损伤、使用黏性增加、知行能力下降、遗漏焦虑、控制抑制减弱、情感寄托、负罪感和过分修饰 8 个因子，问卷采用李克特五点计分方式，1~5 代表完全不符合到完全符合。

采用姜永志和白晓丽（2013）编制的"手机移动网络过度使用行为量表"作为效标工具，量表包括16个题目，分为戒断症状、心境改变、耐受性提高和行为效率下降4个因子，量表采用李克特五点计分方式，1~5代表完全不符合到完全符合，得分越高表明个体手机移动网络过度使用的倾向越明显。该量表的内部一致性信度为0.754，各因子的内部一致性信度在0.597~0.766。

采用Masur等人（2014）编制的"Facebook Addiction Scale"作为效标工具，量表包括18个题目，分为失去控制、耐受性、戒断症状、社会关系消极影响、工作和学习消极影响5个因子，量表采用李克特五点计分方式，1~5代表完全不符合到完全符合，总分越高表明个体的社交网络使用成瘾倾向越明显，本书对量表的信度进行检验，量表的内部一致性信度为0.669，各因子间的内部一致性信度在0.582~0.725。

3. 问卷施测

使用"青少年问题性移动社交网络使用评估问卷""手机移动网络过度使用行为量表"和"Facebook成瘾量表"对青少年进行施测，测量采用团体测试的方式进行。为避免出现共同方法偏差，采用了程序控制和统计控制。在程序控制上，测量均由心理学教师来完成，在施测之前进行了集中培训，统一指导语和施测程序，在固定教室进行施测，测试以班级为单位，由被试单独完成，施测没有时间限制，测量结束后立即收回问卷；在统计控制上，采用了Harman单因素检验，因素分析后提取第一个因子解释变异的13.46%，低于40%的临界值。研究受到的共同方法偏差影响较小，可以进行数据的统计分析。

4. 数据分析方法

问卷施测采用整群抽样的方式进行，在施测前对研究人员进行培训，保证样本的有效性，发放的问卷当场收回。回收的数据统一使用SPSS18.0和LIS-REL8.8进行分析处理。

（二）验证性因素分析

为了验证探索性因素分析的因素结构，研究采用验证性因素分析（CFA）来检验探索性因素分析汇聚出的因子结构，即使用一个样本来揭示问卷的因子结构，再使用另一个同质样本来对这个因子结构进行验证和修正。按照验证性因子分析的要求，主要对 χ^2/df、RMSEA、CFI、GFI、NFI、IFI、AGFI 等指标进行检验，其中 χ^2/df 小于等于5、RMSEA 小于等于0.08，CFI、GFI、NFI、IFI、AGFI 等指标大于0.85可接受。探索性因素分析后，问卷保留26个题目，包括生理损伤、使用黏性增加、知行能力下降、遗漏焦虑、控制抑制减弱、情感寄托、负罪感和过分修饰8个因子，这8个因子可进一步归为身心反应和行为反应两个方面。为了验证探索性因素分析获得的问卷8因子结构，同时验证这8个因子能否归为上述两个方面，我们进行一阶验证性因素分析和二阶验证性因素分析。

1. 一阶验证性因素分析

在一阶验证性因素分析中，以探索性因素分析获得的8个因子为潜变量，以每个一阶因子对应的题目为观察变量，进行一阶验证性因素分析。结果发现，探索性因素分析拟合的8个因子，在一阶验证性因素分析中拟合较好，但是题目Q15和题目Q16两个题目的模型系数均为-0.25，模型系数远远小于误差项，按照结构方程模型建构的基本要求，模型系数高于误差项2倍为宜，为了保证问卷具有严谨的结构效度，考虑将这两个项目删除（见表2-2）。

表2-2 验证性因素分析模型的拟合指数

模型	χ^2/df	RMSEA	CFI	GFI	NFI	IFI	AGFI
一阶验证模型1	3.32	0.08	0.96	0.86	0.95	0.96	0.82
一阶验证模型2	3.16	0.07	0.97	0.88	0.96	0.97	0.84
二阶验证模型	3.42	0.07	0.97	0.86	0.95	0.97	0.83

将两个题目删除后进行二次一阶模型验证，结果发现二次一阶验证模型各项拟合指标均较好。为了更好地呈现模型，将剩余24个题目的问卷序号重新整编，并将S4：遗漏焦虑与S5：控制抑制减弱两个因子调换。调整后重新命名：F1：生理损伤、F2：使用黏性增加、F3：知行能力下降、F4：控制抑制减弱、F5：遗漏焦虑、F6：情感寄托、F7：负罪感、F8：过分修饰。

2. 二阶验证性因素分析

在一阶验证性因素分析中，各一阶因子之前存在较密切的关系，研究拟进行进一步的二阶验证性因素分析，一阶因子和二阶因子之间具有相对较强的稳定性，反映问卷各维度与所要测量问题之间的密切关系。根据研究假设，问题性移动社交网络使用包括身心反应与行为反应两大方面，具体分为生理症状、心理症状、行为症状和使用强度。在探索性因素分析和一阶验证性因素分析中，已经验证了各观测指标与所属各因子之间的归属关系，为进一步检验各观测指标、一阶因子、二阶因子关系的稳定性，研究者构建包含2个二阶因子和8个一阶因子的结构模型。分析结果显示，二阶验证性因子分析构建模型的各项拟合指标均达到了较为理想的水平，进一步验证了问卷观测值、一阶因子与二阶因子之间的稳定关系（见图2-4）。

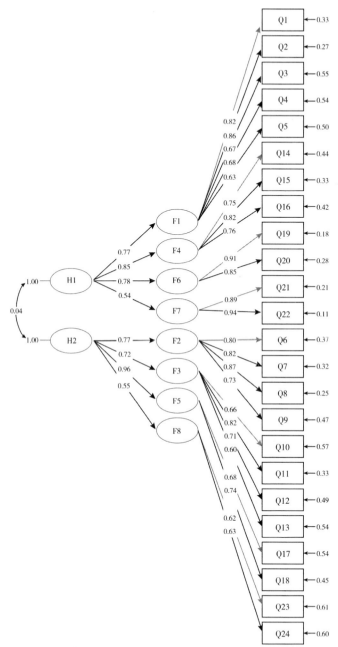

chi-3quare=831.84，df=243，P-value=0.00000，RM3EA=0.076

图 2-4　二阶因子验证模型

　　注：H1-身心反应、H2-行为反应；F1-生理损伤、F2-使用黏性增加、F3-知行能力下降、F4-控制抑制减弱、F5-遗漏焦虑、F6-情感寄托、F7-负罪感、F8-过分修饰。

（三）信度分析

本研究以内部一致性信度、分半信度和重测信度作为问卷信度的考核指标，其中重测使用原问卷，时间间隔为 3 个月（2016 年 9 月和 2016 年 12 月两次测量），进行信度分析。分析结果显示，总问卷的信度系数分别为 0.916、0.826 和 0.752，各因子间的内部一致性信度在 0.664~0.910，分半信度系数在 0.664~0.910，重测信度系数在 0.712~0.902。问卷的信度指标达到了基本要求（见表 2-3）。

表 2-3　问题性移动社交网络使用问卷信度分析

信度	总问卷	生理损伤	使用黏性增加	知行能力下降	遗漏焦虑	控制抑制减弱	情感寄托	负罪感	过分修饰
Cronbach's α	0.916	0.852	0.877	0.777	0.708	0.742	0.871	0.910	0.664
分半信度	0.826	0.790	0.874	0.782	0.708	0.781	0.871	0.910	0.664
重测信度	0.752	0.802	0.867	0.834	0.778	0.891	0.890	0.902	0.712

（四）效度分析

1. 内容效度

问卷题目来源和构成主要包括三部分，一是开放式调查问卷，二是对相关专家的访谈和咨询，三是对国内外相关测量工具的借鉴。这使得问卷题目的构成既来自青少年本身对该问题的具体体验和描述，也来自相关专家学者的意见，同时考虑了国内外同行开发测量工具的结构和具体题目，这都使得该问卷能较好地反映青少年问题性移动社交网络使用的真实情况。从内容构成来看，该问卷内容组成具有较好的内容效度。

2. 结构效度

通过一阶和二阶验证性因素分析，验证了"青少年问题性移动社交网络使用评估问卷"包含生理损伤、使用黏性增加、知行能力下降、遗漏焦虑、控制抑制减弱、情感寄托、负罪感和过分修饰 8 个因子，且模型的各项拟合指标均达到要求。问卷的结构效度一方面可以通过问卷的因子分析来获得，即验证性因素分析；另一方面可以根据问卷总分与问卷各因子之间的关系来说明。验证性因素分析已经表明，该问卷具有较好的结构效度。相关分析也显示，问卷各因子之间呈中等强度的相关，问卷总分与问卷各因子之间呈高强度相关。以上研究结果均显示问卷具有较好的结构效度，见表 2-4。

表 2-4　问题性移动社交网络使用问卷相关分析矩阵

变量	1	2	3	4	5	6	7	8	9
1 生理损伤	1								
2 使用黏性增加	0.535**	1							
3 知行能力下降	0.523**	0.614**	1						
4 遗漏焦虑	0.332**	0.263**	0.240**	1					
5 控制抑制减弱	0.593**	0.557**	0.527**	0.417**	1				
6 情感寄托	0.442**	0.581**	0.499**	0.403**	0.614**	1			
7 负罪感	0.459**	0.372**	0.385**	0.177**	0.378**	0.318**	1		
8 过分修饰	0.342**	0.369**	0.278**	0.265**	0.269**	0.332**	0.276**	1	
9 总问卷	0.810**	0.799**	0.759**	0.518**	0.789**	0.725**	0.689**	0.617**	1

注：$^*p<0.05$，$^{**}p<0.01$，$^{***}p<0.001$，下同。

3. 效标关联效度

为检验问卷的效标效度，以姜永志等人（2017）编制的"问题性手机移动网络使用问卷"和 Masur 等人（2014）编制的"Facebook Addiction Scale"作为效标测量工具，"问题性手机移动网络使用问卷"是专门针对手机移动网络过度使用问题编制的测评工具，具有较好的信效度，目前已被广泛使用。"Facebook Addiction Scale"是针对社交网站 Facebook 成瘾问题编制的量表，量表具有较好的信效度。相关分析显示，"青少年问题性移动社交网络使用评估问卷"总分及各因子与"问题性手机移动网络使用问卷"总分及各因子之间存在显著正向相关（$p<0.01$），"青少年问题性移动社交网络使用评估问卷"总分及各因子与"Facebook Addiction Scale"总分及各因子之间存在显著相关（$p<0.01$）。结果表明，该问卷与以往其他相关测量工具有较高的相关性，即具有较高的效标效度，见表 2-5 和表 2-6。

表 2-5　问题性移动社交网络使用与手机移动网络过度使用相关分析

因子	戒断症状	心境改变	耐受性提高	行为效率下降	问题性手机移动网络使用问卷
生理损伤	0.276**	0.309**	0.288**	0.170**	0.488**

续表

因子	戒断症状	心境改变	耐受性提高	行为效率下降	问题性手机移动网络使用问卷
使用黏性增加	0.409**	0.431**	0.267**	0.220**	0.494**
知行能力下降	0.443**	0.468**	0.334**	0.256**	0.465**
遗漏焦虑	0.385**	0.334**	0.421**	0.352**	0.400**
控制抑制减弱	0.479**	0.306**	0.404**	0.380**	0.495**
情感寄托	0.346**	0.479**	0.362**	0.338**	0.447**
负罪感	0.298**	0.312**	0.287**	0.321**	0.330**
过分修饰	0.331**	0.285**	0.282**	0.306**	0.375**
总问卷	0.482**	0.444**	0.498**	0.402**	0.498**

表 2-6 问题性移动社交网络使用与 Facebook Addiction Scale 相关分析

因子	失去控制	耐受性	戒断症状	社会关系消极影响	工作学习消极影响	Facebook Addiction
生理损伤	0.330**	0.309**	0.370**	0.226**	0.278**	0.396**
使用黏性增加	0.343**	0.388**	0.357**	0.321**	0.399**	0.457**
知行能力下降	0.217**	0.341**	0.356**	0.365**	0.387**	0.508**
遗漏焦虑	0.425**	0.343**	0.468**	0.379**	0.360**	0.444**
控制抑制减弱	0.346**	0.345**	0.323**	0.337**	0.386**	0.492**
情感寄托	0.320**	0.334**	0.356**	0.367**	0.392**	0.472**
负罪感	0.287**	0.301**	0.332**	0.309**	0.330**	0.392**
过分修饰	0.323**	0.247**	0.256**	0.254**	0.252**	0.336**
总问卷	0.398**	0.420**	0.487**	0.500**	0.495**	0.554**

五、讨论与分析

移动社交网络随着智能手机的普及而风靡全球,由移动社交网络使用带来的种种社会问题也逐渐凸显。在行为成瘾研究领域,网络成瘾的研究从生理机制、心理机制和行为机制等方面展开了大量研究,网络成瘾的概念也基本达成一致,按照《精神疾病诊断与统计手册》(DSM)建构的理论基础也得到广泛认同。那么，移动社交网络使用是否会成为第二种广泛传播的成瘾行为？从目前国内外研究来看，其主要存在两种取向：一是认为问题性移动社交网络使用其实与网络成瘾并无本质区别，应被看作一种成瘾行为；二是认为问题性移动社交网络使用仅产生了一般的生理—心理—行为问题，它所表现的症状与网络成瘾并不大，也没有相应的症候群与之对应，应将其看作一般心理问题。我们从这两种取向出发对问题性移动社交网络使用的研究进行分析发现，由于二者对概念界定的差异，相应的测量工具也存在较大的差异，现有测量工具并没有形成典型的结构特征。另外，现有测量工具仅能反映个体问题性移动社交网络使用的程度，不能进行筛查评估。那么，结合问题性移动社交网络使用的现实表征，以及用以往相关研究的理论来构建广泛适用的测量工具显得尤为重要。

研究者通过开放式调查问卷、相关专家的访谈和咨询与对国内外相关测量工具的借鉴，编制了"青少年问题性移动社交网络使用评估问卷"，问卷包括生理损伤、使用黏性增加、知行能力下降、遗漏焦虑、控制抑制减弱、情感寄托、负罪感和过分修饰8个因子，这8个因子能够较为全面地反映问题性移动社交网络使用的身心症状和行为症状。按照理论构想，问卷可包括身心反应和行为反应，生理损伤、遗漏焦虑、情感寄托和负罪感4个因子可归为身心反应，使用黏性增加、知行能力下降、控制抑制减弱和过分修饰4个因子可归为行为反应。因此，这8个因子构成问卷的一阶因子，身心反应和行为反应构成问卷的二阶因子。

在问卷的编制过程中，基于上述三种方式进行归纳和筛选保留初始问卷47个题目，通过项目分析删除题目3个，通过2次探索性因素分析删除题目18个，最后保留题目26个。鉴于问卷中出现较多的题目在多个因子上存在较高共同负荷，在探索性因素分析中，使用多次探索性因素分析来聚合因子。第一次探索性因素分析在基本的题目删除原则上，将因子共同负荷高于0.40的题目删除，第二次探索性因素分析将因子共同负荷高于0.30的题目删除，2次探索性因素分析获得的题目均不存在较高的共同因子负荷。那么，探索性因子分析聚合得到的因子结构是否稳定，需要通过验证性因子分析来验证和修正。通过一阶验证性因素分析和二阶验证性因素分析，进一步对探索性因素分析获得的因子结构进行验证，一阶因子验证模型发现2个题目的模型系数远远小于误差项，不符合心理统计的相关要求，删除后，问卷剩余24个题目。进行第二次一阶模型验证，结果证实了探索性因素分析的因子结构，而二阶因子分析一方面验证了问卷结构的稳定性，另一方面也验证了一阶因子与二阶因子间的紧密关系，验证了问卷理论构想。问卷是否有效和可以准确测量所要测量的问题，需要进一步的信效度检验，研究者除了检验总问卷以及各因子的内部一致性信度和分半信度系数外，还通过前后 2 次测量检验了问卷具有较好的重测信度。问卷除了具有较好的信度指标外，问卷的内容效度、结构效度和效标效度也较好。

相比于其他相关工具，本问卷突出的特征是没有完全按照以往物质成瘾的指标体系来编制问卷。从以往的研究来看，问卷一般都会包括戒断反应、耐受性、强迫行为、逃避行为、凸显行为、心境改变等因子，而大多数这些问卷的编制都以《精神疾病诊断与统计手册》（DSM）的各个版本为基础，虽然《精神疾病诊断与统计手册》（DSM）为成瘾行为测量工具的编制提供了可以借鉴的理论基础和行为症状指标，但是现有研究所编制的工具根据不同需要而侧重点各不相同，有些侧重心理症状、有些侧重行为症状，也有些工具充分考虑心理与行为症状。从整体来看，以往研究所编制和使用的工具大多没有全面反映个体的问题性移动社交网络使用的综合性指标。本研究编制的问卷明确提出应从生理症状、心理症状、行为症状和使用强度四个方面来界定问题性移动社交网络使用的行为，侧重对一般性的生理—心理—行为问题，以及使用强度进行描述。该问卷只适用于揭示个体问题性移动社交网络使用行为的严重程度，尤其是可以测量个体的生理、心理、行为和强度各项指标，这对以往的相关测量工具是一个补充。

本研究编制的问卷与以往研究工具相比做了一个必要的补充，但是问卷本身仍有一些局限性。一是问卷的理论基础，问卷的编制在结构构想上虽然借鉴了国内外相关研究，对相关文献进行了梳理，但更侧重源自现实生活的具体表现，也就是更侧重自下而上的建构，而非自上而下的建构。这种建构方式的优点是更加贴近事实本身，但也更容易偏离理论指导，本研究基于以往文献归纳总结提出的问卷理论结构的稳定性，仍需今后研究的验证。二是问卷的题目选择，问卷的题目来源较为多元，既有国内外相关问卷的题目借鉴，也有源自青少年现实生活的具体描述，更有相关专家的意见，但问卷在因子分析中也发现多个题目的多个因子存在高负荷，这说明问卷题目的区分度不够高，这种现象的出现主要原因在哪里？是因为某些心理、行为症状相似度较高？某些症状描述含糊？研究对象的理解偏差？这些问题的存在会影响问卷今后在其他样本中的生态效度，这也是一个值得注意的问题。总之，从研究结果来看，问卷的各项指标都满足了教育心理统计的要求，可以进行较大规模的测量研究，问卷能够较好地揭示青少年问题性移动社交网络使用的主要表现和严重程度，是一个测量青少年问题性移动社交网络使用较好的测量工具。

基于上述研究得出以下结论，"青少年问题性移动社交网络使用问卷"包括身心症状和行为症状两大方面，由 24 个题目构成，包括生理损伤、使用黏性增加、知行能力下降、遗漏焦虑、控制抑制减弱、情感寄托、负罪感和过分修饰 8 个因子，问卷具有较好的信度和效度，可以作为评估青少年问题性移动社交网络使用严重程度的有效工具。

第二节　青少年问题性移动社交网络使用筛查问卷编制

一、筛查标准确立的依据

问题性手机使用被视为与药物成瘾类似的成瘾行为，并认为它与药物成瘾一样有类似核心症候群，如耐受性、凸显性、缺乏控制和渴求性（Kuss & Griffiths, 2011）。移动社交网络在生活中扮演的角色也越来越重要，它已成为人们之间情感联结的纽带（如 Facebook、微信），但不恰当的移动社交网络使用也引发了一些社会心理问题，如对个体身心健康产生消极影响（黄华炎，刘毅，路红，彭坚，2016），导致个体学业成绩下降（Wang, Wang, Gaskin, Wang, 2015）；家庭冲突和工作困扰，导致较严重的抑郁和孤独症状（Błachnio, Przepiorka, Boruch, Bałakier, 2016）。现有研究认为问题性手机使用的相关评估要以美国《精神疾病诊断与统计手册》（DSM-4）中药物成瘾的症状标准为依据，并据此编制相关测评工具。早期相关研究对此进行了评估，如 Toda 等人（2004）最早对手机使用及相关问题展开研究，编制了"手机依赖问卷（MPDQ）"，Billieux 等人（2008）针对大学生使用手机存在的问题编制了"问题性手机使用问卷（PMPUQ）"。这一阶段相关的测评工具关注人们在使用短信和语音通话中存在的问题，以及这些问题给个体带来的经济问题和安全问题。2012 年之后，智能手机 APP 使用的问题成为人们关注的焦点，Lee（2013）编制了"智能手机成瘾量表（SAUS）"，关注大学生使用智能手机造成的不良后果，Al-Menayes（2015）编制了"社交媒体成瘾量表"（SMAS）。此时的测评工具仍以《精神疾病诊断与统计手册》（DSM-4）中关于病理性赌博的相关标准为依据。整体来看，现有评估工具主要呈现以下几个特点：一是大多工具延续了网络成瘾的思路，以病理性赌博的症状标准作为评定依据；二是现有测评工具并没有区分基于传统互联网的在线社交网络使用，或者基于移动终端的在线社交网络使用；三是现有测评工具仅能探寻现象的基本结构或严重程度，而不具备筛查评估功能。随着青少年移动社交网络使用的普及，随之而来的心理问题也逐渐凸显，传统的常模参照测验不能满足相关问题的筛查评估需求。

为进一步对青少年问题性移动社交网络使用进行筛查评估，研究者在借鉴最新《精神疾病诊断与统计手册》（DSM-5）中的相关症状和理论结构的基础上，结合移动社交网络使用的现实社会表征，使用安戈夫法（Angoff Method）对青少年问题性移动社交网络使用进行界定和评估。安戈夫法是 20 世纪 70 年代在美国被广泛使用的一种标准参照测验，主要用来考察个体是否达到某一标准，如是否及格、是否掌握等，它要求确定一个临界值，这个确定被试在某一测验上得分临界值的过程被称作标准设定（Kamath et al.，2016）。经典的安戈夫法通过选择具有丰富经验的专家构成评定小组，并对测验题目中肯定回答的概率进行评定，将专家在每个测验题目和整个量表上的评分进行平均，得到一个临界值（崔丽娟，2006）。由于经典的安戈夫法直接使用了"是否"的评定方式，且专家的认知过程复杂不可控，其受到批评。如安戈夫法选择专家的标准是什么？依据专家主观评判得到的临界分数是否有效？安戈夫法到底需要多少名专家评判才有效？面对质疑，安戈夫法在发展中不断完善，研究者对安戈夫法进行了不断的改进。美国教育测验服务机构对该方法进行改进，事先给专家提供若干百分率供专家选择，这样就将专家判断放置在一个连续数据上进行考察，专家选择每个题目肯定回答的概率，求得平均分并确定临界值。也有研究者将安戈夫法简化为二分判断量表，但将原来的一轮专家评判增加至两轮专家评判，即第一轮专家评判之后对各个题目进行小组讨论，然后再进行第二轮专家评判并求得临界值（常蕤，2008）。还有研究者使用 IRT 中的二参数 Logistic模型和 Rasch 模型计算临界值，使用 Rasch 模型来估计"最低能力受试者"的位置，通过均方残差等方法剔除不一致的裁判结果，以保证专家评判结果的有效性，并通过质量系数、校正的安戈夫分数线等修正传统安戈夫法的不足（Kane，1987；Taube，1997；余嘉元，2008）。

综合已有研究，本书认为安戈夫法虽然具有一定的主观性，但该方法简单易懂，且经过控制或改进能在一定程度上克服主观性对结果的消极影响。因此，本书使用安戈夫法的改进型，在专家评判中为专家提供先验概率供其选择，在正式评判前要求进行两轮评判的练习。专家包括教师型专家和学生型专家，所有专家都是基于两轮以上评判的熟练操作者，这可以避免专家对方法不够熟练而导致的误差。

二、研究方法

（一）问卷题目编制

1. 题目确立

研究者从姜永志（2018）编制的"青少年问题性移动社交网络使用评估问卷"中筛选和修改题目。原始问卷由 24 个题目构成，包括生理损伤、使用黏性增加、知行能力下降、遗漏焦虑、控制抑制减弱、情感寄托、负罪感和过分修饰等因子。研究者选择该问卷题目的原因在于，该问卷的各因子及题目涵盖了问题性移动社交网络使用的大部分症状表征，与编制问卷对相关症状表征的要求比较契合。首先，从问卷中筛选题目并按照以下标准进行筛选：（1）保证各因子都有题目入选，（2）保证每个因子有 2 个及以上题目入选，（3）题目按照均值从高到低筛选。按照上述原则进行筛选，得到涵盖各因子 16 个题目的初始筛查问卷。其次，对筛选的题目进行适当修改，如将原问卷中"长时间使用移动社交网络"改为"频繁和长时间使用移动社交网络"，突出移动社交网络使用的频率和时间特点（周宗奎，连帅磊，田媛，牛更枫，孙晓军，2017）。

2. 题目评定

各选取 5 名高校心理学教师和在校大学生，对 16 个题目是否可以反映问题性移动社交网络使用进行评判。要求两组专家在百分等级量表上对题目进行评分，1~5 分表示从"完全不能代表"到"完全能代表"问题性移动社交网络使用的程度，求出专家对题目的均值。结合排序结果综合反馈，原始问卷题目 G18、G19、G22 和 G23 在表述上认为是对 G17、G20、G21 和 G24 的转换。考虑删除上述 4 个题目并对剩余题目进行精简调整（如表 2-7）。

表 2-7　筛查评估问卷题目

序号	题目
G1	频繁和长时间使用移动社交网络刷朋友圈和浏览信息，使眼睛干涩、视觉疲劳
G2	频繁和长时间使用移动社交网络，导致睡眠不足和睡眠质量差
G3	每天都无意识地频繁翻阅手机 APP、查看朋友圈等，自己都记不清有多少次
G4	不经意间延长了使用移动社交网络的时间而没有觉察
G5	频繁和长时间使用移动社交网络刷屏看朋友圈，深入思考问题的时间比以前少了
G6	频繁和长时间使用移动社交网络，我的记忆力不如以前好了

序号	题目
G7	如果一会儿没有在手机上查看微信、微博等，总担心会错过什么信息
G8	我只要打开手机社交 APP 就不愿意退出来，总想再看一会儿才会满足
G9	想要控制使用移动社交网络刷屏的时间和频率，但总没什么效果
G10	手机是我生活中的一个陪伴者，寂寞无聊和情绪不好时它成了我的精神寄托
G11	当使用移动社交网络时间过长而耽误学习或工作时，常感到后悔和内疚
G12	在朋友圈晒图时，这些照片都是我认为最好的照片，特别希望别人点赞、关注和评论

（二）样本选取

样本 1：专家对题目理解可能持更理性态度，对其判断产生偏差和影响，研究者同时选取青少年专家作为题目评判者，最终以教师和青少年专家的分数共同作为衡量指标。随机选取专家样本 15 人（高校心理学教师 10 人、中学心理学教师 5 人），年龄为 $M_{年龄} = 35.24$，$SD_{年龄} = 1.46$。随机选取青少年专家样本 15 人（初中生、高中生和大学生各 5 人），年龄为 $M_{年龄} = 16.25$，$SD_{年龄} = 2.66$。

为考察专家样本对问题性移动社交网络使用症状的熟悉度，通过开放式问卷收集相关的心理与行为症状，为避免学术术语对被试理解上的影响，将"问题性移动社交网络使用"改为"过度移动社交网络使用"。通过网络形式发放开放式问卷，收回问卷 109 份，回收有效问卷 102 份。通过 ROSTCM6.0 软件进行词频分析，获得反映问题性移动社交网络使用的高频词 45 个。根据高频词进行结构分类，生理症状包括睡眠障碍、视力损伤、肌肉损伤、生理紊乱；心理症状包括负面情绪、认知失败、戒断焦虑、情感寄托；行为症状包括活动抑制、注意分散、行为拖延、记忆减退、频繁使用等。依据频率高低选取 24 个症状表征词，请专家对这些症状表征词与问题性移动社交网络使用的相关性进行评价，采用五等级评定：1 分为极不符合，5 分为极度符合，每名评定者对上述词语相关性评价的平均分大于 4 分被认定为熟悉者（花蓉，武晓锐，方芳，2016）。分析显示，所选取专家样本在对上述词语相关性评价的平均分大于 4 分。

样本 2：问卷筛查评估标准制定后，需要对该标准进行信度和效度的检验，需要对正常使用者和问题性使用者进行测量和比较。在内蒙古两所中学和一所高校发放问卷 800 份，回收有效问卷 768 份，被试平均年龄为 $M_{年龄}$ = 16.55，$SD_{年龄}$ = 3.45，男生 368 人、女生 400 人，初中生 214 人、高中生 272 人、大学生 282 人（大一与大二年级）。

样本 3：问卷有效性的检验需要对问题性使用组与正常使用组进行比较分析，问题性使用组通过某医院心理科医生推荐和某高校心理咨询中心推荐，共 45 人，包括男生 23 人、女生 22 人（$M_{年龄}$ = 17.75，$SD_{年龄}$ = 3.25）；正常使用组为某高校大一和大二年级学生，共 45 人，包括男生 25 人、女生 20 人（$M_{年龄}$ = 17.10，$SD_{年龄}$ = 2.82）。

（三）操作程序

基于相关研究（崔丽娟，2006；崔丽娟，赵鑫，2004；Jaeger，1978），分为 4 步操作确定筛查评估问卷的临界值：

第一步，向专家描述安戈夫方法原理、注意事项和具体实施步骤。

（1）请专家在头脑中想象"最低能力受试者"（问题性移动社交网络使用者），想象具有典型特征的一类群体，以及他们可能的身心反应；

（2）请专家判定这类人群在筛查问卷每个题目上能够做出肯定回答的概率，如对题目 G1，假设在 100 个人中有 90 人能做出肯定回答，则肯定回答的概率即为 90%（取值范围会以 10% 的序列递增）。

第二步，请专家使用安戈夫法对 1~2 个题目进行评判，评判完成后，小组讨论评判过程及结果，专家对评判的宽松程度达成一致，经过多次讨论协商使专家能熟练使用该方法对题目进行主观评判，此过程一般需要 30 分钟左右。

第三步，请专家使用安戈夫法对所有题目依次进行主观评判，在评判过程中不允许讨论和协商，每人单独完成 12 个题目的评判任务。

第四步，研究人员对所有专家的评分进行汇总，求出每个题目的平均分和整个筛查问卷的平均分，具体计分方法：

（1）教师专家计分，每个教师专家对所有题目进行评分，并求出平均分（如一位专家对 10 个题目进行评分，各个题目的得分之和除以 10 即为这个专家的平均分），所有专家评完分后再求平均分，评分过程请专家保持评分前后的宽松程度一致；

（2）学生专家计分，同教师专家计分；

（3）确定界定分数，最后求得所有专家的平均分，各题目平均分与题目数量的乘积，使用四舍五入的方法获得标准界限，即为界定分数；

（4）正式问卷对题目持肯定回答计 1 分，持否定回答计 0 分。

三、研究结果

（一）教师专家与学生专家评分同质性考察

首先，使用肯德尔等级相关分别检验教师专家和学生专家对题目评分的一致性，对教师专家分析发现，教师专家对 12 个题目的评分存在显著相关（$r = 0.275\sim0.591$），肯德尔系数 W 为 0.658，表明教师专家对题目的评判具有较高的评分一致性；对学生专家分析发现，学生专家对 12 个题目的评分存在显著相关（$r = 0.302\sim0.596$），肯德尔系数 W 为 0.785，表明学生专家对题目的评判具有较高的评分一致性。其次，检验教师专家与学生专家评分的同质性，独立样本 t 检验发现，除了题目 G2 外（$p <0.05$），教师和学生专家在其余题目上不存在显著差异（$p_{均}> 0.05$），说明教师与学生构成的专家组在各项目的评判上具有较高的一致性。

（二）筛查评估标准界定

根据安戈夫法确定筛查评估标准，各题目平均分与题目数量的乘积即为筛查评估问卷临界分数。描述性分析发现，专家组对题目 G3（81.6%）和 G4（82.6%）评分最高，且在 G3 和 G4 两个题目上评分均超过80%，表明使用时间和频率是构成问题性移动社交网络使用的核心症状。在筛查评估标准设定中，专家对各题目评判平均为 67.9%，筛查评估问卷界定分数应为 12 × 67.9% = 8.148，即临界标准为8。在筛查评估问卷中，对 8 个及以上题目做出肯定回答即可判定为问题性移动社交网络使用（见表 2-8）。

表 2-8 筛查评估问卷各题目专家评分及同质性检验

题目	教师评分	学生评分	总评分	t 值$_{教师-学生}$
G1	66.6%	69.3%	68.0%	−0.414
G2	55.3%	70.6%	63.0%	−2.503*
G3	85.3%	78.0%	81.6%	1.501
G4	86.0%	79.3%	82.6%	1.416
G5	60.0%	68.0%	64.0%	−1.247
G6	64.0%	57.3%	60.6%	0.945
G7	56.6%	60.6%	58.6%	−0.562

题目	教师评分	学生评分	总评分	t 值$_{教师-学生}$
G8	63.3%	68.0%	55.6%	−0.576
G9	58.6%	66.0%	62.3%	−0.973
G10	77.3%	71.3%	74.3%	0.798
G11	64.6%	70.0%	67.3%	−1.140
G12	69.3%	74.6%	72.3%	−0.883
总问卷	66.4%	69.4%	67.9%	−0.795

注：$^{*}p < 0.05$，$^{**}p < 0.01$

（三）筛查评估问卷的有效性评估

为验证筛查评估问卷的有效性，采用筛查评估问卷进行测量。研究对象在筛查评估问卷每个题目上进行选择，肯定作答计 1 分、否定作答计 0 分。结果显示，正常使用组与问题性使用组在筛查评估问卷各题目上均存在显著差异（见表 2-9）。

表 2-9　正常组与问题性组的差异分析

题目	正常组 （M ± SD）	问题性组 （M ± SD）	t	p
G1	0.52 ± 0.50	0.75 ± 0.43	11.75	< 0.01
G2	0.48 ± 0.50	0.78 ± 0.41	15.94	< 0.01
G3	0.49 ± 0.50	0.73 ± 0.44	12.49	< 0.01
G4	0.51 ± 0.50	0.76 ± 0.42	12.80	< 0.01
G5	0.46 ± 0.49	0.82 ± 0.38	19.80	< 0.01
G6	0.67 ± 0.46	0.90 ± 0.29	13.44	< 0.01
G7	0.50 ± 0.50	0.81 ± 0.39	16.40	< 0.01
G8	0.50 ± 0.50	0.84 ± 0.37	18.12	< 0.01
G9	0.57 ± 0.49	0.87 ± 0.34	16.68	< 0.01
G10	0.44 ± 0.49	0.83 ± 0.37	21.30	< 0.01
G11	0.60 ±0.49	0.82 ± 0.38	12.12	< 0.01
G12	0.53 ± 0.50	0.75 ± 0.43	11.81	< 0.01

对筛查问卷的信效度进行分析，结果显示筛查问卷的内部一致性信度为 0.814，分半信度系数为 0.772。单维筛查问卷各项拟合指标较好，χ^2/df = 3.85、RMSEA = 0.08、CFI = 0.94、GFI = 0.95、NFI = 0.91、IFI = 0.94、AGFI = 0.92。区分效度分析还发现，正常组检出率为 12.0%，问题性组检出率高达 91.1%，表明筛查评估问卷能对问题性使用者进行有效的筛查评估（见表 2-10）。

表 2-10　问卷筛查评估效度检验

题目	正常组			问题性组		
	频数（人数）	比例（%）	检出率（肯定8题及以上）	频数（人数）	比例（%）	检出率（肯定8题及以上）
G1	6	12.0	—	41	91.1	—
G2	8	16.0	—	40	88.8	—
G3	10	20.0	—	45	100	—
G4	12	24.0	—	42	93.3	—
G5	6	12.0	—	38	84.4	—
G6	6	12.0	—	39	86.6	—
G7	8	16.0	—	38	84.4	—
G8	9	18.0	—	44	97.7	—
G9	9	18.0	—	43	95.5	—
G10	8	16.0	—	44	97.7	—
G11	10	20.0	—	39	86.6	—
G12	8	16.0	—	38	84.4	—
总问卷	—	—	6（12.0%）	—	—	41（91.1%）

四、讨论与分析

（一）问卷筛查标准的有效性

作为传统的标准参照测验，安戈夫法被广泛应用于各类评估标准的制定中，尽管传统安戈夫法存在主观性强和临界标准偏差等问题，但经过相应改进，该方法仍在相关评估标准制定的应用领域发挥重要作用。在网络成瘾研究中，有研究者使用安戈夫法确定了网络成瘾和网络游戏成瘾的评估标准（崔丽娟，

2006），但基于智能手机的问题性移动社交网络使用研究，尚没有对正常与问题性使用者作出明确区分，这使现有研究仍按照总分前 27% 和后 27% 的高低分组的方法来区分，从而使研究的客观化受到影响。安戈夫法作为一种简单适用的标准测验编制方法，经过改良后的客观化水平得到了一定提升，能够在问题性移动社交网络使用评估工具的编制中应用。使用安戈夫法确定筛查评估标准，首先应保证筛查评估问卷题目具有较高信度和效度。研究者在借鉴以往研究工具基础上，确定筛查评估问卷的具体题目，通过相应的筛查标准得到的题目包含了问题性移动社交网络使用的生理、心理与行为症状，通过分析保留 12 个有效题目构成筛查评估问卷的最终题目，通过上述筛选过程，保证了评估问卷题目的广泛代表性和可靠性。

临界值设定的有效性决定了筛查评估工具的有效性，首先考察了教师专家、学生专家对问卷题目的评分一致性，发现两组专家对问卷题目的评分具有较高的一致性。其次，考察了教师专家与学生专家对题目的评分同质性，发现教师专家与学生专家对题目的评分并无显著差异。研究者对两组专家评分进行进一步统计分析，发现肯定回答 8 个及以上题目即可认为具有问题性移动社交网络使用倾向。在以往网络成瘾和网络游戏成瘾的标准参照设定中，崔丽娟（2006）以安戈夫法对网络成瘾的筛查标准进行设定，在 12 个网络成瘾题目中肯定回答 8 个题目即可认为具有网络成瘾倾向，在 10 个网络游戏成瘾题目中肯定回答 7 个题目即可认为具有网络游戏成瘾倾向。该问卷的评定结果与以往相关研究结果类似。研究者还发现 G3 和 G4 两个题目被选择的概率均超过 80%，分别涉及使用移动社交网络的频次和时间，表明高频使用和无意识延长使用时间（时间淡漠感或沉浸体验）两种行为，是问题性移动社交网络使用最重要的考核指标。研究者认为 G3 和 G4 两个题目是判定问题性移动社交网络使用的必要选项。为检验筛查评估问卷的有效性，对筛查评估问卷的实证区分效度进行分析，通过对正常使用组与问题性使用组检出率差异进行分析，发现筛查评估问卷能有效区分正常使用组与问题性使用组。问题性使用组被试的检出率远高于正常使用组被试，表明筛查评估问卷有较好的实证区分效度，安戈夫法设定的临界值能有效对青少年问题性移动社交网络使用进行筛查评估。

（二）研究局限与不足

青少年问题性移动社交网络使用筛查标准，能够对青少年人群中问题性移动社交网络使用作出分类评估，从而有利于家庭、学校和社会从不同方面开展教育引导和干预治疗。研究者依据安戈夫法确立问题性移动社交网络使用的筛查评估标准，希望弥补以往研究仅能评估严重程度，而不能作出诊断的不足。研究者依据安戈夫法确立的临界值能够对青少年问题性移动社交网络使用作出有效筛查。然而，本研究在诸多方面还存在不足：一是安戈夫方法主观性与客观化的问题。本研究对传统的安戈夫法进行了适当改进，如为避免专家主观和片面性评估，专家样本既包括具有丰富心理学教学经验的高校教师和中学教师，又选择那些每天都接触移动社交网络使用，直接观察自己或身边同学使用移动社交网络的青少年作为学生专家，这样的安排能尽量避免评估偏差。尽管做了减少评估偏差的操作，研究者使用的安戈夫法界定的临界值以及在对误差的控制上，仍没有 IRT 中的二参数 Logistic 模型和 Rasch 模型客观可靠，这在一定程度上也使临界标准缺乏足够的客观性。二是研究对象的选择范围限制了问卷的应用。有效的评估工具应能对总体作出有效解释，研究者在有效性评估部分选取的样本未能覆盖我国大部分省区的青少年，研究结论的外部效度可能会受到影响。在专家样本的选取上，研究者尽管做了相应的设计，力求避免专家评判的主观性，但仍不能完全排除主观因素的干扰。

青少年问题性移动社交网络使用筛查评估问卷由 12 个题目构成，筛查评估临界标准为 8 个及以上题目持肯定回答，即可确定具有问题性移动社交网络使用行为，基于安戈夫法界定的筛查评估标准，能够对青少年问题性移动社交网络使用进行较为有效的筛查评估。

第三节 青少年问题性移动社交网络使用现状及特点

一、研究目的

青少年问题性移动社交网络使用以及由此带来的消极影响，已经影响了青少年的正常学习生活，青少年的身心发展和行为塑造带来的消极影响已经成为社会高度关注的问题。青少年作为移动社交网络使用的主要群体，他们存在问题性使用的现状和呈现的特点是研究者最关注的问题。具有问题性移动社交网络使用的青少年，与正常使用者在使用移动社交网络的时间强度上是否有差异，以及是否存在一些典型的人口学差异，这同样是研究者关心的主要问题。为明确问题性移动社交网络使用的现状及特点，本书使用"青少年问题性移动社交网络使用评估问卷"和"青少年问题性移动社交网络使用筛查问卷"，评估和筛检青少年问题性移动社交网络使用行为，考察青少年问题性移动社交网络使用现状，以及青少年问题性移动社交网络使用的特点。

二、对象与方法

（一）研究对象

2017年3—4月，按照学段分层抽样方法，研究者选取内蒙古自治区、广西壮族自治区、甘肃省、湖北省、辽宁省、吉林省、河北省和海南省的16所中学和大学作为调查样本，调查方式为现场发放问卷，纸笔作答，共发放问卷3000份，最后共回收有效问卷2872份，问卷有效率为95.73%。被试的年龄区间为12~25岁，男生1012人，占调查总数的35.2%；女生1860人，占调查总数的64.8%。初中生772人，占调查总数的26.9%〔初一180人（6.3%）、初二380人（13.2%）、初三212人（7.4%）〕；高中生1032人，占调查总数的35.9%〔高一524人（18.2%）、高二144人（5.0%）、高三364人（12.7%）〕；大学生1068人，占调查总数的37.2%〔大一368人（12.8%）、大二280人（9.8%）、大三192人（6.7%）、大四228人（7.9%）〕。城市生源地1276人，占调查总数的44.4%；农村生源地1596人，占调查总数的55.6%。

（二）研究工具

1. 青少年问题性移动社交网络使用评估问卷

"青少年问题性移动社交网络使用评估问卷"由24个题目构成，包括身心反应和行为反应两个维度，这两个维度又由生理损伤、使用黏性增加、知行能力下降、遗漏焦虑、控制抑制减弱、情感寄托、负罪感和过分修饰8个因子组成。问卷使用李克特五级计分，"1"代表完全不符合，"5"代表完全符合，问卷总分得分越高，表明青少年问题性移动社交网络使用倾向越严重，各因子得分越高表明青少年在问题性移动社交网络使用某方面倾向较为严重。本研究总问卷的内部一致性信度为0.916，各因子间的内部一致性信度在0.664~0.910。

2. 青少年问题性移动社交网络使用筛查问卷

"青少年问题性移动社交网络使用筛查问卷"由12个题目构成，问卷涵盖青少年在使用移动社交网络过程中出现的身心反应和行为反应两方面。问卷采用0、1两点计分，被试对某个题目持肯定选择计1分，对某个题目持否定选择计0分，被试对12个题目持肯定选择的数量大于8个（包含8个），被试可初步认定为具有问题性移动社交网络使用行为，被试对12个题目持肯定选择的数量小于8个，被试则不能被认定为具有问题性移动社交网络使用行为。问卷的内部一致性信度为 0.814。

三、研究结果

(一) 青少年问题性移动社交网络使用（筛查）检出率

根据筛查问卷分析，被试对 12 个题目持肯定选择超过 8 个，即可评定该被试具有问题性移动社交网络使用行为。根据这一标准将数据进行分类处理，结果发现，有 424 名青少年对 12 个题目持肯定选择超过 8 个，问题性移动社交网络使用总检出率为 14.8%。对检出被试进行进一步分析，发现男生 176 人，占检出率的 41.5%，女生 248 人，占检出率的 58.5%；初中生 152 人，占检出率的 35.8%，高中生 128 人，占检出率的 30.2%，大学生 144 人，占检出率的 34.0%。分析还发现，在筛选出的样本中（424 人），不存在学段、性别和生源地差异（$p>0.05$），见表 2-11。

表 2-11　被检出问题性移动社交网络使用青少年的人口学变量差异

变量		N	Mean	SD	F	p
学段	初中生	152	10.47	0.71	1.75	0.175
	高中生	128	10.50	0.66		
	大学生	144	10.36	0.58		
性别	男生	176	10.47	0.72	0.88	0.37
	女生	248	10.41	0.61		
生源地	城市	252	10.44	0.65	0.35	0.96
	农村	172	10.44	0.66		

(二) 青少年问题性移动社交网络使用的特点

对被检出存在问题性移动社交网络使用样本进行分析，发现并不存在学段、性别和生源地的差异，那是否表明只要存在问题性移动社交网络使用倾向的青少年在上述方面均不存在差异？来自大样本的数据与已经筛查出的小样本之间是否存在一致的结果？针对这些问题，我们对整体样本做进一步的分析。

1. 青少年问题性移动社交网络使用的时间特点

使用时间是界定青少年存在问题性使用的关键因素之一，在青少年问题性移动社交网络使用筛查评估标准中，研究者就将使用时间作为一个关键指标。

研究者另外单独设置 3 个题目，进一步了解青少年移动社交网络使用的时间。整体样本的统计结果显示，青少年现实平均使用移动社交网络时间和他们认为的合理健康使用时间都较短，主要集中在日平均 4 小时以内，而对可能导致问题性移动社交网络使用行为的风险时间的估计则普遍在 4 小时以上，如 4 小时占 13.6%、5 小时占 13.8%、6 小时占 7.0%、6 小时以上占 48.9%。可见，青少年对问题性移动社交网络使用风险时间有较为清晰的认识，见表 2-12。

表 2-12　青少年移动社交网络使用时间描述性分析

使用时间	1 小时		2 小时		3 小时		4 小时		5 小时		6 小时		6 小时以上	
	人数 (n)	比例 (%)	人数 (n)	比例 (%)	人数 (n)	比例 (%)	人数 (n)	比例 (%)	人数 (n)	比例 (%)	人数 (n)	比例 (%)	人数 (n)	比例 (%)
平均使用时间	720	25.1	516	18.0	528	18.4	460	16.0	220	7.7	104	3.6	324	11.3
健康使用时间	340	11.8	730	25.4	868	30.2	412	14.3	188	6.5	176	6.1	150	5.2
风险使用时间	132	4.6	100	3.5	248	8.6	392	13.6	396	13.8	200	7.0	1404	48.9
问题性使用者使用时间	8	1.9	24	5.7	12	2.8	76	17.9	52	12.3	20	4.7	232	54.7

进一步对筛检出存在问题性移动社交网络使用的样本进行分析，结果显示：存在问题性移动社交网络使用的青少年使用时间与风险使用时间基本一致，即绝大多数青少年每天使用移动社交网络时间都在 6 小时以上，使用 6 小时以上的青少年占总体的 54.7%。这表明，青少年对长时间使用移动社交网络存在的风险具有较为清晰的意识，但是仍不能有效控制使用时间，最终导致问题性移动社交网络使用。可见，青少年普遍知道长时间使用移动社交网络的消极影响，却仍然长时间使用，明知不可为而为之，即移动社交网络使用时间强度是问题性移动社交网络使用的重要特征，见图 2-5、图 2-6、图 2-7 和图 2-8。

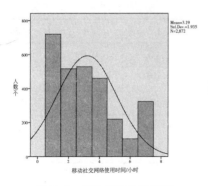

图2-5 现实平均使用时间

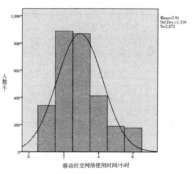

图2-6 理想使用时间

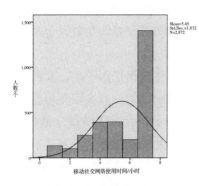

图2-7 风险使用时间

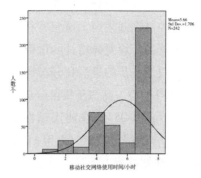

图2-8 问题性使用者现实使用时间

2. 青少年问题性移动社交网络使用的性别特点

对整体样本进行分析,青少年问题性移动社交网络使用存在性别差异,在生理损伤、使用黏性增加、知行能力下降、遗漏焦虑、控制抑制减弱、情感寄托、负罪感和过分修饰 8 个因子及问卷总分上,均存在显著的性别差异($p <$ 0.05),且均为女生显著高于男生,这表明女生比男生存在更多的问题性移动社交网络使用行为,见表2-13。

表2-13 问题性移动社交网络使用性别差异

变量	男生	女生	t	P	Cohen'd
生理损伤	2.68±1.06	2.88±1.00	5.00	<0.01	0.194
使用黏性增加	2.67±1.19	2.86±1.10	4.49	<0.01	0.166
知行能力下降	2.38±0.98	2.51±0.99	3.49	<0.01	0.132
遗漏焦虑	2.29±1.11	2.50±1.10	4.83	<0.01	0.190

续表

变量	男生	女生	t	P	Cohen'd
控制抑制减弱	2.42±1.25	2.52±1.18	2.20	0.02	0.182
情感寄托	2.64±1.30	2.74±1.28	1.95	0.05	0.178
负罪感	2.91±1.41	3.38±1.29	8.88	<0.01	0.348
过分修饰	2.29±1.13	2.96±1.34	13.36	<0.01	0.541
总问卷	2.54±0.78	2.77±0.79	7.62	<0.01	0.292

3. 青少年问题性移动社交网络使用的年级特点

我们通过年级差异分析发现，在生理损伤、使用黏性增加、知行能力下降、遗漏焦虑、控制抑制减弱、情感寄托、负罪感和过分修饰 8 个因子及问卷总分上，存在显著的年级差异均（$p<0.01$），见表 2-14。

我们通过进一步的事后比较分析发现，在生理损伤因子上，大四年级得分最高（2.98±1.02），高二年级得分最低（2.45±1.09），且大四年级得分显著高于其他年级（$p<0.05$）；在使用黏性增加因子上，大三年级得分最高（3.44±0.84），高二年级得分最低（2.31±0.77），且大三年级得分显著高于其他年级（$p<0.05$）；在知行能力下降因子上，大二年级得分最高（2.82±0.91），初二年级得分最低（1.92±0.84），且大二年级得分显著高于其他年级（$p<0.05$）；在遗漏焦虑因子上，大二年级得分最高（2.67±0.92），高二年级得分最低（1.79±0.71），且大二年级得分显著高于其他年级（$p<0.05$）；在控制抑制减弱因子上，大四年级得分最高（2.56±1.24），高二年级得分最低（1.94±0.66），且大四年级得分显著高于其他年级（$p<0.05$）；在情感寄托因子上，大三年级得分最高（3.18±1.00），高二年级得分最低（1.97±0.82），且大三年级得分显著高于其他年级（$p<0.05$）；在负罪感因子上，高二年级得分最高（3.43±1.05），大一年级得分最低（2.91±1.14），且高二年级得分显著高于其他年级（$p<0.05$）；在过分修饰因子上，大二年级得分最高（3.09±1.17），初一年级得分最低（2.20±1.27），且大二年级显著高于其他年级（$p<0.05$）；从问卷的整体来看，大三年级得分最高（2.99±0.67），而高二年级得分最低（2.32±0.60），且大三年级显著高于其他年级。分析可知，高二年级可能是问题性移动社交网络使用的关键节点。

表2-14 问题性移动社交网络使用年级差异

变量	G1	G2	G3	G4	G5	G6	G7	G8	G9	G10	F	η2
生理损伤	2.67±1.20	2.71±1.16	2.75±0.98	2.83±1.05	2.45±1.09	2.50±0.91	2.70±0.96	2.92±0.91	2.92±0.78	2.98±1.02	8.13**	0.054
使用黏性增加	2.44±1.12	2.30±1.12	2.76±1.10	3.02±1.18	2.31±0.77	2.28±1.10	2.30±1.01	2.99±1.10	3.44±0.84	2.87±1.08	6.92**	0.037
知行能力下降	2.14±1.09	1.92±0.84	2.23±0.98	2.40±0.93	2.06±0.73	2.23±0.98	2.31±0.85	2.82±0.91	2.30±0.99	2.75±0.90	12.29**	0.064
遗漏焦虑	2.11±1.16	2.28±1.16	2.32±1.07	2.40±1.23	1.79±0.71	2.32±1.07	2.36±1.08	2.67±0.92	2.43±1.04	2.45±0.98	11.58**	0.045
控制抑制减弱	2.34±1.27	2.31±1.22	2.50±1.31	2.42±1.22	1.94±0.66	2.50±1.31	2.44±1.02	2.51±1.07	2.45±1.01	2.56±1.24	12.90**	0.033
情感寄托	2.58±1.29	2.41±1.36	2.33±1.41	2.78±1.28	1.97±0.82	2.33±1.41	2.40±1.13	2.89±1.17	3.18±1.00	2.77±1.20	6.10**	0.016
负罪感	2.92±1.39	3.04±1.56	3.06±1.45	3.00±1.38	3.43±1.05	3.06±1.45	2.88±1.14	2.91±1.14	3.37±1.13	3.00±1.20	13.32**	0.034
过分修饰	2.20±1.27	2.35±1.24	2.54±1.37	3.00±1.43	3.00±1.12	2.54±1.37	2.50±1.02	3.09±1.22	3.08±1.22	2.59±1.31	4.46**	0.011
问卷总分	2.38±0.89	2.39±0.78	2.56±0.76	2.78±0.82	2.32±0.60	2.56±0.76	2.51±0.98	2.86±0.77	2.99±0.67	2.77±0.74	8.02**	0.206

注：G1是初一；G2是初二；G3是初三；G4是高一；G5是高二；G6是高三；G7是大一；G8是大二；G9是大三；G10是大四

4. 青少年问题性移动社交网络使用的学段特点

我们对学段差异进行分析发现，初中、高中和大学三个学段存在显著差异（$p<0.01$），且在生理损伤、使用黏性增加、知行能力下降、遗漏焦虑、控制抑制减弱、情感寄托、负罪感和过分修饰8个因子及问卷总分上，均为大学生>高中生>初中生（见表2-15）。从整体来看，青少年问题性移动社交网络使用存在线性发展模式，随着年级和学段的升高，问题性移动社交网络使用越发凸显，见图2-9和图2-10。

表 2-15　问题性移动社交网络使用学段差异

变量	初中	高中	大学	F	p	η^2
生理损伤	2.71±112	2.83±1.03	2.86±0.93	5.16	<0.01	0.032
使用黏性增加	2.41±1.39	2.93±1.12	2.94±1.08	62.35	<0.01	0.098
知行能力下降	2.06±0.95	2.46±0.94	2.77±0.95	124.46	<0.01	0.087
遗漏焦虑	2.25±1.14	2.45±1.16	2.54±1.02	15.73	<0.01	0.037
控制抑制减弱	2.37±1.26	2.41±1.21	2.45±1.15	9.28	<0.01	0.036
情感寄托	2.43±1.36	2.71±1.27	2.88±1.21	28.26	<0.01	0.046
负罪感	3.02±1.49	3.14±1.33	3.44±1.24	24.88	<0.01	0.057
过分修饰	2.37±1.29	2.80±1.33	2.91±1.25	42.80	<0.01	0.048
总问卷均值	2.44±0.80	2.76±0.77	2.81±0.76	57.22	<0.01	0.067

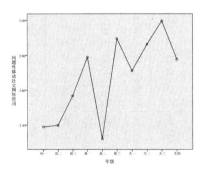

图 2-9　问题性使用的年级发展

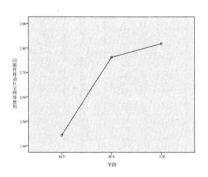

图 2-10　问题性使用的学段发展

5. 青少年问题性移动社交网络使用的生源地特点

我们通过青少年问题性移动社交网络使用生源地差异分析发现，生理损伤、使用黏性增加、知行能力下降、遗漏焦虑和控制抑制减弱 5 个因子存在生源地差异（$p<0.05$），且城市生源地青少年平均得分均显著高于农村生源地青少年。情感寄托、负罪感和过分修饰 3 个因子在生源地上不存在显著差异（$p>0.05$），见表 2-16。

表 2-16 问题性移动社交网络使用生源地差异

变量	城市	农村	t	p	Cohen'd
生理损伤	2.84±1.01	2.77±1.04	1.91	0.056	0.068
使用黏性增加	2.85±1.18	2.75±1.09	2.12	0.033	0.088
知行能力下降	2.54±0.98	2.37±0.99	4.65	<0.01	0.172
遗漏焦虑	2.50±1.17	2.37±1.05	3.28	0.011	0.118
控制抑制减弱	2.54±1.24	2.44±1.18	2.21	0.027	0.083
情感寄托	2.71±1.32	2.70±1.26	0.14	0.885	0.008
负罪感	3.22±1.42	3.21±1.30	0.29	0.765	0.007
过分修饰	2.71±1.35	2.73±1.28	−0.41	0.682	0.015
总问卷	2.69±0.82	2.69±0.77	−0.19	0.846	0.001

四、讨论与分析

（一）青少年问题性移动社交网络使用的筛查

随着智能手机的普及，基于智能手机终端的移动社交网络 APP（如微信）已经成为智能手机使用不可或缺的应用。随之而来的"低头族""触屏控"问题也已"刷屏"各大网络和新闻媒体，问题的严重性已经成为不争的事实。新闻媒体也曾多次报道因使用智能手机"刷屏"而最终酿成的惨剧。基于移动社交网络产生的问题性移动社交网络使用与网络成瘾研究相比，尚属年轻的研究领域，但是社会现实却急切需要解决这个问题。因此，研究者初步开发了"青少年问题性移动社交网络使用筛查问卷"，它的主要用途不是评估移动社交网络使用的严重程度，而是偏向对问题性的移动社交网络使用进行筛查评估。

研究者对大样本进行筛查评估，结果发现在 2872 名研究参与者中有 424 名参与者在该问卷题目上的肯定回答超过 8 个，他们占到调查总数的 14.8%，这也就意味着有 14.8%的参与者存在问题性移动社交网络使用行为。这一结果高于 Chen 和 Leung（2016）的研究结果，他们以 409 名中国大学生为研究对象，发现大学生手机社交网络游戏成瘾包括移动性、娱乐性、社交性、成就感和放松 5 个因子，7.3%的大学生被筛查出具有手机移动社交网络游戏成瘾倾向。我们具体分析还发现，男生占到样本总体的 41.5%，女生占到样本总体的 58.5%；在被检出的样本中，初中、高中和大学三个学段的青少年各占约 1/3。从筛查结果来看，这一结果与章群等人（2016）对智能手机使用成瘾的研究结果基本一致，章群等人以 901 名青少年为研究对象，结果发现智能手机成瘾群体占调查样本的 14.5%，具有成瘾倾向的群体占样本的 36.5%。从这一数据来看，问题性移动社交网络使用者所占的比例并不大，但这一数据也远超过网络成瘾的检出率。问题性移动社交网络使用对青少年造成的消极影响主要表现在身心和行为发展上，例如，辐射带来的隐性伤害、长时间僵坐造成的躯干伤害、"睡前综合征"造成的睡眠和内分泌紊乱等。再如，信息负载造成的认知能力下降、担心信息遗漏造成的注意分散、情感寄托于虚拟网络造成的现实社交能力障碍、积极自我呈现和美化造成的虚荣心膨胀等。筛查数据尽管仅占 14.8%，但仍有更多边缘群体没有被纳入其中。对该问卷肯定回答题目没有达到 8 个的、处于边缘的青少年并不是不存在这样的问题，他们只是还没有达到这样的严重程度，今后也很有可能发展成为问题性使用者。

（二）青少年问题性移动社交网络使用的特点

时间因素是影响青少年问题性移动社交网络使用的关键指标之一。研究发现，大多数研究参与者每天使用移动社交网络的的时间都在合理区间范围内，这与中国互联网信息中心（CNNIC，2016）的调查结果是一致的，即每天使用移动社交网络时间都能控制在 4 小时以内。研究者另外还设置了两个题目，用以区分青少年认为健康使用移动社交网络的时间，以及认为可能形成问题性移动社交网络使用的风险时间。结果分析发现，青少年每天现实使用移动社交网络的时间与他们认为健康使用移动社交网络的时间基本一致，他们也一致认为长时间使用移动社交网络是问题性移动社交网络使用形成的重要因素。例如，有48.9%的青少年认为每天使用超过 6 小时会对自己造成伤害，有 83.3%（累积数据统计）的青少年认为每天使用超过 4 小时会对自己造成伤害。调查数据还表明，青少年对问题性移动社交网络使用风险时间是比较了解和清楚的。但是，结果分析却发现，已筛查出的 424 名问题性移动社交网络使用者使用时间与大样本数据分析中认为的风险时间高度吻合，进一步说明青少年尽管能够认识到长时间使用移动社交网络会对自己造成消极影响，但仍无法有效控制自己的行为。我们认为，时间因素是问题性移动社交网络使用的关键指标，但是青少年的人格特质在一定程度上也助推了他们非主观延长使用时间。例如，有研究发现神经质的人格往往伴有冲动和自我控制力弱的特点（Jeong, Kim, Yum, Hwang, 2016）。从整体上来看，大多数青少年都能有节制地使用移动社交网络，但也有部分青少年缺乏自我控制能力，沉浸于移动社交网络的虚拟世界中，从而给自己的身心健康发展带来消极影响。

性别因素是影响青少年问题性移动社交网络使用的关键指标之一。从样本的数据分析来看，在生理损伤、使用黏性增加、知行能力下降、遗漏焦虑、控制抑制减弱、情感寄托、负罪感和过分修饰8个因子及问卷总分上，均存在显著的性别差异，且女生得分均高于男生，表明女生比男生更倾向使用移动社交网络。以往研究也发现，成瘾行为与性别存在密切关系，女生比男生更易形成手机依赖、手机成瘾行为（Hong, Chiu, Huang, 2012），而男生比女生更易形成网络游戏成瘾行为。但有研究发现，在网络成瘾上男、女生不存在差异，但在移动社交网络使用上却存在女生更易成瘾的现象。从移动社交网络使用动机来看，社交网络使用动机主要是维持已经存在的社会关系、建立新的社会关系、打发时间和积极自我呈现等（Hew, 2011）。女生比男生更倾向于通过手机与他人交流，并通过移动社交网络维持和发展线上社交关系（Rees & Noyes, 2007），而男生则偏好在线网络游戏等休闲活动。因此，基于智能手机的社交网络能与他人建立联系、分享经验、展现积极自我，这使女生更愿意通过这样的方式进行社会交往（Barker, 2009）。

年龄因素是影响青少年问题性移动社交网络使用的关键指标之一，年级和学段都是年龄的反映。从样本的数据分析来看，问题性移动社交网络使用与年级和学段存在密切关系，问题性移动社交网络使用问卷的各因子都存在年级和学段的差异。我们从总体趋势来审视这一现象，不难发现年级和学段越高，问题性移动社交网络使用倾向性越明显。也就是说，问题性移动社交网络使用存在基于年龄的线性发展关系。相对来说，年龄越小的青少年接触网络的时间相对较短，而年龄大的青少年接触网络的时间相对较长，这也使年龄大的青少年有更多机会接触、了解和学习使用移动社交网络，尤其是年龄大的青少年社会交往范围不断扩大，移动社交网络为他们提供了这样的平台，通过移动社交网络可以满足他们的社会关系维持和发展、积极自我呈现，以及休闲娱乐等心理需求。从另一个视角来看，高中生和大学生，尤其是大学生的社会融入度更高，闲暇时间相对更多，这也为他们长时间使用移动社交网络提供了条件，而时间因素又是问题性移动社交网络使用形成的关键因素，这都直接或间接助推了大学生过度使用移动社交网络，从而造成生理损伤、使用黏性增加、知行能力下降、控制抑制减弱，并常伴有遗漏焦虑和负罪感等消极情绪。

我们发现可能存在一个"高二效应"。事后检验发现，在随着年级和学段升高而问题性移动社交网络使用倾向越严重的线性关系中，在问题性移动社交网络使用评估问卷各因子和总分上，高二年级总是作为一个拐点出现。例如，在生理损伤、使用黏性增加、遗漏焦虑、控制抑制减弱和情感寄托 5 个因子和总分上高二年级得分最低，在知行能力下降和负罪感这 2 个因子上高二年级得分最高，即高二年级学生问题性移动社交网络使用倾向不明显，他们在使用移动社交网络过程中，较少会出现生理损伤、使用黏性增加、遗漏焦虑、控制抑制减弱和情感寄托等消极的身心反应，但常会因使用时间延长带来认知和行为能力下降以及负罪感。一般认为，高二年级是一个"断层"时期，度过了高一对美好未来的憧憬，尚未到高考冲刺的时刻，高二年级学生最易迷茫和产生空虚感。但不可否认，高二也是自我意识、情绪情感、逻辑思维快速发展的时期，理性思维逐渐占据主导，与此同时青春期的冲突也即将或已经结束，这都使他们能够将精力集中放在学习上，使他们对移动社交网络的兴趣远没有大学生强烈。

基于以上研究得出以下结论：（1）青少年问题性移动社交网络使用检出率为 14.8%；（2）青少年移动社交网络现实使用时间和认为健康使用时间均在 4 小时以内，风险使用时间普遍为 6 小时以上，被检出者的使用时间与风险使用时间高度契合；（3）青少年在生理损伤、使用黏性增加、知行能力下降、遗漏焦虑、控制抑制减弱、情感寄托、负罪感和过分修饰 8 个因子及问卷总分上存在性别差异，女生比男生更倾向于使用移动社交网络；（4）青少年在生理损伤、使用黏性增加、知行能力下降、遗漏焦虑、控制抑制减弱、情感寄托、负罪感和过分修饰 8 个因子及问卷总分上存在年级差异，高年级比低年级更倾向于产生问题性移动社交网络使用，且存在高二年级拐点；（5）问题性移动社交网络使用在初中、高中和大学三个学段存在差异，得分由高到低依次为大学生>高中生>初中生，青少年问题性移动社交网络使用存在线性发展模式，随着学段升高该行为越发凸显；（6）青少年在生理损伤、使用黏性增加、知行能力下降、遗漏焦虑和控制抑制减弱 5 个因子上存在生源地差异，城市学生得分高于农村学生。

第三章

青少年问题性移动社交网络使用影响因素研究

第一节 人格特质与问题性移动社交网络使用的关系

一、问题提出

以往研究表明人格特质与物质成瘾，以及手机过度使用均存在密切关系（王欢，黄海，吴和鸣，2014）。有研究考察了网络成瘾、问题性移动社交网络使用与人格特质的关系，发现高神经质和高外向性人格能够显著预测问题性移动社交网络使用，还发现高神经质人格能显著预测网络成瘾（Wang, Ho, Chan, Tse, 2015）。此外，大五人格①中的宜人性、责任心和开放性常被认为与问题性手机及社交网络使用不存在密切的关系。② 除了大五人格与问题性移动社交网络使用存在密切关系外，冲动性和自恋性等人格对问题性移动社交网络使用的形成同样起着重要作用。③ 有研究发现，自恋人格与问题性社交网络使用存在较高的相关性，适当的自恋虽然对提高心理健康水平有帮助，但过度的自恋会表现为傲慢、自大、漠视和缺乏同情心等行为，并且很容易导致问题性移动社交网络使用行为（杨秀娟，周宗奎，刘庆奇，牛更枫，2017）。现有研究还发现，冲动性与一些成瘾行为也存在密切关系，冲动性表现为个体的自我控制能

---

① 大五人格是研究者通过词汇学的方法，发现的可以涵盖人格描述所有方面的五种人格特质，即外倾性、开放性、宜人性、责任心、神经质。

② 张亚梅，黄海，胡梦岩，等. 大学生神经质人格与手机依赖的关系：主观幸福感和认知失败的中介作用 [J]. 中国临床心理学杂志，2020，28（2）：359-363.

③ 杨秀娟，周宗奎，刘庆奇，等. 自恋与社交网站使用的关系 [J]. 心理科学进展，2017，25（9）：1552-1564.

力缺乏，而自我控制是一种个体管理和调节自我情绪和行为的能力（Kaya & Bicen，2016）。社会认知学习理论和自我控制理论认为，个体的自我管理机制影响着自我控制，缺乏自我控制的个体会产生各种各样的行为问题和社会适应不良的现象，包括冲动行为和冒险行为。Billieux 等人（2015）研究认为，问题性手机使用的症状表现与其他行为成瘾类似，问题性手机使用的产生受冲动性人格影响，该研究使用问卷法考察了冲动性人格与问题性手机使用的关系，结果验证了冲动性人格可以直接正向预测问题性手机使用行为的假设。

为进一步探究人格特质与青少年问题性移动社交网络的关系，采用青少年人格五因素问卷、冲动量表、自恋人格问卷和青少年问题性移动社交网络使用评估问卷，考察人格特质对青少年问题性移动社交网络使用的预测性作用。本书在前人研究基础上，提出人格特质对青少年问题性移动社交网络使用具有预测作用的基本假设：（1）人格五因素中的外向性和神经质人格对问题性移动社交网络使用具有正向预测作用；（2）冲动性人格对问题性移动社交网络使用具有正向预测作用；（3）自恋人格对问题性移动社交网络使用具有正向预测作用。

二、对象与方法

（一）研究对象

调查时间为 2017 年 3—4 月，选取内蒙古自治区、广西壮族自治区、甘肃省、湖北省、辽宁省、吉林省、河北省和海南省的 16 所中学和大学作为样本，共发放问卷 3000 份，回收有效问卷 2872 份，问卷有效率为 95.73%。被试的年龄区间为 12~25 岁，包括男生 1012 人，占调查总数的 35.2%，女生 1860 人，占调查总数的 64.8%；初中生 772 人，占调查总数的 26.9%［初一 180 人（6.3%）、初二 380 人（13.2%）、初三 212 人（7.4%）］；高中生 1032 人，占调查总数的 35.9%［高一 524 人（18.2%）、高二 144 人（5.0%）、高三 364 人（12.7%）］；大学生 1068 人，占调查总数的 37.2%［大一 368 人（12.8%）、大二 280 人（9.8%）、大三 192 人（6.7%）、大四 228 人（7.9%）］；城市生源地 1276 人，占调查总数的 44.4%、农村生源地 1596 人，占调查总数的 55.6%。

（二）研究工具

1. 青少年人格五因素问卷

采用邹泓（2003）修订的"青少年人格五因素问卷"，问卷共 50 个题目，包括外向性、宜人性、情绪性、谨慎性和开放性5个维度。邹泓认为"情绪性"可被看作"大五"人格中的"神经质"人格，本书亦将"情绪性"等同于"神经质"。问卷采用李克特五级计分，"1"代表完全不符合，"5"代表完全符合。因子得分越高表明某种人格倾向越明显。本问卷各因子内部一致性系数在0.76~0.89。

2. Barrat 冲动性量表

采用 Barrat（1959）编制的"Barrat 冲动性量表"（BIS-11），该量表是应用最为广泛的测量个体冲动性的工具。李献云等人（2011）对该量表进行修订，修订后的中文版量表共30个题目，包括运动冲动性、认知冲动性和无计划冲动性3个维度。问卷采用李克特五级计分，"1"代表完全不符合，"5"代表完全符合。本问卷各因子的内部一致性信度在0.75~0.87，总量表内部一致性信度为0.87。

3. 自恋人格问卷

采用周晖等人（2009）编制的"自恋人格问卷"，该问卷共34个题目，包括权欲、优越感和自我欣赏3个维度。问卷采用李克特五级计分，"1"代表完全不符合，"5"代表完全符合。得分越高表明自恋倾向越严重。本书仅使用该问卷中的自我欣赏因子作为自恋人格的衡量指标。该问卷各因子的内部一致性信度在0.82~0.88，总问卷内部一致性信度为0.85。

4. 青少年问题性移动社交网络使用评估问卷

"青少年问题性移动社交网络使用评估问卷"由24个题目构成，包括身心反应和行为反应两个大维度，这两个大维度又由生理损伤、使用黏性增加、知行能力下降、遗漏焦虑、控制抑制减弱、情感寄托、负罪感和过分修饰8个因子构成。问卷使用李克特五级计分，"1"代表完全不符合，"5"代表完全符合。总分越高表明青少年问题性移动社交网络使用倾向越严重，因子得分越高表明青少年在问题性移动社交网络使用某方面倾向较为严重。该问卷各因子间的内部一致性信度在0.66~0.91，总问卷内部一致性信度为0.91。

（三）统计分析

研究者同时使用多个量表对调查对象进行集体施测，有可能使调查对象产生疲劳效应和厌烦情绪，所以问卷施测过程主要由班主任组织，选在晚自习或活动课进行，有条件的学校分为上下场施测，中间休息。由于使用多个量表集中对同一批调查对象进行测量，有可能存在共同方法偏差，需要进行共同方法偏差的检验。研究者主要采用统计方法进行共同方法偏差检验，根据前人研究采用了 Harman 单因素检验法（周浩，龙立荣，2004），对所有原始题目进行因素分析，探索性因素分析后提取的第一个因子解释变异的 16.55%，低于 40% 的临界值，表明本书使用问卷法获得的数据受共同方法偏差影响较小，可进行进一步统计分析。研究者采用 SPSS18.0 进行 Pearson 相关分析和多元线性回归分析。

三、研究结果

（一）人格特质与问题性移动社交网络使用的关系

表 3-1 呈现了大五人格、冲动性和自恋等人格与问题性使用及各因子的均值、标准差及相关关系。由结果可知，在大五人格上，外向性人格与问题性使用各因子（除负罪感因子外）存在显著负向相关（$r = -0.280 \sim -0.167$，$p < 0.01$），宜人性人格与问题性使用各因子（除负罪感因子外）存在显著负向相关（$r = -0.240 \sim -0.095$，$p < 0.05$），谨慎性人格与问题性使用各因子（除负罪感因子外）存在显著负向相关（$r = -0.286 \sim -0.113$，$p < 0.05$），开放性人格与问题性使用各因子（除过分修饰因子外）存在显著负向相关（$r = -0.372 \sim -0.119$，$p < 0.05$），神经质人格与问题性使用各因子存在显著正向相关（$r = 0.164 \sim 0.369$，$p < 0.01$）；在冲动性人格上，运动性冲动与问题性使用各因子（除生理损伤和负罪感外）存在显著正向相关（$r = 0.131 \sim 0.322$，$p < 0.01$），认知性冲动与问题性使用各因子（除负罪感和过分修饰外）存在显著正相关（$r = 0.116 \sim 0.309$，$p < 0.01$），无计划冲动与问题性使用各因子（除负罪感和过分修饰外）存在显著正相关（$r = 0.101 \sim 0.327$，$p < 0.05$），冲动性人格总问卷与问题性使用各因子（除负罪感和过分修饰外）存在显著正相关（$r = 0.103 \sim 0.389$，$p < 0.05$）；自恋人格与问题性使用各因子（除知行能力下降、控制抑制减弱和负罪感外）存在显著正相关（$r = 0.138 \sim 0.217$，$p < 0.01$）。结果表明人格因素与青少年问题性使用存在密切关系。

表 3-1　人格变量与问题性移动社交网络使用的关系分析

变量	1	2	3	4	5	6	7	8	9	10
生理损伤	-0.187**	-0.095*	-0.192**	-0.203**	0.252**	-0.033	0.127**	0.133**	0.103*	0.138**
使用黏性增加	-0.280**	-0.240**	-0.226**	-0.215**	0.366**	0.131**	0.140**	0.176**	0.192**	0.205**
知行能力下降	-0.189**	-0.182**	-0.152**	-0.257**	0.255**	0.230**	0.211**	0.247**	0.295**	0.064

变量	1	2	3	4	5	6	7	8	9	10
遗漏焦虑	-0.167**	-0.165**	-0.129**	-0.244**	0.164**	0.322**	0.116**	0.101*	0.225**	0.217**
控制抑制减弱	-0.216**	-0.202**	-0.286**	-0.372**	0.288**	0.267**	0.309**	0.327**	0.389**	-0.050
情感寄托	-0.199**	-0.120**	-0.113*	-0.119*	0.223**	0.185**	0.121**	0.188**	0.210**	0.175**
负罪感	-0.045	-0.048	0.006	-0.165**	0.289**	0.081	0.009	-0.002	0.035	-0.001
过分修饰	-0.201**	-0.132**	-0.137**	-0.063	0.323**	0.151**	0.006	0.050	0.081	0.142**
总问卷	-0.257**	-0.201**	-0.214**	-0.277**	0.369**	0.193**	0.175**	0.204**	0.245**	0.165**
M	3.311	3.683	3.301	3.474	3.046	2.709	2.460	2.714	2.628	2.761
SD	0.772	0.724	0.645	0.750	0.723	0.534	0.629	0.543	0.449	0.725

注：1-外向性；2-宜人性；3-谨慎性；4-开放性；5-神经质；6-运动性冲动；7-认知性冲动；8-无计划冲动；9-冲动性总；10-自恋性

（二）人格特质对问题性移动社交网络使用的回归分析

在相关分析基础上，进一步探究人格因素与问题性使用的关系，以大五人格、冲动性人格和自恋人格为预测变量，以问题性使用为因变量进行回归分析。性别和年级是影响问题性使用的重要因素，进行分层回归分析要控制性别和年龄。由表3-2可知，在大五人格中，开放性人格对问题性使用具有显著负向预测作用，神经质人格对问题性使用具有显著正向预测作用，外向性、宜人性和谨慎性对问题性使用预测作用不显著；在冲动性人格中，无计划冲动对问题性使用具有显著正向预测作用，运动性冲动和认知性冲动对问题性使用预测作用不显著；自恋人格对问题性使用具有显著正向预测作用。

表3-2　人格变量对问题性移动社交网络使用的回归分析

分层	因变量	预测变量	B	$S_{\bar{x}}$	Beta	t	R^2	F
第一层	问题性使用	性别	0.184	0.031	0.111	5.957**	0.045	68.187**
		年级	0.148	0.006	0.163	8.757**		
第二层	问题性使用	外向性	-0.056	0.054	-0.052	-1.033	0.501	37.662**
		宜人性	0.053	0.063	0.046	0.847		
		谨慎性	-0.024	0.073	-0.019	-0.332		
		开放性	-0.221	0.058	-0.200	-3.776**		

续表

分层	因变量	预测变量	B	$S_{\overline{x}}$	$Beta$	t	R^2	F
		神经质	0.331	0.046	0.288	7.191**		
		运动性冲动	−0.036	0.062	−0.023	−0.588		
		认知性冲动	0.088	0.075	0.066	1.169		
		无计划冲动	0.158	0.087	0.109	2.814**		
		自恋人格	0.232	0.049	0.202	4.772**		

四、讨论与分析

信息技术的发展已经改变了人们的生活方式，人们通过智能手机可以便捷高效地进行网络连接，建立了一个与现实社会类似的虚拟社会，如人们每天早上醒来首先要打开社交网络查看最新发生的新闻，查看朋友更新的动态。社交网络的发展已经成为人们交往沟通的新方式（Ryan，Chester，Reece，Xenos，2014）。随着使用社交网络的人越来越多，研究者开始关注在移动社交网络使用过程中伴随的心理与行为问题，尤其是哪些人格因素导致了问题性移动社交网络使用。在国内外相关研究中，人格因素是病理性赌博、网络成瘾和手机依赖的重要影响因素。在网络成瘾和手机依赖研究中，研究者也均认为可能存在某些特定的"成瘾人格"，具有这类人格特质的个体更易产生上述成瘾行为。基于智能手机终端的移动社交网络是传统网络及其功能的延伸，具有独特的特点。为进一步检验前人相关研究结论，并验证本研究提出的研究假设，本书选取了与成瘾行为相关的重要人格变量，考察它们与问题性移动社交网络使用的关系。

我们研究发现大五人格的外向性、宜人性、谨慎性、开放性和神经质人格特质与问题性使用均存在显著相关关系，其中外向性、宜人性、谨慎性和开放性人格均与问题性使用存在显著的负向相关关系，神经质人格则与问题性使用存在显著正向相关关系，这与以往研究结果基本一致（王欢，黄海，吴和鸣，2014）。我们进一步分析发现，尽管大五人格的所有人格特质均与问题性使用存在密切关系，但通过回归分析却发现，开放性和神经质两种人格特质对问题性使用具有直接预测作用，且开放性有负向预测作用，神经质有正性预测作用。在以往研究中，人们普遍认为人格特质与智能手机成瘾具有密切关系，外向性和神经质人格是对智能手机成瘾行为具有直接预测作用的重要指标，宜人性、责任心和开放性常被认为与问题性手机及社交网络使用不存在密切的关系

（Ross et al.，2009）。例如，Błachnio 和 Przepiorka（2016）在问题性移动社交网络使用的研究中发现，问题性移动社交网络使用仅与高外向性、高神经质人格存在密切关系。可见，神经质人格对问题性使用具有直接正向预测的作用与以往研究一致（雷雳，杨洋，柳铭心，2006；王欢，黄海，吴和鸣，2014），但并未得到外向性人格对问题性使用具有正向预测作用的结论，却得到了开放性能够直接负向预测问题性使用的结论。不过，也有研究间接支持了该结论，认为开放性人格也被认为与社交网络使用有一定的关系，具有高开放性人格的个体更愿意通过社交网络浏览信息和在社交网络上自我呈现（Błachnio & Przepiorka，2016）。

神经质人格是一种消极人格，有这类人格特质的个体具有自卑倾向、完美主义倾向和精神焦虑倾向三种特征，在现实生活中常有易情绪化、易冲动、敌对、压抑、易焦虑、依赖性强、逃避现实等特点（Walsh，White，Cox，2011）。移动社交网络作为一个即时在线开放的社交平台，能够满足不同人群的心理需求，尤其对于神经质个体来说，情绪化和易焦虑是其主要的情绪特征，当遇到问题时这类人格的个体更愿意寻求帮助或者发泄，而虚拟的社交网络既能满足他们这种心理，又不会带来任何风险和损失。当神经质个体感知到消极情感和苦难情境时，移动社交网络的便利性使高神经质个体更愿意选择即时的网络社交，来逃避现实不愉快的情感体验。移动社交网络与个体逃避现实心理和虚幻的在线环境联系在一起，成为问题性使用的主要强化力量，而当个体体验到这种益处之后就会不断寻求移动社交网络的帮助，这也印证了"使用与满足理论"。可见，神经质人格作为一种消极人格特质，是青少年问题性移动社交网络使用的风险性预测因素。

开放性作为一种积极的人格特质，主要表现为喜欢想象、情感丰富、求异求新、乐于创造等特质。基于智能手机的移动社交网络 APP 具有功能强大、更新快的特点，这种特性不断满足着开放性个体的心理需求。例如，传统的社交网络主要包括 QQ 空间、人人网、校内网等，但随着智能手机的普及，这些社交网络逐渐手机化，从传统 PC 快速向手机转移，而且 APP 更新速度特别快，微博用户数量稳步提升，微信异军突起势不可挡，陌陌后起之秀也不可小觑。作为乐于接受新鲜事物、尝试挑战的一类人群，开放性的个体更能理性地看待移动社交网络的这种变化，他们不会像神经质个体那样冲动和感情用事，而是将移动社交网络作为一个满足日常生活之需的工具，表明开放性水平较低的青少年比开放性水平较高的个体更易产生问题性使用行为，这也使得开放性人格对问题性移动社交网络具有直接的负向预测作用。

　　外向性作为一种积极的人格特质，被普遍认为是影响成瘾行为的重要变量。高外向性的青少年更加活跃、合群、热情、富有表现力，具有更多的积极情绪且乐于交往。大量研究表明，外向性人格与神经质一样，均会对智能手机成瘾或社交网络使用有直接的正向预测作用，即外向性比内向性青少年花更多时间上网和使用智能手机，他们更愿意通过移动社交网络平台来构建、维持和发展线上线下的社会交往圈（Lopez-Fernandez, Honrubia-Serrano, Freixa-Blanxart, Gibson, 2014）。但从研究结果来看，尽管外向性与问题性移动社交网络使用存在关系，但却并不能直接预测问题性移动社交网络使用，这与以往的研究结果不一致。外向性人格作为一种积极人格特质，它虽然倾向于花大量时间来经营移动社交网络，但外向性人格特质的人与神经质的人不同，他们很少出现焦虑、抑郁、孤独等负面情绪，他们使用移动社交网络的主要目的是维持线上线下的社会资源。依据"富者变富"和"使用与满足理论"，外向性青少年具有丰富的社会资源，他们使用移动社交网络的主要目的并不是来调节情绪，而是与他人进行沟通对话。那么，外向性人格与问题性移动社交网络的生理损伤、使用黏性增加、知行能力下降、遗漏焦虑、控制抑制减弱、情感寄托、负罪感和过分修饰8个因子间的负向关系则恰好支持了这一观点，即外向性青少年很少会出现问题性移动社交网络使用所表现出的症状。

　　除了大五人格的神经质和开放性对问题性移动社交网络使用行为具有直接预测作用外，也有一些其他重要的人格特质对问题性移动社交网络使用行为有重要的作用，例如，冲动性人格和自恋性人格（Ong et al., 2011）。我们发现，冲动性与问题性移动社交网络使用存在密切关系，而且无计划冲动性能够直接正向预测问题性移动社交网络使用，这与以往研究结果一致。现有研究表明，冲动性与一些成瘾行为存在密切关系，Zhang等人（2008）以中国青少年为研究对象，发现自我控制与网络成瘾行为存在密切关系，且低自我控制的学生更容易产生网络成瘾行为。梅松丽和柴晶鑫（2013）的研究也得出类似结论，他们以中学生为研究对象，发现具有过度手机使用倾向的中学生自我控制能力往往也比较差。但是在本书的结果中，运动性冲动和认知性冲动并不能直接预测问题性移动社交网络使用，而只有无计划性冲动对问题性移动社交网络具有直接预测作用。这也表明，青少年使用移动社交网络具有随时性、随意性和无规律性特点，无计划性使用则反映了具有问题性移动社交网络使用的青少年，常常缺乏有效的自我控制最后使他们无计划地使用移动社交网络。青少年问题性移动社交网络使用的控制抑制减弱因子与冲动性控制存在最为密切的关系，则直接证实了这是由于自我控制减弱造成的非计划性冲动行为。可见，冲动性作为一种消极人格特质是青少年问题性移动社交网络使用的风险性预测因素。

自恋人格常常表现为自我欣赏和自我陶醉，过度自恋还会表现出傲慢、自大、漠视和缺乏同情心等行为，它常被认为是问题性移动社交网络使用的重要影响因素。我们通过本研究结果发现，自恋人格与问题性使用存在密切关系，且可以直接正向预测问题性使用，这与以往研究结果一致。已有研究还发现，有自恋人格倾向的青少年希望在移动社交网络中展示自己最好的一面，期望通过社交网络构建理想的自我，他们在社交网络中表现得非常活跃。Kaya 和 Bicen（2016）的研究得到同样的结论，他们以高中生为研究对象考察了中学生社交网络使用的情况，发现中学生使用社交网络主要目的是交流沟通、休闲娱乐、上传和下载照片，具有高自恋倾向的中学生会更频繁地更新自己的状态和上传照片，比其他同学花更多的时间在社交网络中。本书认为，自恋人格倾向的青少年之所以沉溺于移动社交网络中，并发展成为问题性移动社交网络使用，主要是移动社交网络丰富的自我展示功能增加了他们进行积极自我展现的心理需求。高自恋人格青少年对自己的形象过于关注，他们常使用美图自拍展示自己的高颜值，使用晒美食、晒旅游、晒家庭来凸显自己的优越感，进而获得心理满足。可见，自恋人格作为一种消极人格是青少年问题性移动社交网络使用的风险性预测因素。

基于以上研究发现，人格特质对问题性移动社交网络使用具有直接预测作用，是问题性移动社交网络使用形成的重要影响因素：（1）开放性对问题性使用有直接的负向预测作用，神经质对问题性使用具有直接正向的预测作用，外向性、宜人性和谨慎性对问题性使用行为没有直接的预测作用；（2）无计划性冲动对问题性使用具有直接的正向预测作用；（3）自恋人格对问题性使用具有直接的正向预测作用。

第二节 负性情绪与问题性移动社交网络使用的关系

一、问题提出

相关研究发现消极情绪与网络成瘾、网络游戏成瘾、社交网络成瘾和手机依赖等均存在一定的关系。文献梳理发现，青少年的社交焦虑、遗漏焦虑、孤独感和无聊倾向均可能产生对移动社交网络的问题性使用。在较早的研究中，Sheldon（2008）发现当个体在面对面社交中感到焦虑和恐惧时，他们会渴求通过社交网络来降低现实社会交往中的焦虑水平。近年研究也发现，具有社交焦虑的个体更偏好使用社交网络，无论在使用时间还是使用频率上都远多于没有社交焦虑的个体（Lee，2014）。孤独感是由于社会交往能力不足或社交网络缺失产生的一种不愉快的主观情绪体验，如果个体在社会交往中不能体验到积极的愉悦感，就会产生孤独感。Błachnio 等人（2016）研究发现，高孤独感可以显著正向预测问题性移动社交网络使用，具有孤独感倾向的个体使用移动社交网络的时间和频率远多于没有孤独感倾向的个体。孤独感作为个体的一种消极情绪体验，是社会交往障碍的主要表现形式，可能成为问题性移动社交网络使用的预测变量。当人们长时间无法使用手机或无法连接网络时，个体会因害怕错过与自我有关的信息而产生焦虑心理，这是一种对能给自己带来积极回报的行为缺失导致的普遍心理担忧。有研究指出，因害怕错过电话或信息而习惯性查看手机的心理动机，使人们每天大多数时间都无法离开手机，那些具有较少心理需求、情绪较低落和生活满意度较低的个体有更多的遗漏焦虑，具有较高遗漏焦虑的个体更倾向于使用社交网络（Lee，Chang，Lin，Cheng，2014）。无聊倾向是一种复合消极情绪，具有无聊倾向的青少年常感觉到缺乏刺激或挑战，感到焦虑、空虚、无精打采、无趣、时间过得慢等。无聊倾向高的青少年自我控制水平也较低，更容易产生冲动性行为，而这种冲动性行为正是问题性移动社交网络使用行为产生的重要人格预测因素。有研究发现，大学生无聊感与手机依赖之间存在显著的正向相关，高无聊感大学生比低无聊感大学生更易产生手机依赖行为（姚梦萍，贾振彪，陈欣，焦珊珊，2016）。

为探究负性情绪对青少年问题性移动社交网络使用的影响，我们使用交往焦虑量表、遗漏焦虑量表、孤独感量表、多维状态无聊量表和青少年问题性移动社交网络使用评估问卷，考察负性情绪对问题性移动社交网络使用的预测作用。在以往研究基础上提出以下假设：（1）交往焦虑对问题性移动社交网络使用具有正向预测作用；（2）遗漏焦虑对问题性移动社交网络使用具有正向预测作用；（3）孤独感对问题性移动社交网络使用具有正向预测作用；（4）无聊倾向对问题性移动社交网络使用具有正向预测作用。

二、对象与方法

（一）研究对象

调查时间为 2017 年 3—4 月，选取内蒙古自治区、广西壮族自治区、甘肃省、湖北省、辽宁省、吉林省、河北省和海南省的 16 所中学和大学作为样本，共发放问卷 3000 份，回收有效问卷 2872 份，问卷有效率为 95.73%。被试的年龄区间为 12~25 岁，包括男生 1012 人，占调查总数的 35.2%，女生 1860 人，占调查总数的 64.8%；初中生 772 人，占调查总数的 26.9%［初一 180 人（6.3%）、初二 380 人（13.2%）、初三 212 人（7.4%）］，高中生 1032 人，占调查总数的 35.9%［高一 524 人（18.2%）、高二 144 人（5.0%）、高三 364 人（12.7%）］，大学生 1068 人，占调查总数的 37.2%［大一 368 人（12.8%）、大二 280 人（9.8%）、大三 192 人（6.7%）、大四 228 人（7.9%）］；城市生源地 1276 人，占调查总数的 44.4%，农村生源地 1596 人，占调查总数的 55.6%。

（二）研究工具

1. 交往焦虑量表

采用 Leary（1983）编制的"交往焦虑量表"。量表的中文版由彭纯子、龚耀先和朱熊兆在 2004 年修订，量表由 15 个项目构成，主要用于评定独立于行为之外的主观社交焦虑体验。量表使用李克特五级计分，"1"代表完全不符合，"5"代表完全符合，量表属于单维量表，量表得分越高代表个体主观体验到的交往焦虑水平越高。本研究中量表的内部一致性信度为 0.87。

2. 遗漏焦虑量表

遗漏焦虑是一种过于担心在社交网络中自己错过自己或他人信息的焦虑，主要表现为渴望与他人保持持续的联系以免错过信息。研究采用 Przybyiski 等人（2013）编制的"遗漏焦虑量表"，Al-Menayes（2016）对该量表进行了修订，修订后量表共 8 个题目。量表使用李克特五级计分，"1"代表完全不符合，"5"代表完全符合。量表属于单维量表，总分越高表明遗漏焦虑倾向越严重。本研究中量表的内部一致性信度为 0.83。

3. UCLA 孤独感量表

采用 Russell 等人（1987）编制的"UCLA 孤独感量表"（第三版），量表由 20 个题目组成（11 个正向计分题目和 9 个反向计分题目），量表采用李克特四级计分，"1"代表完全不符合，"4"代表完全符合。量表属于单维量表，得分越高表明个体的孤独感水平越高（汪向东，1999）。本研究量表的内部一致性信度为 0.90。

4. 多维状态无聊量表（中文版）

采用 Fahlman（2013）编制，刘勇等人（2013）修订的"多维状态无聊量表（中文版）"，修订后的量表共有 24 个题目，由注意缺乏、时间知觉、低唤醒、高唤醒和缺乏投入 5 个因子构成。量表使用李克特五级计分，"1"代表完全不符合，"5"代表完全符合。因子得分越高表明个体在某方面的无聊倾向越凸显，总分得分越高表明无聊倾向越凸显。量表各因子间的内部一致性信度在0.72~0.92，总量表内部一致性信度为0.91。

5. 青少年问题性移动社交网络使用评估问卷

"青少年问题性移动社交网络使用评估问卷"由24个题目构成，包括身心反应和行为反应两大维度，这两大维度又由生理损伤、使用黏性增加、知行能力下降、遗漏焦虑、控制抑制减弱、情感寄托、负罪感和过分修饰8个因子构成。问卷使用李克特五级计分，"1"代表完全不符合，"5"代表完全符合，总分越高表明青少年问题性移动社交网络使用倾向越严重，因子得分越高表明青少年在问题性移动社交网络使用某方面倾向越严重。问卷各因子间的内部一致性信度在0.66~0.91，总问卷的内部一致性信度为0.91。

（三）统计分析

研究同时使用多个量表对调查对象进行集体施测，有可能使调查对象产生疲劳效应和厌烦情绪，所以问卷施测过程主要由班主任组织，选在晚自习或活动课进行，有条件的学校分为上下场施测，中间休息。由于使用多个量表集中对同一批调查对象进行测量，有可能存在共同方法偏差，需要进行共同方法偏差的检验。研究者主要采用统计方法进行共同方法偏差检验，根据前人研究采用了Harman单因素检验法（周浩，龙立荣，2004），对所有原始题目进行因素分析，探索性因素分析后提取的第一个因子解释变异的22.16%，低于40%的临界值，表明本研究使用问卷法获得的数据受共同方法偏差影响较小，可进行进一步统计分析。研究者采用SPSS18.0进行Pearson相关分析和多元线性回归分析。

三、研究结果

（一）负性情绪与问题性移动社交网络使用的关系

表3-3呈现了交往焦虑、遗漏焦虑、孤独感和无聊倾向等与问题性使用各因子的均值、标准差及相关关系。我们由结果可知，交往焦虑与问题性使用各因子存在显著正向相关（$r=0.261$~0.426，$p<0.01$）；遗漏焦虑与问题性使用各因子存在显著正向相关（$r=0.178$~0.470，$p<0.01$）；孤独感与问题性使用各因子存在显著正向相关（$r=0.126$~0.380，$p<0.01$）；时间知觉只与生理损伤和情感寄托存在显著正向相关（$r=0.164$~0.203，$p<0.01$），与其他因子均不存在显著相关（$r=0.022$~0.087，$p>0.01$）；注意缺乏与问题性使用各因子存在显著正

向相关（$r = 0.167 \sim 0.394$, $p < 0.01$）；低唤醒与问题性使用行为各因子存在显著正向相关（$r = 0.132 \sim 0.383$, $p < 0.01$）；缺乏投入与问题性使用各因子存在显著正相关（$r = 0.272 \sim 0.370$, $p < 0.01$）；无聊倾向总分与问题性使用各因子存在显著正相关（$r = 0.177 \sim 0.335$, $p < 0.01$）。结果表明负性情绪与青少年问题性移动社交网络使用存在密切关系。

表 3-3　负性情绪与问题性移动社交网络使用的关系分析

变量	1	2	3	4	5	6	7	8	9
生理损伤	0.403**	0.241**	0.154**	0.351**	0.164**	0.372**	0.038	0.272**	0.297**
使用黏性增加	0.426**	0.470**	0.380**	0.312**	0.079	0.378**	0.150**	0.370**	0.315**
知行能力下降	0.331**	0.254**	0.154**	0.367**	0.087	0.242**	0.176**	0.295**	0.285**
遗漏焦虑	0.261**	0.430**	0.200**	0.362**	0.080	0.301**	0.260**	0.339**	0.325**
控制抑制减弱	0.374**	0.277**	0.126**	0.378**	0.022	0.242**	0.144**	0.274**	0.259**
情感寄托	0.316**	0.381**	0.350**	0.309**	0.203**	0.383**	0.179**	0.296**	0.335**
负罪感	0.390**	0.178**	0.151**	0.394**	0.033	0.236**	0.169**	0.354**	0.289**
过分修饰	0.340**	0.423**	0.289**	0.167**	0.073	0.132**	0.057	0.286**	0.177**
问卷总分	0.492**	0.443**	0.305**	0.452**	0.135**	0.407**	0.187**	0.421**	0.392**
M	2.997	2.752	2.583	2.818	2.496	2.371	2.448	2.956	2.625
SD	0.692	0.777	0.613	0.912	1.000	0.948	1.031	0.987	0.815

注：1-交往焦虑；2-遗漏焦虑；3-孤独感；4-注意缺乏；5-时间知觉；6-低唤醒；7-高唤醒；8-缺乏投入；9-无聊倾向总分

（二）负性情绪对问题性移动社交网络使用的回归分析

在相关分析基础上，我们进一步探究负性情绪与问题性使用的关系，以交往焦虑、遗漏焦虑、孤独感和无聊倾向等情绪因素为预测变量，以问题性使用为因变量进行分层回归分析。性别和年级因素是影响青少年问题性使用的重要因素，利用分层回归分析控制性别和年龄。由表 3-4 可知，交往焦虑、遗漏焦虑和孤独感对问题性使用具有正向预测作用；在无聊倾向中，注意缺乏、低唤醒和缺乏投入对问题性使用具有正向预测作用，高唤醒对问题性使用具有负向预测作用，无聊倾向总分对问题性使用具有正向预测作用。分析可知，负性情绪对青少年问题性移动社交网络使用有直接预测作用。

表 3-4　负性情绪对问题性移动社交网络使用的回归分析

分层	因变量	预测变量	B	$S_{\bar{x}}$	Beta	t	R^2	F
第一层	问题性使用	性别	0.184	0.031	0.111	5.957**	0.045	68.187**
		年级	0.148	0.006	0.163	8.757**		
第二层	问题性使用	交往焦虑	0.139	0.052	0.116	2.661**	0.501	37.662**
		遗漏焦虑	0.262	0.037	0.244	7.032**		
		孤独感	0.302	0.026	0.214	9.756**		
		注意缺乏	0.154	0.047	0.181	3.267**		
		时间知觉	-0.019	0.038	-0.022	-0.491		
		低唤醒	0.205	0.048	0.233	4.272**		
		高唤醒	-0.107	0.042	-0.132	-2.544*		
		缺乏投入	0.081	0.042	0.096	1.943*		
		无聊倾向总分	0.798	0.093	0.761	8.531**		

四、讨论与分析

在以往研究基础上，研究者选取交往焦虑和遗漏焦虑两种焦虑情绪，以及孤独感和无聊感作为考察负性情绪对问题性移动社交网络使用影响的变量。研究结果发现，交往焦虑、遗漏焦虑、孤独感和无聊倾向均与问题性移动社交网络使用存在密切关系，进一步的分析还发现交往焦虑、遗漏焦虑、孤独感和无聊倾向均能直接预测问题性移动社交网络使用。交往焦虑与问题性使用行为存在密切关系，且直接正向预测问题性使用行为，这一研究结果与以往相关研究结果一致。在早期研究中，Sheldon（2008）发现当个体在面对面社交中感到焦虑和恐惧时，他们会十分渴求通过社交网络来降低现实社会交往中的焦虑水平。现有研究同样发现具有社交焦虑的个体会偏好使用社交网络，例如，有的研究以台湾地区青少年为研究对象，发现那些缺乏控制和社交焦虑的青少年更倾向于使用移动社交网络，无论在使用时间还是使用频率上都远高于没有社交焦虑的个体（Lee，Chang，Lin，Cheng，2014）。也有研究在智能手机使用研究中得出了类似的结论，发现青少年使用智能手机的主要目的是进行移动网络社交，而且社交焦虑的大学生更愿意使用智能手机。

社会交往技能的缺失以及社交焦虑是人们使用移动社交网络的一个重要原因，社交焦虑是个体害怕与他人面对面交流、害怕受到别人评价而产生的一种社会交往障碍，这也使社交焦虑的个体在现实生活中产生了更多的孤独感和疏离感。网络社交与现实社交的区别，主要是网络的匿名性减少了来自物理刺激的压力感知，并使个体在社会交往中能够主动控制和把握，这意味着个体有更多的时间来进行语言组织并进行积极自我呈现（Yen，Yen，Chen，Wang，Chang，Ko，2012）。根据行为强化理论，移动社交网络使用行为在过去获得奖励，这种行为可能会再次发生。移动社交网络使用不但可以避免个体在现实生活中的社交焦虑等消极情绪，而且可以带来积极的情绪体验和心理满足，那么移动社交网络使用的时间和频率就会增加。因此，交往焦虑作为一种负性情绪，是问题性移动社交网络使用的风险性预测因素。

遗漏焦虑与问题性移动社交网络使用存在密切关系，且直接正向预测问题性使用行为。在移动社交网络的使用中，很多人都存在"遗漏焦虑症"（FOMO），当人们长时间无法使用手机或手机无法连接网络时，个体会因为害怕错过与自我有关的信息而产生焦虑心理，也就是说遗漏焦虑是一种对能给自己带来积极回报的信息缺失导致的普遍心理担忧。有研究指出，因害怕错过电话或信息而习惯性查看手机的心理动机，使人们每天大多数时间都无法离开手机（Lee，Chang，Lin，& Cheng，2014）。Przybylski 等人（2013）通过研究发现，那些具有较低心理需求满足、情绪较低落和生活满意度较低的个体报告了更多的遗漏焦虑，而具有较高遗漏焦虑的个体更倾向于使用社交网络。根据自我决定理论，自我决定理论认为这种行为可以被理解为个体对自我相关信息需求的缺失，并希望积极寻求需求满足而产生信息恐惧。因此，人们在现实生活中的心理缺失会导致个体通过社交网络来寻求满足，而社交网络的即时变化又使很多信息无法即时获得，这使个体基于获得心理需求满足的心理承受压力，由此使个体产生基于社交网络使用的缺失恐惧心理，这种缺失恐惧强迫个体不断使用社交网络，由此造成恶性循环并导致问题性的社交网络使用。可见，遗漏焦虑作为一种消极情绪是问题性移动社交网络使用的重要风险性预测因素。

孤独感与问题性移动社交网络使用存在密切关系，且直接正向预测问题性使用行为，这一研究结果与以往相关研究结果一致。Baker 和 Oswald（2010）研究指出，具有孤独倾向的个体害怕与人面对面交往，但却愿意在 Facebook 等社交网络中与人进行交往，并报告自己不再那么孤单。Błachnio 等人（2016）的研究也证实了这样的结论，他们以青少年为研究对象，考察了个体在移动社交网络中的自我呈现方式、隐私保护需要、孤独感与 Facebook 的使用间的关系，发现高孤独感和自我呈现可以显著正向预测 Facebook 的使用。以往研究结果也表明，具有孤独感倾向的个体使用移动社交网络的时间和频率远高于没有孤独感倾向的个体，现实中孤独的个体常将移动社交网络作为一种弥补现实社会交往缺失的途径，并会花更多时间在移动社交网络中建立和发展线上人际关系（姜永志，白晓丽，2014；李丽，梅松丽，牛志民，宋玉婷，2016）。孤独感是由于社会交往能力不足或社交网络缺失产生的一种不愉快的主观情绪体验，人们都希望能够与他人建立联系并在社会交往中体验积极的交往情绪。孤独感作为社会交往障碍的主要表现形式，如果个体在社会交往中不能体验到积极的愉悦感，就会产生孤独感（姚梦萍，贾振彪，陈欣，周静，2015）。现有研究认为孤独感个体存在现实社会交往障碍，这也导致他们产生社交焦虑和自卑心理，移动社交网络作为一种新的弥补社交障碍的平台，会受到孤独感个体的偏爱，在这里他们能够获得积极的社交体验，并获得相应的心理满足（谢其利，宛蓉，2015）。可见，孤独感作为一种消极情绪是青少年问题性移动社交网络使用的风险性预测因素。

无聊倾向与问题性移动社交网络使用存在密切关系，且直接正向预测问题性使用行为，这一研究结果与以往研究结果一致。无聊倾向是个体经常感受到一种复合的消极情绪，由于当前活动或环境与个体的内部标准不匹配，个体有焦躁不安、空虚、无精打采、时间知觉慢，以及缺乏刺激、缺乏挑战、缺乏意义或目的等的一种心理状态（黄时华，张卫，胡谏萍，2011）。以往研究表明，无聊倾向可能引起暴饮暴食、手机成瘾、网络成瘾、药物成瘾等行为（赵建芳，张守臣，姜永志，姜梦，刘勇，2016）。有研究还考察了青少年无聊倾向与手机成瘾的关系，发现无聊倾向与手机成瘾呈正相关，并且无聊倾向对手机成瘾具有直接正向预测作用，高无聊倾向的青少年更易形成手机成瘾行为（李晓敏，辛铁钢，张琳钰，杜玉凤，刘勇，姜永志，2016）。Chen 和 Leung（2016）还考察了移动社交网络成瘾行为的影响因素，研究发现具有高孤独感和无聊倾向的大学生，使用移动社交网络的频率和时间都显著多于一般大学生，还发现高孤独感、高无聊感和低自我控制能力能够显著预测大学生手机移动社交网络成瘾行为。问题性移动社交网络使用有着深层次的心理动机，其中一些动机与消极情绪存在密切关系，如缓解消极情绪和无聊倾向的动机是问题性使用发生的两种情绪性动机，通过移动社交网络的使用可以缓解焦虑、抑郁、孤独、无聊等消极情绪（Chóliz，2012；Toda et al.，2006）。在移动互联网高度发达的今天，移动社交网络呈现了一个匿名和开放的虚拟社会，它具备娱乐性、刺激性、匿名性、开放性、便捷性等特点，在移动社交网络中，青少年能够感受到更多的快感和刺激，当个体处于无聊环境中时，更倾向于通过使用移动社交网络来应对无聊。可见，无聊倾向作为一种消极情绪，是青少年问题性移动社交网络使用行为的风险性预测因素。

基于以上研究，我们发现负性情绪对青少年问题性移动社交网络使用具有直接预测作用，是问题性移动社交网络使用的重要影响因素：（1）交往焦虑、遗漏焦虑、孤独感和无聊倾向等负性情绪均与问题性移动社交网络使用呈显著正向相关；（2）交往焦虑、孤独感和遗漏焦虑对问题性移动社交网络使用有直接正向预测作用；（3）无聊倾向对问题性移动社交网络使用有直接正向预测作用，注意缺乏、低唤醒、缺乏投入对问题性移动社交网络使用具有直接正向预测作用，高唤醒对问题性移动社交网络使用具有直接负向预测作用，而时间知觉对问题性移动社交网络使用没有直接预测作用。

第三节　动机因素与问题性移动社交网络使用的关系

一、问题提出

心理动机是影响青少年移动社交网络使用的重要原因。有研究者认为，青少年使用社交网络的动机包括休闲娱乐、社会交往和自我呈现，青少年使用社交网络来维持社会关系，通过自我呈现的方式与他人交流，希望通过印象管理和印象整饰给在社交网络中的朋友留下自己所期望的印象，从而满足自尊需要、归属需要和认同需要。Kaya 和 Bicen（2016）研究也发现，中学生使用社交网络主要用于交流沟通、休闲娱乐、分享新闻、听音乐、上传和下载照片。Joinson（2008）还基于使用与满足理论揭示了青少年使用社交网络的动机，认为青少年使用网络的主要动机是社会交往、内容满足、自我呈现、上传照片、状态更新等。Malik 等人（2016）也从使用与满足理论出发，通过在线调查的方式揭示社交网络照片分享背后的心理动机，发现情感需求、寻求关注、自我表露、自我信息分享、习惯性消遣和增强社会影响 6 个方面是社交网络使用的主要动机。有研究还显示，生活满意度低和幸福感低会对 Facebook 成瘾行为具有显著的负向预测作用，也就是说当青少年有较低的生活满意度和较低的幸福感的时候，他们就希望通过移动社交网络的使用来提高他们的生活满意度和幸福感，还有可能导致移动社交网络过度使用行为（牛更枫 等，2015）。

为探究青少年问题性移动社交网络使用的深层社会心理动机，我们采用社交网站自我呈现问卷、社交网站积极反馈量表、移动社交网络使用动机问卷、牛津幸福感问卷和青少年问题性移动社交网络使用评估问卷，来探究社会心理动机对青少年移动社交网络使用产生的影响。在以往研究基础上，我们提出以下基本假设：（1）社交网络积极自我呈现和社交网络积极反馈对问题性移动社交网络使用有正向预测作用；（2）幸福感对问题性移动社交网络使用具有负向预测作用；（3）特定的社会心理动机对问题性移动社交网络使用具有正向预测作用。

二、对象与方法

（一）研究对象

调查时间为 2017 年 3—4 月，选取内蒙古自治区、广西壮族自治区、甘肃省、湖北省、辽宁省、吉林省、河北省和海南省的 16 所中学和大学作为样本，共发放问卷 3000 份，回收有效问卷 2872 份，问卷有效率为 95.73%。被试的年龄区间为 12~25 岁，包括男生 1012 人，占调查总数的 35.2%，女生 1860 人，占调查总数的 64.8%；初中生 772 人，占调查总数的 26.9% ［初一 180 人（6.3%）、初二 380 人（13.2%）、初三 212 人（7.4%）］，高中生 1032 人，占调查总数的 35.9% ［高一 524 人（18.2%）、高二 144 人（5.0%）、高三 364 人（12.7%）］，大学生 1068 人，占调查总数的 37.2% ［大一 368 人（12.8%）、大二 280 人（9.8%）、大三 192 人（6.7%）、大四 228 人（7.9%）］；城市生源地 1276 人，占调查总数的 44.4%，农村生源地 1596 人，占调查总数的 55.6%。

（二）研究工具

1. 社交网站自我呈现问卷

采用由牛更枫等人（2015）修订的，Kim 等人（2014）编制的"社交网站自我呈现问卷"，问卷由 10 个题目组成，包括积极自我呈现和真实自我呈现 2 个因子。积极自我呈现有 6 个题目，用来测量个体在社交网站中选择性地呈现自己积极方面的感受；真实自我呈现有 4 个题目，用来测量个体在社交网站中真实地表露自己的想法和情感的程度。问卷使用李克特五级计分，"1"代表完全不符合，"5"代表完全符合。此问卷 2 个因子内部一致性信度分别为 0.82 和 0.77。

2. 社交网站积极反馈量表

采用 Liu 和 Brown（2014）编制的"社交网站积极反馈量表"，我国学者刘庆奇等（2016）对量表做了修订，问卷由 5 个题目组成，该问卷为单维度问卷。问卷使用李克特五级计分，"1"代表从来没有，"5"非常频繁。问卷得分越高表明个体在社交网络中获得的积极反馈越多。此问卷内部一致性信度为 0.90。

3. 移动社交网络使用动机问卷

采用姜永志等人（2017）编制的"青少年社交网络使用动机问卷"，问卷由 26 个题目组成，包括信息获取、关系维持、避免焦虑、娱乐消遣、情感支持和自我展示 6 个因子。问卷使用李克特五级计分，"1"代表完全不符合，"5"代表完全符合。各因子得分越高表明移动社交网络使用受某方面动机影响越大。此问卷各因子内部一致性信度在 0.74~0.85。

4. 牛津幸福感问卷（简版）

采用 Hills 和 Argyle（2002）编制的"牛津幸福感问卷（简版）"，该问卷用于测量被试的总体幸福感。问卷由 8 个题目构成，使用李克特五级计分，"1"代表完全不符合，"5"代表完全符合。问卷得分越高表明个体体验到更多的幸福感。此问卷内部一致性信度为 0.763。

5. 青少年问题性移动社交网络使用评估问卷

"青少年问题性移动社交网络使用评估问卷"由 24 个题目构成，包括身心反应和行为反应两大维度，这两大维度又由生理损伤、使用黏性增加、知行能力下降、遗漏焦虑、控制抑制减弱、情感寄托、负罪感和过分修饰 8 个因子构成。问卷使用李克特五级计分，"1"代表完全不符合，"5"代表完全符合，总分越高表明青少年问题性移动社交网络使用倾向越严重，因子得分越高表明青少年在问题性移动社交网络使用某方面倾向越严重。问卷各因子间的内部一致性信度在 0.66~0.91，总问卷内部一致性信度为 0.91。

（三）统计分析

研究者同时使用多个量表对调查对象进行集体施测，有可能使调查对象产生疲劳效应和厌烦情绪，所以问卷施测过程主要由班主任组织，选在晚自习或活动课进行，有条件的学校分为上下场施测，中间休息。由于使用多个量表集中对同一批调查对象进行测量，有可能存在共同方法偏差，需要进行共同方法偏差的检验。研究主要采用统计方法进行共同方法偏差检验，根据前人研究采用了 Harman 单因素检验法（周浩，龙立荣，2004），对所有原始题目进行因素分析，探索性因素分析后提取的第一个因子解释变异的 25.15%，低于 40%的临界值，表明研究者使用问卷法获得的数据受共同方法偏差影响较小，可进行进一步统计分析。研究采用 SPSS18.0 进行 Pearson 相关分析和多元线性回归分析。

三、研究结果

（一）动机因素与问题性移动社交网络使用的关系

表 3-5 呈现了社交网络反馈、社交网络自我呈现和社交网络使用动机等心理因素与问题性使用各因子的均值、标准差及相关关系。由结果可知，社交网络积极反馈与问题性使用各因子存在显著正向相关（$r=0.103\sim0.348$，$p<0.05$）；积极自我呈现与问题性使用各因子存在显著正向相关（$r=0.114\sim0.412$，$p<0.01$）；真实自我呈现与问题性使用各因子（除控制抑制减弱外）存在显著正向相关（$r=0.094\sim0.173$，$p<0.05$）；幸福感与问题性使用各因子存在显著负相关（$r=-0.396\sim-0.118$，$p<0.01$）；信息获取与问题性使用各因子存在显著正向相关（$r=0.118\sim0.358$，$p<0.01$）；关系维持与问题性使用各因子（除负罪感外）存在显著正向相关（$r=0.092\sim0.262$，$p<0.05$）；避免焦虑与问题性使用各因子存在显著正向相关（$r=0.178\sim0.404$，$p<0.01$）；娱乐消遣与问题性使用各因子存在显著正相关（$r=0.173\sim0.478$，$p<0.01$）；情感支持与问题性使用各因子存在显著正相关（$r=0.085\sim0.407$，$p<0.05$）；自我展示与问题性使用各因子（除生理损伤和负罪感外）存在显著正相关（$r=0.123\sim0.377$，$p<0.01$）。结果表明心理动机与青少年问题性移动社交网络使用存在密切关系。

表 3-5 动机因素与问题性移动社交网络使用的关系分析

变量	1	2	3	4	5	6	7	8	9	10
生理损伤	0.103*	0.192**	0.165**	0181**	0.126**	0.183**	0.266**	0.184**	0.023	-0.228**
使用黏性增加	0.195**	0.134**	0.166**	0.358**	0.262**	0.338**	0.478**	0.382**	0.242**	-0.396**
知行能力下降	0.155**	0.114**	0.173**	0.156**	0.092*	0.280**	0.322**	0.219**	0.161**	-0.281**
遗漏焦虑	0.125**	0.170**	0.094*	0.168**	0.163**	0.329**	0.356**	0.334**	0.206**	-0.166**
控制抑制减弱	0.109*	0.179**	0.022	0.159**	0.127**	0.243**	0.309**	0.271**	0.123**	-0.380**

变量	1	2	3	4	5	6	7	8	9	10
情感寄托	0.132**	0.128**	0.131**	0.273**	0.236**	0.404**	0.374**	0.315**	0.167**	-0.205**
负罪感	0.348**	0.412**	0.115**	0.118**	0.024	0.178**	0.173**	0.085*	0.028	-0.118**
过分修饰	0.237**	0.221**	0.112**	0.300**	0.250**	0.245**	0.346**	0.407**	0.377**	-0.253**
总问卷	0.165**	0.215**	0.135**	0.311**	0.230**	0.376**	0.477**	0.390**	0.206**	-0.348**
M	3.028	2.695	3.292	3.857	3.523	2.656	3.453	2.863	2.636	2.435
SD	0.986	0.792	1.016	0.816	0.920	1.043	0.997	1.198	1.193	0.668

注：1-社交网络积极反馈；2-积极自我呈现；3-真实自我呈现；4-信息获取；5-关系维持；6-避免焦虑；7-娱乐消遣；8-情感支持；9-自我展示；10-幸福感。

（二）动机因素对问题性移动社交网络使用的回归

在相关分析基础上，我们进一步探究心理动机与问题性使用的关系，以社交网络积极反馈、积极自我呈现、真实自我呈现、幸福感、信息获取、关系维持、避免焦虑、娱乐消遣、情感支持和自我展示等心理动机为预测变量，以问题性移动社交网络使用为因变量，进行分层回归分析。性别和年级因素是影响青少年问题性使用的重要因素，利用分层回归分析控制性别和年龄。由表3-6可知，社交网络积极反馈、积极自我呈现、幸福感、信息获取、关系维持、避免焦虑、娱乐消遣、情感支持和自我展示，对问题性使用具有正向预测作用；真实自我呈现对问题性使用没有直接预测作用。结果表明上述心理动机对问题性移动社交网络使用具有重要影响。

表3-6　动机因素对问题性移动社交网络使用的回归分析

分层	因变量	预测变量	B	$S_{\bar{x}}$	$Beta$	t	R^2	F
第一层	问题性使用	性别	0.184	0.031	0.111	5.957**	0.045	68.187**
		年级	0.148	0.006	0.163	8.757**		
第二层	问题性使用	社交网络积极反馈	0.133	0.015	0.165	8.940**	0.329	89.155**
		积极自我呈现	0.107	0.014	0.125	7.808**		
		真实自我呈现	0.016	0.013	0.021	1.265		
		幸福感	-0.180	0.020	-0.145	9.003**		

续表

分层	因变量	预测变量	B	$S_{\bar{x}}$	$Beta$	t	R^2	F
		信息获取	0.081	0.020	0.084	4.056**		
		关系维持	0.087	0.018	0.100	4.840**		
		避免焦虑	0.125	0.014	0.164	8.671**		
		娱乐消遣	0.255	0.016	0.320	16.050**		
		情感支持	0.106	0.013	0.160	7.950**		
		自我展示	0.030	0.013	0.045	2.380*		

四、讨论与分析

心理动机是影响问题性移动社交网络使用的重要因素。在早期的相关研究中，人们普遍认为手机成瘾和社交网络成瘾行为背后有诸多心理动机在起作用，例如，积极自我呈现、提高自尊、获得认同感和归属感、获得积极情绪体验等（Nadkarni & Hofmann，2012；贺金波，陈昌润，鲍远纯，雷玉菊，2012）。在文献分析基础上，我们选取社交网络积极反馈、积极自我呈现、真实自我呈现、信息获取、关系维持、避免焦虑、娱乐消遣、情感支持和自我展示等心理动机作为考察变量，探究心理动机对青少年问题性移动社交网络使用的影响。结果发现社交网络积极反馈、积极自我呈现、真实自我呈现、信息获取、关系维持、避免焦虑、娱乐消遣、情感支持和自我展示等心理动机，均与问题性移动社交网络使用行为存在密切关系。经过分析我们还发现，社交网络积极反馈、积极自我呈现、信息获取、关系维持、避免焦虑、娱乐消遣、情感支持和自我展示等，均能直接正向预测问题性移动社交网络使用，表明上述心理动机是问题性移动社交网络使用重要的影响因素。

我们发现，青少年在社交网络中进行积极自我呈现，并期望获得积极社交网络反馈，是青少年频繁使用移动社交网络的主要动机。青少年如果频繁使用社交网络进行积极自我呈现则会使他们更易产生问题性移动社交网络使用，这与以往研究结果一致。以往研究认为，青少年倾向于通过一定的印象整饰策略提升自我在社交网络中的形象，来获得关注，并通过积极自我呈现来掩盖在社交网络中存在的一些负面或消极信息，分享自己修饰和美化后的照片是积极自我呈现的主要方式（Meier & Gray，2014）。Malik 等人（2016）基于使用与满足理论，以在线方式选取研究对象，对社交网络照片分享背后的心理动机进行分析，发现青少年在社交网络中分享和上传照片的主要动机是积极自我呈现和增强社会影响，即通过印象整饰策略或者美化技术使自己看上去更好。通过美化处理的个体无论在形象上还是在社会地位上都比现实生活中的自己更优秀。牛更枫等人（2015）研究还发现，青少年在微信中发布的信息、上传的照片、更新的状态，多是与自我有关的积极信息，这种专门通过朋友圈"晒"积极自我的行为是为了获得更多的积极关注和积极评论，最终目的则是满足自尊心理，一旦长时间频繁地"晒"积极自我就会完全沉浸其中，便很有可能产生虚拟和扭曲人格。网络社交与现实社交的区别，主要是网络的匿名性减少了来自物理刺激的压力感知，并加强了个体在社会交往中的主动控制和把握，这意味着个体有更多的时间组织语言来进行积极自我呈现。社会比较理论认为，个体倾向于通过各个方面的社会比较寻求自己在社会群体中的相对位置，从而形成对自我的认识和评价。频繁使用移动社交网络的青少年，则更愿意在社交网络中进行积极自我呈现来获得积极关注。

我们还发现，寻求生活满意度和幸福感也是移动社交网络使用的心理动机之一。青少年在社交网络中进行积极自我呈现，获得高幸福感是青少年频繁使用移动社交网络的主要动机，因而那些具有低幸福感和低生活满意度的青少年会频繁使用移动社交网络，他们也更易产生问题性移动社交网络使用，这与以往研究结果一致。有研究发现，低生活满意度和低幸福感对 Facebook 成瘾行为具有显著的预测作用，当青少年生活满意度较低和幸福感较低的时候，他们就希望通过移动社交网络使用来提高现实生活满意度和幸福感，这有可能导致他们移动社交网络过度使用。其他相关研究也发现，高幸福感能反向预测 Facebook 成瘾行为（Modi & Gandhi，2014）。我们认为，当青少年没有形成问题性的移动社交网络使用时，他们使用移动社交网络仅是为了从社交网络中获得心理满足，提高生活满意度和幸福感，但如果青少年本身就已经对生活感到满意和幸福，或者他们通过社交网络的使用获得了生活满意感和幸福感，那么在对满意感和幸福感不再强烈需要时，可能就会产生合理的社交网络使用行为，这就会导致高生活满意度和高幸福感与 Facebook 成瘾呈负相关。Lin 等人（2014）还基于自我调节的视角提出解释社交网络使用的理论框架，认为社交网络使用涉及复杂的认知过程，是一个认知→情感→行为相互连接的过程。首先，个体对移动社交网络进行整体评价；其次，当个体对移动社交网络的整体感觉达到心理预期时，就会产生满意感和幸福感等积极的情绪体验；最后，移动社交网络使用者会希望继续获得积极的体验，并产生持续使用的行为意向。可见，提升幸福感是青少年使用移动社交网络的主要动机，具有低幸福感的青少年更易频繁使用移动社交网络，且更易形成问题性移动社交网络使用。

　　青少年移动社交网络使用动机复杂多样，我们还揭示信息获取、关系维持、避免焦虑、娱乐消遣、情感支持和自我展示等心理动机均对问题性移动社交网络使用产生影响，这与以往研究结果一致。依据使用与满足理论，人们使用移动社交网络的动机主要是满足特定的社会心理需求。例如，有研究发现社交关系维持和娱乐休闲是人们使用社交网络的两个主要动机（Quan-Haase & Young, 2010）；Bonds（2008）的研究还认为，人们使用 Facebook 的主要动机是进行社会交往和满足信息寻求的心理；Heim（2009）认为社交网络的使用动机主要包括信息需求、娱乐需求、社会交往需求和身份认同需求；Ku 等人（2013）则认为，人们经常使用 Facebook 的动机包括关系维持需求、娱乐需求、信息需求、社交需求和自我呈现需求；Marder 等人（2016）基于使用与满足理论也揭示了大学生使用社交网络的动机，认为社交网络使用动机包括内容满足（玩游戏、体验新程序等）、自我呈现、休闲娱乐、网络社交、状态更新等。上述研究均表明，建立和维持社交关系、打发时间、信息需求、休闲娱乐、信息寻求、情感需求等是社交网络使用者期望获得满足的心理动机。由此可见，从使用与满足理论和行为强化理论出发，青少年使用移动社交网络是为了满足特定的社会心理需求，例如，获取网络信息、维持和发展关系、避免焦虑情绪、进行娱乐消遣、获得情感支持和积极自我展示等，这些需求的满足会进一步强化个体的社交网络使用行为，进而更易形成青少年问题性移动社交网络使用。

　　基于以上研究发现，青少年问题性移动社交网络使用受特定心理动机的影响，具体结论如下：（1）社交网络积极反馈、积极自我呈现、真实自我呈现、信息获取、关系维持、避免焦虑、娱乐消遣、情感支持和自我展示等动机均与问题性移动社交网络使用存在显著正向相关，但幸福感与问题性移动社交网络使用存在显著负向相关；（2）社交网络积极反馈和积极自我呈现对问题性移动社交网络使用有直接的正向预测作用，但社交网络真实自我呈现对问题性移动社交网络使用没有直接的预测作用；（3）高幸福感对问题性移动社交网络使用有直接的负向预测作用；（4）信息获取、关系维持、避免焦虑、娱乐消遣、情感支持和自我展示等心理动机，均对问题性移动社交网络使用具有直接的正向预测作用。

第四章

问题性移动社交网络使用相关影响因素的作用机制

第一节 神经质对问题性移动社交网络使用的影响：冲动性与人际困扰的双重中介

一、问题提出

随着现代通信技术的发展，社交网络使用已经成为人们生活中重要的组成部分。在过去的 10 年，社交网络的发展已经成为人们之间交往沟通的新方式，个体通过社交网络从事包括社会交往、在线游戏、上传图片和视频分享等不同类型的娱乐和社会活动（Allen, Ryan, Gray, Mclnerney, & Waters, 2014）。随着使用强度的增加，部分青少年出现了过度的社交网络使用问题。有研究认为过度的社交网络使用是网络成瘾的一种具体形式（Andreassen & Pallesen, 2014），也被看作一种冲动控制障碍（Park & Lee, 2011）。当描述成瘾行为时，研究者常使用美国《精神疾病评定与诊断手册》（DSM-5）中病理性赌博行为的标准看待过度的社交网络使用行为。按照该标准，过度的社交网络使用行为主要体现在社交网络使用的时间和频率方面（凸显性），人们使用社交网络来减少负性情绪（情绪调节或心境改变），希望通过频繁使用社交网络获得积极、愉悦的体验（耐受性或渴求感），当终止使用时就会产生痛苦体验（戒断症状），由于过度的社交网络使用会对个体的生理或心理产生功能性损害（冲突或功能损害），个体便会试图控制社交网络的使用，但总是失败（反复或失去控制）。随着移动社交网络向智能手机等移动终端的转移，人们能够更频繁和便捷地使用社交网络，这也进一步导致了移动社交网络的过度使用，还给个体带来了一定的身心损害。

　　研究者对移动社交网络过度使用问题的关注主要集中在两方面：一是什么因素导致了移动社交网络过度使用行为的发生；二是移动社交网络过度使用给个体带来了哪些影响。从现有研究来看，人们对移动社交网络过度使用带来的消极影响进行了大量研究，发现移动社交网络的过度使用可能带来孤独感、抑郁、在线伤害、社交障碍、行为退缩等消极影响（Andreassen，2015；Hong，Huang，Lin，Chiu，2014）。也有研究在揭示移动社交网络发生机制方面做了大量工作，目前导致移动社交网络过度使用的因素主要包括人格因素、情绪情感因素、心理与社会动机因素，这些研究对深入了解移动社交网络过度使用的发生机制提供了有效的解释。从现有文献来看，神经质人格和冲动性人格被认为是移动社交网络过度使用行为的有效人格预测指标，神经质人格主要表现为情绪的不稳定性和冲动性，而冲动性人格则主要表现为对心理与行为缺乏有效的自我调节和控制。社会交往需求被认为是人类的高层次心理需求，它常被认为是对移动社交网络过度使用行为具有积极预测作用的社会动机指标（Chen，Yan，Tang，Yang，Xie，He，2016）。从现有文献来看，人格特质与社会交往之间的关系，以及它们之间的关系是如何影响移动社交网络过度使用行为的，目前人们仍没有翔实的实证研究对其进行深入揭示。

　　神经质人格作为一种消极人格，是网络成瘾行为和手机成瘾行为的重要影响因素。Takao，Takahashi 和 Kitamura（2009）甚至认为神经质是一种重要的成瘾人格，具有高神经质的个体更容易产生成瘾行为。其他早期研究也表明（Igarashi，Motoyoshi，Takai，Yoshida，2008），神经质人格与物质成瘾行为存在密切关系，并认为神经质人格不但与物质成瘾有关系，而且与手机成瘾也存在密切关系。Ehrenberg 等人（2008）考察大学生人格特质与手机使用行为的关系，发现高神经质人格的个体更容易产生手机成瘾行为，他们相比低神经质的个体在手机使用上花的时间更多。John 和 Lucila（2016）的研究还发现，神经质人格不仅对手机成瘾行为具有较高的预测作用，而且高神经质人格对社交网络使用也具有积极的预测作用，还发现高神经质人格个体在社交网络上花的时间更多。Ryan 和 Xenos（2011）的研究也得到类似结论，他们的研究发现高神经质和高孤独感的个体更可能花更多的时间在社交网络上。此外，Mok 等人（2014）还以韩国大学生为研究对象考察了网络成瘾和智能手机成瘾与人格特质、焦虑的关系，发现男生比女生更易产生网络成瘾行为，而女生比男生更易产生智能手机成瘾行为，焦虑和神经质人格对智能手机成瘾具有积极的预测作用。由此可见，神经质作为一种消极人格，对手机成瘾行为、社交网络使用行为均具有积极的预测作用，即高神经质的个体更易产生手机成瘾行为和社交网络过度使用行为。那么，神经质人格是否也增加了基于智能手机的移动社交网络过度使用行为？

冲动性作为一种消极人格，主要表现为个体缺乏有效的自我调节和自我控制能力，它是网络成瘾、手机成瘾行为和社交网络过度使用行为的重要影响因素。早期的研究表明，自我控制与网络成瘾行为存在密切关系，且低自我控制的学生更容易产生网络成瘾行为（Lee，Chang，Lin，Cheng，2014）。其他研究还发现，冲动性人格对问题性的手机使用行为具有正向预测作用，如 Billieux 等人（2015）以大学生为研究对象考察了问题性手机使用与冲动性的关系，结果发现冲动性可以直接影响问题性手机使用。最近的一项研究还发现，高冲动性与高神经质和高外向性共同对智能手机成瘾行为有重要的预测作用。除此之外，也有研究揭示了冲动性人格对社交网络使用的影响，Wu 等人（2013）以 277 名澳门大学生为研究对象，考察冲动性对社交网络成瘾的影响，发现高冲动性人格特质对社交网络成瘾具有积极的预测作用。Billieux 等人（2015）通过对以往研究的整合，提出了用于解释智能手机成瘾行为的模型，模型包括三条路径：一是过度寻求慰藉路径，如不安全依恋、社交焦虑等，这条路径驱动个体与他人建立良好的人际关系，并获得心理慰藉；二是个体的冲动控制路径，例如，冲动性、低自控力等，这条路径使个体产生各种问题性手机使用症状；三是外向性人格路径，外向性人格使个体有强烈的意愿去通过手机社交网络与他人建立紧密的关系。Billieux 等人提出的整合模型，第二条路径就是冲动控制路径，表明冲动性在对成瘾行为的发生过程中发挥重要作用。从上述文献研究来看，冲动性作为一种消极人格，对网络成瘾、手机成瘾、社交网络过度使用等均具有正向的预测作用。那么，冲动性是否增加了基于智能手机的移动社交网络过度使用行为？

除了人格特质对网络成瘾、手机成瘾等技术性使用产生影响外，以往研究普遍认为大多数成瘾倾向者都存在社会交往问题，个体之所以过度寻求网络或手机的使用，主要的动机是寻求积极的社会交往需要（Hames，Hagan，Joiner，2013）。正如 Billieux 等人（2015）提出的整合模型，第一条路径就与社会交往关系的建立和发展有关，模型认为不安全的依恋和社交焦虑等都与手机成瘾行为有关，这种过度寻求心理慰藉的因素会促进个体产生问题性手机使用的行为。最近的研究表明个体的人际困扰水平也与过度的手机使用有关，例如，Babadi-Akashe 等人（2014）还以 296 名大学生为研究对象，发现大学生的问题性手机使用与冲动障碍和人际关系敏感等心理问题存在显著正相关；也有类似的研究发现，冲动性和社交焦虑与手机移动社交网络过度使用存在正向相关。另外，

Tang 等人（2016）还以 894 名台湾地区大学生为研究对象，考察了人格特质、人际关系和在线社会支持与社交网络成瘾间的关系，结果发现在线人际关系和在线社会支持与社交网络成瘾行为存在显著的正向关系，而且在线人际关系和神经质是社交网络成瘾的重要影响因素。Wang 等人（2015）研究也显示，来自人际关系、学业问题和社交焦虑等方面的压力与社交网络使用存在密切关系，研究发现，当面对过多的生活压力时，青少年会倾向于通过社交网络使用来调节和管理情绪，进行在线社会交往以逃避现实生活中的各种压力。从上述文献研究来看，社会交往问题会促使个体通过网络寻求特定的心理满足，这样会发展成为网络成瘾、手机成瘾和社交网络过度使用行为。那么，人际困扰是否也增加了基于智能手机的移动社交网络过度使用行为？

神经质与冲动性两种消极人格均与消极情绪有关，前者是情绪的不稳定性，后者是情绪控制力的缺乏，而冲动性又是神经质人格的主要表现形式。以往研究还发现，具有神经质和冲动性的个体，往往在现实生活中都存在社交不良的现象，而网络使用成为社交不良个体寻求积极社会关系发展的主要途径（Bodroža & Jovanović，2016）。为进一步考察神经质人格对问题性移动社交网络使用影响的内部机制，提出如下假设：（1）冲动性和人际困扰在神经质与问题性移动社交网络使用间分别起中介效应；（2）神经质通过冲动性和人际困扰对问题性移动社交网络使用产生影响，冲动性和人际困扰在神经质与问题性移动社交网络使用间存在双重链式中介效应，见图 4-1。

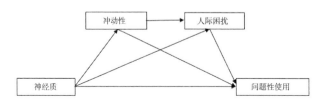

图 4-1　冲动性与人际困扰在神经质与问题性移动社交网络使用间的双重中介模型

二、对象与方法

（一）研究对象

调查时间为 2017 年 3—4 月，选取内蒙古自治区、广西壮族自治区、甘肃省、湖北省、辽宁省、吉林省、河北省和海南省的 16 所中学和大学作为样本，共发放问卷 3000 份，回收有效问卷 2872 份，问卷有效率为 95.73%。被试的年龄区间为 12~25 岁，包括男生 1012 人，占调查总数的 35.2%，女生 1860 人，占调查总数的 64.8%；初中生 772 人，占调查总数的 26.9% [初一 180 人（6.3%）、初二 380 人（13.2%）、初三 212 人（7.4%）]，高中生 1032 人，占调查总数的 35.9% [高一 524 人（18.2%）、高二 144 人（5.0%）、高三 364 人（12.7%）]，大学生 1068 人，占调查总数的 37.2% [大一 368 人（12.8%）、大二 280 人（9.8%）、大三 192 人（6.7%）、大四 228 人（7.9%）]；城市生源地 1276 人，占调查总数的 44.4%，农村生源地 1596 人，占调查总数的 55.6%。

（二）研究工具

1. 青少年人格五因素问卷

采用邹泓（2003）修订的"青少年人格五因素问卷"，问卷共 50 个题目，包括外向性、宜人性、情绪性、谨慎性和开放性 5 个维度。邹泓认为"情绪性"可被看作"大五"人格中的"神经质"人格，本研究亦将"情绪性"等同于"神经质"。问卷采用李克特五级计分，"1"代表完全不符合，"5"代表完全符合。因子得分越高表明某种人格倾向越明显。问卷各因子内部一致性系数在 0.76~0.89。本研究选取神经质人格进行分析，该因子内部一致性信度为 0.86。

2. Barrat 冲动性量表

采用 Barrat（1959）编制的"Barrat 冲动性量表"（BIS-11），该量表是应用最为广泛的测量个体冲动性的工具。李献云等人（2011）对该量表进行修订，修订后的中文版量表共 30 个题目，包括运动冲动性、认知冲动性和无计划冲动性 3 个维度。问卷采用李克特五级计分，"1"代表完全不符合，"5"代表完全符合。问卷各因子的内部一致性信度在 0.75~0.87，总量表内部一致性信度为 0.87。

3. 人际关系综合诊断量表

采用郑日昌（1999）编制的"人际关系综合诊断量表"，量表由 28 个题目构成，包括交谈交流困扰、交际交友困扰、待人接物困扰和异性交往困扰 4 个因子。问卷采用李克特五级计分，"1"代表完全不符合，"5"代表完全符合。分数越高表明人际关系困扰越严重。问卷各因子内部一致性信度在 0.77~0.89，总量表内部一致性信度为 0.87。

4. 青少年问题性移动社交网络使用评估问卷

"青少年问题性移动社交网络使用评估问卷"由 24 个题目构成，包括身心反应和行为反应两大维度，这两大维度又由生理损伤、使用黏性增加、知行能力下降、遗漏焦虑、控制抑制减弱、情感寄托、负罪感和过分修饰 8 个因子构成。问卷使用李克特五级计分，"1"代表完全不符合，"5"代表完全符合。得分越高表明青少年问题性移动社交网络使用倾向越严重。问卷各因子间的内部一致性信度在 0.66~0.91，总问卷内部一致性信度为 0.91。

（三）统计分析

1. 共同方法偏差检验

研究者同时使用多个量表对调查对象进行集体施测，有可能使调查对象产生疲劳效应和厌烦情绪，所以问卷施测过程主要由班主任组织，选在晚自习或活动课进行，有条件的学校分为上下场施测，中间休息。由于使用多个量表集中对同一批调查对象进行测量，有可能存在共同方法偏差，需要进行共同方法偏差的检验。研究者主要采用统计方法进行共同方法偏差检验，根据前人研究采用了 Harman 单因素检验法（周浩，龙立荣，2004），对所有原始题目进行因素分析，探索性因素分析后提取的第一个因子解释变异的 18.13%，低于 40% 的临界值，表明本研究使用问卷法获得的数据受共同方法偏差影响较小，可进行进一步统计分析。

2. 数据处理

采用 SPSS18.0 软件进行 Pearson 相关分析和层次回归分析，采用偏差校对非参数百分位 Bootstrap 法进行模型建构和中介效应分析（方杰，张敏强，邱皓政，2012）。该方法以原样本（样本容量为 n）为基础，在保证每个观察单位每次被抽到的概率相等（均为 1/n）的情况下进行有放回的重复抽样，得到一个样本容量为 n 的 Bootstrap 样本，建立间接效应的估计值，并进行排序求得序列 C，将序列 C 中的百分位值作为置信区间的上、下置信限来构建中介效应置信区间，如果置信区间不包含 0，表明中介效应存在，如果置信区间包括 0，表明中介效应不存在。研究者在 SPSS 中使用 Hayes（2009）开发的 PROCESS 插件（Process is written by Andrew F. Hayes，http：//www.afhayes.com）进行分析，我们从原始样本中有放回地抽取 5000 个样本估计中介效应的 95% 置信区间，对Hayes 提供的 76 个典型模型的模型 6 进行分析[1]。

---

[1] 目前进行中介效应和调节效应分析的方法有多种，以往的研究多用逐步回归方法，侯杰泰等人将逐步回归法进行修正后，该方法仍在使用；也有研究者使用 AMOS 或者 LISREL 来做中介和调节分析，目前该方法的使用也较为普遍；近年 Hayes 提出的非参数百分位置信区间 Bootstrap 方法备受关注，提供了 76 个模型可供选择，目前已逐渐成为中介和调节效应分析的主要方法。

三、研究结果

(一)各相关变量的描述性统计分析

我们对神经质、冲动性、人际困扰和问题性使用之间的关系进行分析。表4-1呈现了神经质、冲动性、人际困扰和问题性使用行为的均值、标准差及相关关系。我们研究发现，神经质与冲动性、人际困扰、问题性使用均存在显著正向相关（$r=0.200\sim0.461$，$p<0.01$）；冲动性与人际困扰和问题性使用均存在显著正向相关（$r=0.184\sim0.335$，$p<0.01$），人际困扰与问题性使用间存在显著正向相关（$r=0.255$，$p<0.01$）。

表4-1　各相关变量的描述性统计分析

变量	神经质	冲动性	人际困扰	问题性使用
神经质	1			
冲动性	0.213**	1		
人际困扰	0.461**	0.335**	1	
问题性使用	0.200**	0.184**	0.255**	1
M	3.086	2.757	2.587	2.697
SD	0.714	0.466	0.629	0.795

(二)各变量对问题性移动社交网络使用的回归分析

控制性别和年级，以神经质、冲动性和人际困扰为自变量，以问题性使用行为为因变量进行层次回归分析。由表4-2可知，在控制了性别和年龄的影响后，神经质、冲动性和人际困扰均对问题性使用具有正向预测作用（$p<0.01$）。

表4-2　各变量对问题性移动网络社交网络使用的回归分析

分层	因变量	预测变量	B	$S_{\bar{x}}$	Beta	t	R^2	F
第一层	问题性使用	性别	0.184	0.031	0.111	5.957**	0.045	68.187**
		年级	0.148	0.006	0.163	8.757**		
第二层	问题性使用	神经质	0.145	0.022	0.131	6.651***	0.145	97.109**
		冲动性	0.245	0.032	0.244	7.757**		

续表

分层	因变量	预测变量	B	$S_{\bar{x}}$	$Beta$	t	R^2	F
		人际困扰	0.199	0.026	0.157	7.616**		

（三）冲动性与人际困扰的双重中介分析

为进一步明确神经质、冲动性、人际困扰与问题性移动社交网络使用的关系，我们采用结构方程模型检验研究假设。我们将神经质作为自变量，问题性移动社交网络使用作为因变量，冲动性和人际困扰均作为中介变量，最终得到如图4-2的模型结构。该模型的拟合指数为，$\chi^2/df = 4.784$，RMSEA = 0.080，GFI = 0.921，NFI = 0.909，CFI = 0.923，IFI = 0.947。模型各拟合指数良好，模型可以接受。

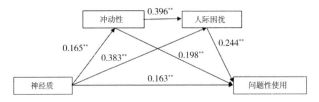

图4-2 冲动性与人际困扰在神经质与问题性移动社交网络使用间的双重中介模型

为确定模型中的中介效应统计效力，我们使用偏差校对非参数百分位置信区间 Bootstrap 法进行中介效应检验，样本量选择为5000。结果发现，间接效应模型显著，模型总效应的 Bootstrap95% 置信区间不含 0 值［总效应 0.242，95% 置信区间 CI（0.203，0.282）］，直接效应的 Bootstrap95% 置信区间不含 0 值［直接效应 0.145，95% 置信区间 CI（0.102，0.183）］，总间接效应的 Bootstrap95% 置信区间不含 0 值［间接效应 0.097，95% 置信区间 CI（0.075，0.118）］，说明冲动性和人际困扰在神经质与问题性移动社交网络使用行为间存在显著的中介效应。

表4-3还显示，总间接效应由三条间接效应构成：第一条间接效应为神经质→冲动性→问题性使用，间接效应的 Bootstrap95% 置信区间不含 0 值［间接效应 0.016，95% 置信区间 CI（0.003，0.010）］，表明冲动性在神经质与问题性使用间有显著的中介效应；第二条间接效应为神经质→冲动性→人际困扰→问题性使用，间接效应的 Bootstrap 95% 置信区间不含 0 值［间接效应 0.005，95%置信区间 CI（0.003，0.007）］，表明冲动性和人际困扰在神经质与问题性使用

间存在显著的链式中介效应；第三条间接效应为神经质→人际困扰→问题性使用，间接效应的 Bootstrap95%置信区间不含 0 值［间接效应 0.076，95%置信区间 CI（0.010, 0.096）］，表明人际困扰在神经质与问题性使用之间存在显著的中介效应。

对三条间接效应的差异进行比较，结果表明：间接效应 1 与间接效应 2 差异的 Bootstrap95% 置信区间不含 0 值［间接效应 0.010，95% 置信区间 CI（0.006, 0.019）］，间接效应 1 与间接效应 2 存在显著的差异，并且冲动性单独产生的间接效应高于冲动性与人际困扰联合产生的链式中介效应；间接效应 1 与间接效应 3 的 Bootstrap95%置信区间不包含 0 值［间接效应−0.060，95%置信区间 CI（−0.080, −0.037）］，间接效应 1 与间接效应 3 存在显著差异，并且人际困扰产生的间接效应高于冲动性产生的间接效应；间接效应 2 与间接效应 3 的 Bootstrap95%置信区间不包含 0 值［间接效应−0.071，95%置信区间 CI（−0.091, −0.052）］，间接效应 2 与间接效应 3 的差异显著，并且人际困扰单独产生的间接效应高于冲动性与人际困扰联合产生的链式中介效应。因此，人际困扰的中介效应大于冲动性，以及人际困扰与冲动性联合产生的链式中介效应。由中介效应分析发现，神经质对问题性使用的影响有 40.082%是由 3 个间接效应贡献的（总间接效应/总效应），其中间接效应 3 在神经质与问题性使用间起到的中介效应最大。

表4-3 神经质对问题性移动社交网络使用影响的双重中介分析与比较

效应	效应值	Boot 标准误	Boot 95% CI 下限	Boot 95% CI 上限	效应比（ab/c'）
总间接效应	0.097	0.010	0.075	0.118	40.082%
间接效应 1	0.016	0.001	0.003	0.010	16.474%
间接效应 2	0.005	0.001	0.003	0.007	5.154%
间接效应 3	0.076	0.018	0.010	0.096	78.350%
C1	0.010	0.003	0.006	0.019	
C2	−0.060	0.011	−0.080	−0.037	
C3	−0.071	0.009	−0.091	−0.052	

注1：总间接效应是间接效应 1、2 和 3 的总和；间接效应 1 为神经质→冲动性→问题性使用；间接效应 2 为神经质→冲动性→人际困扰→问题性使用；间接效应 3 为神经质→人际困扰→问题性使用。

注2：C1 为间接效应 1 与间接效应 2 的差异比较；C2 为间接效应 1 与间接效应 3 的差异比较；C3 为间接效应 2 与间接效应 3 的差异比较。

四、讨论与分析

我们研究发现神经质对问题性移动社交网络使用有着不同的影响和作用机制。神经质不仅能单独通过冲动性、人际困扰对问题性移动社交网络使用产生中介作用，还能够通过冲动性→人际困扰的链式中介效应对问题性移动社交网络使用产生影响。这一结果表明，高神经质青少年往往也具有高冲动性心理特质，这种冲动性会使他们缺乏对移动社交网络使用的控制，并会花大量时间使用移动社交网络，进而导致消极心理与行为。具有高神经质特质的青少年由于人际交往方式与大多数人不同，常常不能在正常的社会交往中获得积极的社交体验，进而导致人际交往的困扰，具有这种人际交往困扰的青少年便会转而在移动社交网络中寻求积极的社交体验，尤其是通过积极自我呈现获得积极关注、认同感、归属感和自尊感，这种积极体验便会进一步促进他们使用网络的时间延长和强度增加。神经质除单独通过冲动性和人际困扰对问题性移动社交网络使用产生中介效应外，还通过冲动性→人际困扰对问题性移动社交网络使用产生链式中介效应。高神经质青少年还可能产生冲动性心理和行为意向（前文已阐述），而这种冲动性也会导致青少年人际交往困扰，使青少年通过移动社交网络来消除现实人际交往困扰带来的消极影响。

根据"穷者变富"模型，基于线上的移动网络社交缺少言语线索提示，个体能对社会交往的水平进行主动控制，满足了那些在现实中存在社会交往障碍个体的心理需求（Moore & McElroy，2012）。使用与满足理论还认为，人们使用某种媒介获得的心理满足会进一步强化其使用的意愿，具有人际困扰的个体迫切需要积极社会交往的满足，那么通过移动社交网络建立和维持社交关系，能够给个体带来积极的情感体验。我们研究发现，三条路径对问题性移动社交网络使用产生的中介效应存在不同水平的差异，其中人际困扰单独产生的中介效应高于冲动性单独产生的中介效应，以及冲动性和人际困扰产生的链式中介效应。这表明在问题性移动社交网络使用发生的机制上，神经质通过人际困扰对问题性移动社交网络使用的影响更大，即社会交往问题对青少年问题性移动社交网络使用的产生更为重要。姜永志、白晓丽和刘勇（2017）研究认为，人们使用移动社交网络存在不同的动机，其中建立和发展社会关系、积极自我呈现和休闲娱乐是最为主要的使用动机。对于在现实社会交往中基于神经质人格产生社会交往缺陷的个体来说，通过在移动社交媒体中发表状态、上传照片、分享经验、沟通互动等活动，能够展现积极自我，获得积极的同伴反馈以及社会和情感支持，不但可以有效降低社交焦虑、抑郁和孤独感，而且对个体自尊水平和生活满意度的提高起到积极的促进作用。

　　基于以上研究发现：（1）冲动性和人际困扰在神经质与青少年问题性移动社交网络使用间分别起到中介效应，具有高神经质的青少年对问题性移动社交网络使用的影响分别通过冲动性和人际困扰起作用。（2）神经质通过冲动性和人际困扰对问题性移动社交网络使用产生影响，冲动性和人际困扰在神经质与问题性移动社交网络使用间存在双重链式中介效应，即具有高神经质的青少年比低神经质青少年更冲动，这种冲动性人格常导致人际困扰，并进一步加剧青少年问题性移动社交网络使用的形成。

第二节　神经质对问题性移动社交网络使用的影响：焦虑情绪与积极自我呈现的多重链式中介

一、问题提出

　　智能手机的迅速普及，使基于智能手机的移动社交 APP 逐渐成为人们社会交往的新形式，这种基于智能手机终端的便携式社交平台，给人们之间的交往联系带来了极大的便利（Alt, 2015）。人们在享受移动社交网络带来诸多积极影响的同时，一种类似于网络成瘾的移动社交网络使用行为问题也逐渐凸显（Bian & Leung, 2014）。这种长时间高频率和高强度使用移动社交网络的行为称为问题性移动社交网络使用行为（The Problematic Mobile Social Networks Usage Behavior），它是在正常社交媒体使用的基础上，由于某种原因频繁使用移动社交媒体，使个体在生理、心理和行为方面受到消极影响，并对正常学习生活产生阻碍，而这种影响和阻碍尚未达到病理性或精神障碍程度的一种移动社交媒体使用行为（姜永志 等，2016）。主要表现为人们每天早上起来迫不及待查看 Facebook、微博、微信等社交媒介，在学习工作时间不可控制地频繁查看移动社交网络，晚上睡觉前在社交网站中不断"刷屏"以至难以入睡（姜永志，白晓丽，刘勇，2017）。这种问题性使用行为给我们的学习生活带来了一些消极影响，例如，导致青少年现实社交能力退化、罹患躯体疾病的风险增加、睡眠质量下降和认知功能受损、学习倦怠等。那么，探究这种问题性使用行为对今后这一问题的预防和干预具有积极价值。现有研究普遍认为网络成瘾、手机成瘾等技术性成瘾行为主要受人格因素（贺金波，祝平平，聂余峰，应思远，2017）、情绪因素（Lee, Chang, Lin, Cheng, 2014）和相关社会心理动机的影响，其中，神经质、交往焦虑、遗漏焦虑和社交网络积极自我呈现可能是影响问题性移动社交网络使用行为形成的重要因素。

神经质人格是问题性移动社交网络使用行为最稳定的预测因素之一。神经质人格主要有易情绪化、易冲动、易焦虑和逃避现实等特点（姜永志，李笑燃，白晓丽，阿拉坦巴根，王海霞，刘勇，2016）。以往研究均发现神经质人格是网络成瘾、手机成瘾等技术性成瘾行为的重要预测变量（John & Lucila, 2016）。Takao（2009）还提出了著名的成瘾人格的观点，认为外向性和神经质是两种典型的成瘾人格，高外向性和高神经质这两种人格对问题性手机使用具有较强的预测作用。Błachnio 和 Przepiorka（2016）在问题性移动社交网络使用行为与神经质人格的关系研究中，发现问题性移动社交网络使用与高神经质人格存在密切的关系。也有研究者综合研究了青少年网络成瘾、网络游戏成瘾、问题性移动社交网络使用等技术性使用与人格的关系，同样发现高神经质人格能够稳定地对问题性移动社交网络使用行为做出正向预测（Wang, Ho, Chan, Tse, 2015）。姜永志等人（2016）在移动网络过度使用行为研究中也发现，神经质人格对大学生基于智能手机的移动网络使用行为具有直接预测作用。基于以上研究可知，神经质人格作为一种成瘾人格，能够较为稳定地对移动社交网络使用行为做出预测，是问题性移动社交网络使用行为产生的人格因素。

消极情绪体验是人们使用移动社交网络的一个重要原因。社交焦虑是一种典型的消极情绪，它是个体害怕与他人面对面交流、害怕受到别人的评价而产生的一种社会交往障碍，这也使社交焦虑的个体在现实生活中产生了更多的孤独感和疏离感（Hames, Hagan, & Joiner, 2013）。社交焦虑作为社会交往障碍最主要的表现形式，青少年在现实生活中面对社交困扰时，更愿意通过社交网络来寻求某些心理满足，并对移动社交网络产生依赖性。Lee（2014）研究发现，那些缺乏控制和社交焦虑的大学生更倾向于使用移动社交网络，有社交焦虑的大学生无论在使用时间还是在使用频率上都远高于没有社交焦虑的大学生。Enez Darcin（2015）等人在智能手机成瘾的相关研究中也得到类似结论，发现大学生使用智能手机的主要目的是进行网络社交，并且那些具有社交焦虑的大学生更愿意使用智能手机。姜永志、王海霞和白晓丽（2016）在大学生社交焦虑与手机互联网使用行为关系研究中也发现，社交焦虑不但能对手机互联网过度使用行为有正向预测作用，而且对移动社交网络偏好同样具有预测作用。由此可知，社交焦虑作为一种典型的消极情绪，在问题性移动社交网络使用行为的形成中起着关键作用，是问题性移动社交网络使用行为的重要风险性预测因素。

"遗漏焦虑"（Fear of Missing Out，FOMO）是一种伴随着智能手机使用的普及而出现的一种典型的消极情绪，它也会对青少年问题性移动社交网络使用行为产生重要影响。在移动社交网络使用中，人们普遍存在遗漏焦虑症，它是人们长时间无法使用手机或手机无法连接网络时，因为害怕错过与自我有关的信息而产生的焦虑心理，也就是说遗漏焦虑是一种对能给自己带来积极回报的行为缺失导致的普遍心理担忧。按照进化心理学的解释，人类天生具有对未知的恐惧，尤其是与自我相关的事情，人们会感到更加恐惧和焦虑（杨昭宁，苏金龙，2012）。对于大多数青少年群体来说，Facebook、Twitter 和微信等这样的社交媒介能使人们更深入地参与到社交讨论中，能获得与自己有关的更多积极关注（例如，发微信朋友圈之后个体会频繁地查看朋友圈动态），这种频繁查看朋友圈和频繁更新状态，以及网络中断后的戒断心理等都源自遗漏焦虑（FOMO）。有研究指出，因害怕错过电话或信息而习惯性查看手机的心理动机，使人们每天大多数时间都无法离开手机（Lee, Chang, Lin, & Cheng, 2014）。Przybylski 等人（2013）的研究还发现，那些具有较低心理需求满足、情绪较低落和生活满意度较低的个体报告了更多的遗漏焦虑，具有较高遗漏焦虑的个体更倾向于使用社交网络。基于以上研究可知，遗漏焦虑作为一种移动网络时代特有的消极情绪，对问题性移动社交网络使用行为的产生同样具有重要作用。

社交网络积极自我呈现也是青少年频繁使用移动社交网络的主要动机之一，它也是问题性移动社交网络使用行为的重要影响因素。青少年普遍关注自己在社交网络中的形象，他们通常会通过一定的策略在社交网络中进行形象管理，以在社交网络中展现积极自我的一面，并通过积极自我呈现来获得某些心理满足。Malik，Dhir 和 Nieminen（2016）基于使用与满足理论，通过在线调查对社交网络照片分享背后的心理动机进行了揭示，该研究要求被调查者对情感需求、寻求关注、自我表露、自我信息分享、习惯性消遣和增强社会影响 6 种需求满足做出反馈，结果发现分享图片的主要动机是进行积极自我表露和增强社会影响。牛更枫等人（2015）研究发现，社交网站中的积极自我呈现和真实自我呈现与积极情绪、社会支持和生活满意度都呈显著正相关，并且对社交网站使用也具有积极预测作用（牛更枫，鲍娜，范翠英，周宗奎，孔繁昌，孙晓军，2015）。可见，青少年在微信中发布信息、上传照片、更新状态都是与自我有关的积极信息。这种专门通过朋友圈"晒"积极自我的行为是为了获得更多的关注和他人的积极评论，而最终目的则是各种心理需求的满足。基于以上研究可知，社交网络积极自我呈现是青少年使用移动社交网络的最主要动机之一，对问题性移动社交网络使用行为的形成同样具有重要作用。

神经质人格作为与情绪联系最为密切的人格，常表现出情绪化、冲动性和焦虑等特征，这也决定了神经质人格与焦虑情绪存在密切关系。遗漏焦虑作为智能手机使用过程中存在的一种社交焦虑情绪同样与神经质人格和交往焦虑存在密切关系。除此之外，交往焦虑、遗漏焦虑和积极自我呈现之间也存在密切关系。研究发现交往焦虑与遗漏焦虑存在密切关系，在现实社会交往中具有交往焦虑的个体，在移动社交网络中常表现出对自我相关信息的过度关注和担心错过信息（Weeks & Howell，2012），而且交往焦虑可以通过遗漏焦虑对智能手机使用行为产生影响。Błachnio 和 Przepiórka（2017）研究还发现，高遗漏焦虑和那些在社交网络中频繁上传照片和发表状态的个体，更易受到社交网络成瘾的困扰。以往研究表明，神经质人格、交往焦虑和遗漏焦虑都会对青少年基于智能手机使用的社交网络使用行为产生影响，研究者还发现人们使用移动社交网络的最主要动机之一，就是通过社交网络积极自我呈现来获得心理满足。由此可见，神经质作为一种较为稳定的人格特质，它对问题性移动社交网络使用行为的影响必然不具有唯一性，它与交往焦虑和遗漏焦虑的密切关系，意味着神经质对问题性移动社交网络使用行为的影响必然存在较为复杂的心理过程。我们进一步揭示这种内部作用机制，能积极有效对青少年问题性移动社交网络使用行为进行预测，还可以采取相应措施进行事先教育干预。基于以往研究，我们希望进一步探究神经质与问题性使用行为之间的作用机制，神经质对问题性移动社交网络使用行为的影响间接通过焦虑情绪和积极自我呈现起作用。我们提出以下假设：（1）神经质、交往焦虑和积极自我呈现对问题性移动社交网络使用行为均具有直接正向预测作用；（2）神经质对问题性移动社交网络使用的影响，分别通过交往焦虑和遗漏焦虑发生作用；（3）神经质对移动社交网络使用行为的影响，通过交往焦虑→遗漏焦虑→积极自我呈现的链式关系发生作用，见图4-3。

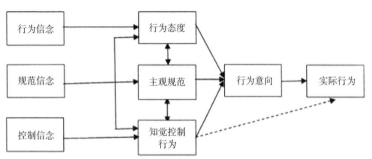

图4-3 神经质对问题性移动社交网络使用影响的多重链式中介模型

二、对象与方法

（一）研究对象

调查时间为 2017 年 3—4 月，选取内蒙古自治区、广西壮族自治区、甘肃省、湖北省、辽宁省、吉林省、河北省和海南省的 16 所中学和大学作为样本，共发放问卷 3000 份，回收有效问卷 2872 份，问卷有效率为 95.73%。被试的年龄区间为 12~25 岁，包括男生 1012 人，占调查总数的 35.2%，女生 1860 人，占调查总数的 64.8%；初中生 772 人，占调查总数的 26.9% ［初一 180 人（6.3%）、初二 380 人（13.2%）、初三 212 人（7.4%）］，高中生 1032 人，占调查总数的 35.9% ［高一 524 人（18.2%）、高二 144 人（5.0%）、高三 364 人（12.7%）］，大学生 1068 人，占调查总数的 37.2% ［大一 368 人（12.8%）、大二 280 人（9.8%）、大三 192 人（6.7%）、大四 228 人（7.9%）］；城市生源地 1276 人，占调查总数的 44.4%，农村生源地 1596 人，占调查总数的 55.6%。

（二）研究工具

1. 青少年人格五因素问卷

采用邹泓（2003）修订的"青少年人格五因素问卷"，问卷共 50 个题目，包括外向性、宜人性、情绪性、谨慎性和开放性 5 个维度。邹泓认为"情绪性"可被看作"大五"人格中的"神经质"人格，本研究亦将"情绪性"等同于"神经质"。问卷采用李克特五级计分，"1"代表完全不符合，"5"代表完全符合。因子得分越高表明某种人格倾向越明显。问卷各因子内部一致性系数在 0.76~0.89。本研究选取神经质人格进行分析，该因子内部一致性信度为 0.86。

2. 交往焦虑量表

采用 Leary（1983）编制的"交往焦虑量表"。量表的中文版由彭纯子、龚耀先和朱熊兆 2004 年修订，量表由 15 个项目构成，主要用于评定独立于行为之外的主观社交焦虑体验的倾向。量表使用李克特五级计分，"1"代表完全不符合，"5"代表完全符合。量表属于单维量表，量表得分越高代表个体主观体验到的交往焦虑水平越高。量表内部一致性信度为 0.87。

3. 遗漏焦虑量表

遗漏焦虑是一种过于担心在社交网络中错过自己或他人信息的普遍性的焦虑，主要表现为渴望与他人保持持续的联系以免错过信息。研究采用 Przybyiski 等人（2013）编制的"遗漏焦虑量表"，Al-Menayes（2015）对该量表进行了修订，修订后量表共 8 个题目。量表使用李克特五级计分，"1"代表完全不符合，"5"代表完全符合。量表属于单维量表，总分越高表明遗漏焦虑倾向越严重。量表内部一致性信度为 0.83。

4. 社交网站自我呈现问卷

采用由牛更枫等人（2015）修订、Kim 等人（2014）编制的"社交网站自我呈现问卷"，问卷由 10 个题目组成，包括积极自我呈现和真实自我呈现 2 个因子。积极自我呈现因子包含 6 个项目，用来测量个体在社交网站中选择性地呈现自己积极方面的感受；真实自我呈现因子包含 4 个项目，用来测量个体在社交网站中真实地表露自己的想法和情感的程度。问卷使用李克特五级计分，"1"代表完全不符合，"5"代表完全符合。问卷 2 个因子的内部一致性信度分别为 0.82 和 0.77，我们仅选用该问卷中的积极自我呈现因子进行分析。

5. 青少年问题性移动社交网络使用评估问卷

"青少年问题性移动社交网络使用评估问卷"由 24 个题目构成，包括身心反应和行为反应两大维度，这两大维度又由生理损伤、使用黏性增加、知行能力下降、遗漏焦虑、控制抑制减弱、情感寄托、负罪感和过分修饰 8 个因子构成。问卷使用李克特五级计分，"1"代表完全不符合，"5"代表完全符合。得分越高表明青少年问题性移动社交网络使用倾向越严重。问卷各因子间的内部一致性信度在 0.66~0.91，总问卷内部一致性信度为 0.91。

（三）统计分析

1. 共同方法偏差检验

研究同时使用多个量表对调查对象进行集体施测，有可能使调查对象产生疲劳效应和厌烦情绪，所以问卷施测过程主要由班主任组织，选在晚自习或活动课进行，有条件的学校分为上下场施测，中间休息。由于使用多个量表集中对同一批调查对象进行测量，有可能存在共同方法偏差，需要进行共同方法偏差的检验。研究主要采用统计方法进行共同方法偏差检验，根据前人研究采用了 Harman 单因素检验法（周浩，龙立荣，2004），对所有原始题目进行因素分析，探索性因素分析后提取的第一个因子解释变异的 16.44%，低于 40% 的临界值，表明使用问卷法获得的数据受共同方法偏差影响较小，可进行进一步统计分析。

2. 数据处理

采用 SPSS18.0 软件进行 Pearson 相关分析和层次回归分析，采用偏差校对非参数百分位 Bootstrap 法进行模型建构和中介效应分析（方杰，张敏强，邱皓政, 2012)。研究在 SPSS 中使用 Hayes（2009）开发的 PROCESS 插件（Process is written by Andrew F. Hayes, http：//www. afhayes. com）进行分析, 本研究从原始样本中放回抽取 5000 个样本估计中介效应的 95% 置信区间, 选择 Hayes 提供的 76 个典型模型的模型 6 进行分析。

三、研究结果

（一）各相关变量的描述性统计分析

我们为分析神经质、交往焦虑、遗漏焦虑、自我呈现和问题性移动社交网络使用间的相互关系, 对相关心理变量间的关系进行分析。表 4-4 呈现了各个心理变量间的均值、标准差及相关关系。研究发现, 神经质与交往焦虑、遗漏焦虑和问题性移动社交网络使用均存在显著正向相关（$r = 0.147 \sim 0.365$, $p < 0.05$）, 但神经质与积极自我呈现之间不存在显著相关（$r = 0.044$, $p > 0.05$）；交往焦虑与遗漏焦虑、积极自我呈现与问题性移动社交网络使用均存在显著正向相关（$r = 0.147 \sim 0.295$, $p < 0.05$）；遗漏焦虑与积极自我呈现、问题性移动社交网络使用存在显著正向相关（$r = 0.240 \sim 0.492$, $p < 0.01$）；积极自我呈现与问题性移动社交网络使用存在显著正相关（$r = 0.262$, $p < 0.01$）。

表 4-4 各相关变量的描述性统计分析

变量	神经质	交往焦虑	遗漏焦虑	积极自我呈现	问题性使用
神经质	1				
交往焦虑	0.365**	1			
遗漏焦虑	0.147**	0.171**	1		
积极自我呈现	0.044	0.147*	0.240**	1	
问题性使用	0.200**	0.295**	0.492**	0.262**	1
M	3.086	3.067	2.349	2.934	2.697
SD	0.714	0.412	0.860	0.665	0.795

（二）各相关变量对问题性移动社交网络使用行为的回归分析

在相关分析基础上, 进一步探究神经质与问题性移动社交网络使用的关系, 以神经质、交往焦虑、遗漏焦虑和积极自我呈现为预测变量, 以问题性移动社交网络使用为因变量进行分层回归分析。性别和年级因素是影响青少年问题性移动社交网络使用的重要因素，利用分层回归分析控制性别和年龄。由表4-5可知，神经质对问题性移动社交网络使用具有显著正向预测作用，交往焦虑对问题性移动社交网络使用具有显著正向预测作用，遗漏焦虑对问题性移动社交网络使用具有显著正向预测作用，积极自我呈现对问题性移动社交网络使用具有显著正向预测作用。

表4-5　各相关心理变量对问题性移动社交网络使用的回归分析

分层	因变量	预测变量	B	$S_{\bar{x}}$	Beta	t	R^2	F
第一层	问题性使用	性别	0.184	0.031	0.111	5.957**	0.045	68.187**
		年级	0.148	0.006	0.163	8.757**		
第二层	问题性使用	神经质	0.098	0.018	0.088	5.322**	0.342	248.463**
		交往焦虑	0.189	0.021	0.150	8.978**		
		遗漏焦虑	0.400	0.014	0.433	27.608**		
		积极自我呈现	0.105	0.013	0.123	7.967**		

（三）神经质对问题性移动社交网络使用影响的链式中介作用

我们为进一步明确神经质、交往焦虑、遗漏焦虑、积极自我呈现与问题性移动社交网络使用的关系，采用结构方程模型检验研究假设。我们将神经质作为自变量，问题性移动社交网络使用作为因变量，交往焦虑、遗漏焦虑和积极自我呈现均作为中介变量，最终得到如图4-4的模型结构，各路径标准化系数见图4-4。该模型的拟合指数为，$\chi^2/df = 4.047$，RMSEA = 0.078，GFI = 0.905，NFI = 0.914，CFI = 0.957，IFI = 0.955。各拟合指数良好，模型可以接受。

为确定模型的中介效应统计效力，使用偏差校对非参数百分位置信区间 Bootstrap 法进行中介效应检验，样本量选择为5000。结果发现，间接效应模型各项指标显著，模型总效应的 Bootstrap95% 置信区间不含 0 值［总效应 0.222，95% 置信区间 CI（0.182，0.262）］，直接效应的 Bootstrap95% 置信区间不含 0 值［总效应 0.068，95% 置信区间 CI（0.031，0.104）］，总间接效应的 Bootstrap95% 置信区间不含 0 值［总效应 0.155，95% 置信区间 CI（0.126，0.182）］，交往焦虑、遗漏焦虑和积极自我呈现在神经质与问题性移动社交网络使用间存在显著的中介效应。

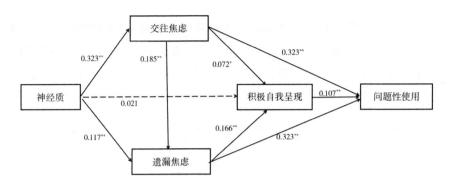

图 4-4　神经质对问题性移动社交网络使用的链式中介模型

　　表 4-6 的结果还显示，总间接效应由 7 条间接效应构成：第一条间接效应为神经质→交往焦虑→问题性使用，间接效应的 Bootstrap95% 置信区间不含 0 值 [间接效应 0.077，95% 置信区间 CI（0.029，0.094）]，表明交往焦虑在神经质与问题性使用间起着显著的中介效应；第二条间接效应为神经质→交往焦虑→遗漏焦虑→问题性使用，间接效应的 Bootstrap95% 置信区间不含 0 值 [间接效应 0.024，95% 置信区间 CI（0.015，0.032）]，表明交往焦虑和遗漏焦虑在神经质与问题性使用间起着显著的链式中介效应；第三条间接效应为神经质→交往焦虑→积极自我呈现→问题性使用，间接效应的 Bootstrap95% 置信区间不含 0 值 [间接效应 0.002，95% 置信区间 CI（0.001，0.004）]，表明交往焦虑和积极自我呈现在神经质与问题性使用间起着显著链式中介效应；第四条间接效应为神经质→交往焦虑→遗漏焦虑→积极自我呈现→问题性使用，间接效应的 Bootstrap95% 置信区间不含 0 值 [间接效应 0.001，95% 置信区间 CI（0.001，0.002）]，表明交往焦虑、遗漏焦虑、积极自我呈现在神经质与问题性使用间起着显著的链式中介效应；第五条间接效应为神经质→遗漏焦虑→问题性使用，间接效应的 Bootstrap95% 置信区间不含 0 值 [间接效应 0.046，95% 置信区间 CI（0.025，0.067）]，表明遗漏焦虑在神经质与问题性使用间起着显著链式中介效应；第六条间接效应为神经质→遗漏焦虑→积极自我呈现→问题性使用，间接效应的 Bootstrap95% 置信区间不含 0 值 [间接效应 0.002，95% 置信区间 CI（0.002，0.004）]，表明遗漏焦虑和积极自我呈现在神经质与问题性使用间起着显著链式中介效应；第七条间接效应为神经质→积极自我呈现→问题性使用，间接效应的 Bootstrap95% 置信区间包含 0 值 [间接效应 0.002，95% 置信区间 CI（-0.004，0.009）]，表明积极自我呈现在神经质与问题性使用间不存在显著中

介效应。

由中介效应分析发现，神经质对问题性使用的影响有 69.819% 是由 7 个间接效应贡献的（总间接效应/总效应），其中间接效应 1、间接效应 5 和间接效应 2 在神经质与问题性使用间起到的中介效应较大，而间接效应 7 以积极自我呈现为中介变量的模型在神经质与问题性使用间不存在显著的中介效应。

表4-6　神经质对问题性移动社交网络使用影响的多重中介分析与比较

效应	效应值	Boot 标准误	Boot 95% CI 下限	Boot 95% CI 上限	效应比（ab/c'）
总间接效应	0.155	0.014	0.126	0.182	69.819%
间接效应 1	0.077	0.008	0.029	0.094	49.677%
间接效应 2	0.024	0.004	0.015	0.032	15.483%
间接效应 3	0.002	0.001	0.001	0.004	1.290%
间接效应 4	0.001	0.001	0.001	0.002	0.645%
间接效应 5	0.046	0.011	0.025	0.067	29.677%
间接效应 6	0.002	0.001	0.002	0.004	1.290%
间接效应 7	0.002	0.003	-0.004	0.009	1.290%

注1：间接效应 1 为神经质→交往焦虑→问题性使用；间接效应 2 为神经质→交往焦虑→遗漏焦虑→问题性使用；间接效应 3 为神经质→交往焦虑→积极自我呈现→问题性使用；间接效应 4 为神经质→交往焦虑→遗漏焦虑→积极自我呈现→问题性使用；间接效应 5 为神经质→遗漏焦虑→问题性使用；间接效应 6 为神经质→遗漏焦虑→积极自我呈现→问题性使用；间接效应 7 为神经质→积极自我呈现→问题性使用。

四、讨论与分析

前期研究已经表明，神经质人格和消极情绪是问题性移动社交网络使用的重要风险性预测因素，积极自我呈现是青少年使用移动社交网络的重要心理动机，也是青少年问题性使用产生的重要心理变量。本研究相关分析发现，神经质人格不但与问题性使用存在密切关系，而且与焦虑情绪（交往焦虑和遗漏焦虑）也存在密切的正向相关，这与以往研究完全一致。姜永志等人（2016）研究发现，高神经质的青少年具有易情绪化、易冲动、易焦虑和逃避现实等特点，这就导致具有高神经质倾向性的青少年更易出现焦虑等负性情绪。Billieux 等人（2015）在问题性手机使用综合模型中还提出，问题性手机使用可能是由安慰需求所引发的，而较高的焦虑水平、缺少自尊、不安全依附或情感不稳定性等因素都会使个体通过手机寻求心理安慰。我们还发现，交往焦虑和遗漏焦虑均与青少年积极自我呈现有密切正向相关，即交往焦虑和遗漏焦虑这两种负性情绪较高的青少年可能更愿意通过社交网络进行积极自我呈现。Yen 等人（2012）的研究结果支持了这一结果，研究认为网络的匿名性减少了来自物理刺激的压力感知，使个体在社会交往中可以主动控制和把握，这意味着个体有更多的时间来进行语言组织并进行积极自我呈现。正因网络社交的特点，人们认为网络社交更安全，同时也可以获得更多的社交体验，而那些在现实中社交不良、具有社交焦虑和遗漏焦虑的个体就更倾向于通过社交网络进行社交以满足自己的心理需求。

以往研究表明，神经质人格作为青少年问题性使用的重要风险性影响因素，它对问题性使用行为的影响是一个复杂的作用机制，不但可通过直接作用产生问题性移动社交网络使用，而且它还间接通过其他心理变量导致青少年问题性使用（姜永志等，2016）。本研究通过对早期研究的分析和自己得出的相关结论，进一步推论交往焦虑、遗漏焦虑和积极自我呈现可能在其中起的重要作用。间接效应的分析验证了前期假设，即神经质不但通过交往焦虑和遗漏焦虑 2 种负性情绪，还通过多条链式间接效应影响问题性移动社交网络使用。一方面，高神经质青少年在社会交往中往往存在较多负性情绪（如交往能力不足导致的交往焦虑），这种负性情绪的缓解往往通过青少年在移动社交网络中积极自我呈现来实现，带来的积极自我体验也会作为一种奖励对移动社交网络的使用产生强化作用（Ryan & Xenos，2011）；另一方面，在移动社交网络中的青少年，通过"晒图"和"发状态"等社交活动来提升自我形象，频繁登录和查看自己的朋友圈等行为，往往表明他们存在较高的遗漏焦虑，即人们之所以频繁地使用社交网络是受到遗漏焦虑的心理驱动，遗漏焦虑的心理使人们常无法意识到时间而频繁查看社交网络，高神经质青少年往往存在这种遗漏焦虑，同样青少年也往往通过社交网络的积极自我呈现来缓解这种负性情绪，由此带来的积极自我体验也再次强化了移动社交网络使用。在上述两条路径假设被验证的基础上，我们也揭示了神经质对问题性移动社交网络使用的影响存在一条神经质→交往焦虑→遗漏焦虑→积极自我呈现→问题性使用的链式中介，这一路径模型部分验证了以往的研究结果，即社交焦虑通过遗漏焦虑及其对焦虑的评价，影响移动社交网络的使用。基于研究结果，高神经质的青少年之所以易形成问题性移动社交网络使用，主要是因为他们在社会交往中往往存在较高的交往焦虑水平，具有较高交往焦虑的青少年在移动社交网络中会更加关注自己的社交网络状况，还会担心错过与自我相关的信息，进而往往存在较高的遗漏焦虑，这两种负性情绪叠加带来的消极情绪又通过他们积极自我呈现及其预期的良好社交体验来缓解和释放，这种积极自我体验作为一种强化手段进一步增加了青少年使用移动社交网络的频率和强度。

基于以上研究发现：（1）神经质人格、交往焦虑、遗漏焦虑和社交网络积极自我呈现对问题性移动社交网络使用具有正向预测作用。（2）神经质人格对问题性移动社交网络使用产生的影响，分别通过交往焦虑和遗漏焦虑发生作用，即青少年高神经质人格导致交往焦虑，并进一步导致问题性移动社交网络使用，青少年高神经质人格导致遗漏焦虑，这样进一步导致问题性移动社交网络使用。（3）神经质对问题性移动社交网络使用的影响，通过交往焦虑→遗漏焦虑→积极自我呈现的链式关系发生作用，即青少年高神经质人格导致较高的交往焦虑水平，同时引起较高的遗漏焦虑水平，使青少年希望通过积极自我呈现来缓解焦虑，这样进一步导致问题性移动社交网络使用。

第三节 自恋人格对问题性移动社交网络使用的影响：遗漏焦虑和积极自我呈现的中介以及性别的调节

一、问题提出

基于智能手机的移动社交网络过度使用带来的消极影响已经成为社会普遍关注的一个社会现象，这一社会现象背后的社会心理动机也成为人们普遍关注的社会热点。基于智能手机的移动社交网络过度使用常被看作手机依赖、手机成瘾或问题性手机使用的一种亚型，这种行为是"个体由于某种原因长时间和高强度使用移动社交网络，使个体的生理、心理和行为等受到消极影响，并对正常的生活产生消极影响，但尚未达到病理性或精神障碍程度的一种移动社交网络使用行为"（姜永志 等，2016）。那么，问题性移动社交网络使用行为是如何发生以及受到哪些因素的影响？以往研究普遍认为人格因素、社会心理动机因素和负性情绪可能是这一行为的重要风险性预测因素，例如，自恋人格、遗漏焦虑和积极自我呈现等。

前期研究表明自恋人格是问题性移动社交网络使用的重要预测变量，自恋人格对青少年这种问题性使用具有重要影响。高自恋人格的青少年对自我的关注常常超过对其他人的关注，对他人常表现出傲慢、自大、漠视和缺乏同情心等行为。以往研究表明高自恋的青少年更频繁地更新自己的状态和上传照片，并频繁查看自己的社交网站，以免遗漏他人对自己的关注（Wang, Gaskin, Wang, Liu, 2016）。可见，自恋人格直接影响问题性移动社交网络使用，自恋人格对问题性使用行为的影响还可能通过其他相关心理变量发生间接作用，其中遗漏焦虑和积极自我呈现是两个重要心理变量。以往研究发现，具有高自恋人格的青少年，女生比男生更担心错过社交网络中与自我有关的信息，而且她们也更愿意在社交网络中进行积极自我呈现，即性别可能在自恋人格对问题性使用间起着调节作用。因此，为了进一步考察自恋人格对问题性移动社交网络使用产生影响的内部机制，揭示哪些心理变量在自恋对问题性使用间起间接作用，以及性别在这种关系中是如何调节自恋与问题性使用间的关系的，我们提出以下假设：（1）自恋人格对问题性使用的影响分别通过遗漏焦虑和积极自我呈现发生作用；（2）自恋人格对问题性使用的影响，通过遗漏焦虑→积极自我呈现的链式中介发生作用；（3）性别在自恋人格通过积极自我呈现对问题性使用产生影响的过程中起着调节作用，见图4-5。

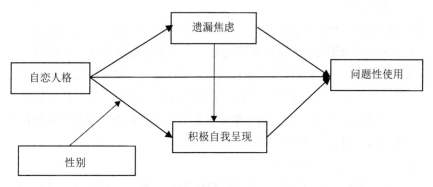

图4-5　自恋人格对问题性移动社交网络使用影响的链式中介假设模型

二、对象与方法

（一）研究对象

调查时间为2017年3—4月，选取内蒙古自治区、广西壮族自治区、甘肃省、湖北省、辽宁省、吉林省、河北省和海南省的16所中学和大学作为样本，共发放问卷3000份，回收有效问卷2872份，问卷有效率为95.73%。被试的年龄区间为12~25岁，包括男生1012人，占调查总数的35.2%，女生1860人，占调查总数的64.8%；初中生772人，占调查总数的26.9%［初一180人（6.3%）、初二380人（13.2%）、初三212人（7.4%）］，高中生1032人，占调查总数的35.9%［高一524人（18.2%）、高二144人（5.0%）、高三364人

（12.7%）］，大学生 1068 人，占调查总数的 37.2%［大一 368 人（12.8%）、大二 280 人（9.8%）、大三 192 人（6.7%）、大四 228 人（7.9%）］；城市生源地 1276 人，占调查总数的 44.4%，农村生源地 1596 人，占调查总数的 55.6%。

（二）研究工具

1. 自恋人格量表

采用周晖等人（2009）编制的"自恋人格问卷"，该问卷共 34 个题目，包括权欲、优越感和自我欣赏 3 个维度。问卷采用李克特五级计分，"1"代表完全不符合，"5"代表完全符合。得分越高表明自恋倾向越严重。问卷仅使用该问卷中的自我欣赏因子作为自恋人格的衡量指标。问卷各因子的内部一致性信度在 0.82~0.88，总问卷内部一致性信度为 0.85。

2. 遗漏焦虑量表

遗漏焦虑是一种过于担心在社交网络中错过自己或他人信息的普遍性的焦虑，主要表现为渴望与他人保持持续的联系以免错过信息。研究采用 Przybyiski 等人（2013）编制的"遗漏焦虑量表"，Al-Menayes（2016）对该量表进行了修订，修订后量表共 8 个题目。量表使用李克特五级计分，"1"代表完全不符合，"5"代表完全符合。量表属于单维量表，总分越高表明遗漏焦虑倾向越严重。量表内部一致性信度为 0.83。

3. 社交网站自我呈现问卷

采用由牛更枫等人（2015）修订、Kim 等人（2014）编制的"社交网站自我呈现问卷"，问卷由 10 个题目组成，包括积极自我呈现和真实自我呈现 2 个因子。积极自我呈现因子包含 6 个项目，用来测量个体在社交网站中选择性地呈现自己积极方面的感受；真实自我呈现因子包含 4 个项目，用来测量个体在社交网站中真实地表露自己的想法和情感的程度。问卷使用李克特五级计分，"1"代表完全不符合，"5"代表完全符合。问卷的 2 个因子的内部一致性信度分别为 0.82 和 0.77，本研究仅选用该问卷中积极自我呈现因子进行分析。

4. 青少年问题性移动社交网络使用评估问卷

"青少年问题性移动社交网络使用评估问卷"由 24 个题目构成，包括身心反应和行为反应两大维度，这两大维度又由生理损伤、使用黏性增加、知行能力下降、遗漏焦虑、控制抑制减弱、情感寄托、负罪感和过分修饰 8 个因子构成。问卷使用李克特五级计分，"1"代表完全不符合，"5"代表完全符合。得分越高表明青少年问题性移动社交网络使用倾向越严重。问卷各因子间的内部一致性信度在 0.66~0.91，总问卷内部一致性信度为 0.91。

（三）统计分析

1. 共同方法偏差检验

研究同时使用多个量表对调查对象进行集体施测，有可能使调查对象产生疲劳效应和厌烦情绪，所以问卷施测过程主要由班主任组织，选在晚自习或活动课进行，有条件的学校分为上下场施测，中间休息。由于使用多个量表集中对同一批调查对象进行测量，有可能存在共同方法偏差，需要进行共同方法偏差的检验。研究主要采用统计方法进行共同方法偏差检验，根据前人研究采用了 Harman 单因素检验法（周浩，龙立荣，2004），对所有原始题目进行因素分析，探索性因素分析后提取的第一个因子解释变异的 22.78%，低于 40% 的临界值，表明我们使用问卷法获得的数据受共同方法偏差影响较小，可以进行进一步的统计分析。

2. 数据处理

采用 SPSS18.0 软件进行 Pearson 相关分析和层次回归分析，采用偏差校对非参数百分位 Bootstrap 法进行模型建构和中介效应分析（方杰，张敏强，邱皓政，2012）。研究在 SPSS 中使用 Hayes（2009）开发的 PROCESS 插件（Process is written by Andrew F. Hayes, http：//www.afhayes.com）进行分析，本研究从原始样本中有放回地抽取 5000 个样本估计中介效应的 95% 置信区间，选择 Hayes 提供的 76 个典型模型的模型 6 和模型 58 进行分析。

三、研究结果

（一）各相关心理变量的描述性统计分析

我们为分析自恋人格、积极自我呈现、遗漏焦虑与问题性移动社交网络使用间的相互关系，对相关心理变量之间的关系进行分析。表 4-7 呈现了各个心理变量间的均值、标准差及相关关系。结果发现，自恋人格与积极自我呈现、遗漏焦虑与问题性移动社交网络使用均存在显著正向相关（$r = 0.170 \sim 0.198$，$p < 0.01$）；积极自我呈现与遗漏焦虑和问题性移动社交网络使用均存在显著正向相关（$r = 0.240 \sim 0.262$，$p < 0.01$）；遗漏焦虑与问题性移动社交网络使用存在显著正向相关（$r = 0.492$，$p < 0.01$）。

表4-7　各相关心理变量的描述性统计分析

变量	自恋人格	积极自我呈现	遗漏焦虑	问题性使用
自恋人格	1			
积极自我呈现	0.170**	1		
遗漏焦虑	0.198**	0.240**	1	
问题性使用	0.185**	0.262**	0.492**	1
M	2.763	2.934	2.349	2.697
SD	0776	0.665	0.860	0.795

（二）各相关心理变量对问题性移动社交网络使用的回归分析

在相关分析基础上，进一步探究自恋人格与问题性移动社交网络使用之间的关系，以自恋人格、积极自我呈现和遗漏焦虑为预测变量，以问题性移动社交网络使用为因变量进行分层回归分析。性别和年级因素是影响青少年问题性移动社交网络使用的重要因素，利用分层回归分析控制性别和年龄。由表4-8可知，自恋人格对问题性移动社交网络使用具有显著正向预测作用，遗漏焦虑对问题性移动社交网络使用具有显著正向预测作用，积极自我呈现对问题性移动社交网络使用具有显著正向预测作用。

表4-8　各相关心理变量对问题性移动社交网络使用的回归分析

分层	因变量	预测变量	B	$S_{\bar{x}}$	$Beta$	t	R^2	F
第一层	问题性使用	性别	0.184	0.031	0.111	5.957**	0.045	68.187**
		年级	0.148	0.006	0.163	8.757**		
第二层	问题性使用	自恋人格	0.088	0.016	0.086	5.402**	0.311	259.028**
		遗漏焦虑	0.420	0.015	0.455	28.408**		
		积极自我呈现	0.107	0.014	0.124	7.868**		

（三）自恋人格对问题性移动社交网络使用影响的作用机制

1. 遗漏焦虑与积极自我呈现对自恋与问题性使用影响的中介作用

为进一步明确自恋人格、遗漏焦虑、积极自我呈现与问题性移动社交网络使用的关系，我们采用结构方程模型检验研究假设。研究将自恋人格作为自变量，问题性移动社交网络使用作为因变量，遗漏焦虑和积极自我呈现均作为中介变量，最终得到如图 4-6 的模型结构。该模型的拟合指数为，$\chi^2/df = 3.782$，RMSEA = 0.058，GFI = 0.960，NFI = 0.958，CFI = 0.945，IFI = 0.966。模型的各拟合指数良好，模型可以接受。

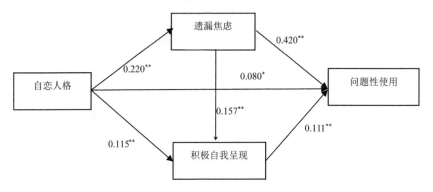

图 4-6 自恋人格对问题性移动社交网络使用影响的链式中介模型

为确定模型的中介效应统计效力，使用偏差校对非参数百分位置信区间Bootstrap 法进行中介效应检验，样本量选择为 5000。结果发现，在控制性别和年级两个无关变量后，链式间接效应模型显著，这一模型总效应的 Bootstrap95%置信区间不含 0 值［总效应 0.190，95%置信区间 CI（0.153，0.226）］，直接效应的 Bootstrap95% 置信区间不含 0 值［直接效应 0.080，95% 置信区间 CI（0.048，0.113）］，总间接效应的 Bootstrap95%置信区间不含 0 值［间接效应0.109，95%置信区间 CI（0.010，0.132）］，遗漏焦虑和积极自我呈现在自恋人格与问题性移动社交网络使用间存在显著的中介效应。

表 4-9 还显示，总间接效应由三条间接效应构成：第一条间接效应为自恋人格→遗漏焦虑→问题性使用，间接效应的 Bootstrap95%置信区间不含 0 值［间接效应 0.092，95%置信区间 CI（0.010，0.114）］，表明遗漏焦虑在自恋人格与问题性使用间起着显著的中介效应；第二条间接效应为自恋人格→遗漏焦虑→积极自我呈现→问题性使用，间接效应的 Bootstrap95%置信区间不含 0 值［间接效应 0.004，95%置信区间 CI（0.001，0.006）］，表明遗漏焦虑和积极自我呈现在自恋人格与问题性使用间起着显著的双重链式中介效应；第三条间接效应为自恋人格→积极自我呈现→问题性使用，间接效应的 Bootstrap95%置信区间不含0 值［间接效应 0.013，95%置信区间 CI（0.003，0.020）］，表明积极自我呈现在自恋人格与问题性使用间起着显著中介效应。中介效应分析发现，自恋人格对问题性使用的影响有 57.368% 是由 3 个间接效应贡献的（总间接效应/总效

应），其中间接效应 1 在自恋人格与问题性使用间起到的中介效应最大。

表 4-9　自恋人格对问题性移动社交网络使用影响的多重中介分析与比较

效应	效应值	Boot 标准误	Boot 95% CI 下限	Boot 95% CI 上限	效应比（ab/c'）
总间接效应	0.109	0.010	0.010	0.132	57.368%
间接效应 1	0.092	0.001	0.010	0.114	84.403%
间接效应 2	0.004	0.001	0.001	0.006	3.669%
间接效应 3	0.013	0.018	0.003	0.020	11.926%
C1	0.089	0.003	0.010	0.119	
C2	0.080	0.011	0.011	0.101	
C3	−0.009	0.003	−0.016	−0.004	

注 1：总间接效应是间接效应 1、间接效应 2 和间接效应 3 的总和；间接效应 1 为自恋人格→遗漏焦虑→问题性使用；间接效应 2 为自恋人格→遗漏焦虑→积极自我呈现→问题性使用；间接效应 3 为自恋人格→积极自我呈现→问题性使用。

注 2：C1 为间接效应 1 与间接效应 2 的差异比较；C2 为间接效应 1 与间接效应 3 的差异比较；C3 为间接效应 2 与间接效应 3 的差异比较。

对三条间接效应的差异进行比较，间接效应 1 与间接效应 2 差异的 Bootstrap95% 置信区间不含 0 值［间接效应 0.089，95% 置信区间 CI（0.010，0.119）］，间接效应 1 与间接效应 2 存在显著的差异，并且积极自我呈现单独产生的间接效应高于遗漏焦虑与积极自我呈现产生的链式中介效应；间接效应 1 与间接效应 3 的 Bootstrap95% 置信区间不包含 0 值［间接效应 0.080，95% 置信区间 CI（0.011，0.101）］，间接效应 1 与间接效应 3 存在显著差异，并且积极自我呈现产生的间接效应高于积极自我呈现产生的间接效应；间接效应 2 与间接效应 3 的 Bootstrap95% 置信区间不包含 0 值［间接效应 −0.009，95% 置信区间 CI（−0.016，−0.004）］，间接效应 2 与间接效应 3 的差异显著，并且遗漏焦虑单独产生的间接效应高于遗漏焦虑与积极自我呈现联合产生的链式中介效应。因此，遗漏焦虑起到的中介效应大于积极自我呈现的中介效应，以及遗漏焦虑与积极自我呈现联合产生的链式中介效应。

2. 性别对自恋人格与问题性使用关系的调节作用

在前人文献研究的基础上，我们进一步探讨性别对以积极自我呈现为中介变量的调节作用。首先，在进行中介作用的调节效应分析之前对中介变量积极自我呈现、调节变量性别以及预测变量自恋人格进行中心化处理（减去各自的均值），以避免多重共线性的影响；其次，以此为基础采用非参数百分位置信区间Bootstrap法探究自恋人格和性别×自恋人格对问题性移动社交网络使用的影响。

研究发现，性别在以积极自我呈现为中介变量，以自恋人格为预测变量，以问题性移动社交网络使用为因变量的中介模型中，存在显著的调节效应（见图4-7）。其中，自恋人格显著地正向预测问题性使用（$\beta = 0.225$，$t = 2.308$，$p < 0.01$），95%置信区间 CI（0.170，0.567），自恋人格显著地正向预测积极自我呈现（$\beta = 0.567$，$t = 10.212$，$p < 0.01$），95%置信区间 CI（0.170，0.834），性别×自恋人格能显著正向预测积极自我呈现（$\beta = 0.662$，$t = 8.024$，$p < 0.01$），95%置信区间 CI（0.202，0.729）。结果表明，性别调节了自恋人格与积极自我呈现之间的关系，进而影响问题性使用。

为进一步探明性别如何通过积极自我呈现影响自恋人格和问题性使用的关系，我们进行了简单斜率检验（见图4-8）。结果发现，青少年自恋人格能显著预测积极自我呈现，且女生比男生更倾向于积极自我呈现（$\beta = 0.212$，$p < 0.01$）。性别在以积极自我呈现为中介变量的模型中，通过影响自恋人格与积极

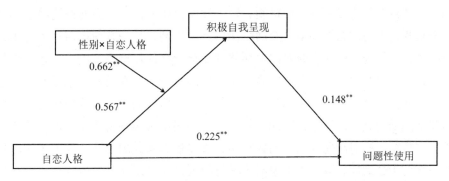

图4-7　性别在自恋人格对问题性移动社交网络使用影响的调节效应

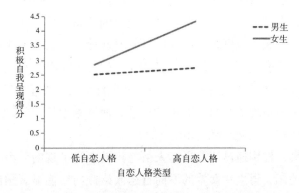

图4-8　性别在自恋与积极自我呈现间调节效应的简单斜率

自我呈现之间的关系，影响问题性移动社交网络使用。

四、讨论与分析

研究揭示了自恋人格不但与问题性移动社交网络使用存在密切关系，而且与遗漏焦虑和积极自我呈现存在密切相关，这与 Marshall 等人（2015）的研究结果一致。自恋人格往往具有过分关注自己行为的倾向，这种对自己的过度关注直接通过社交网络中的积极自我呈现反映出来，即青少年在社交网络中发表状态、更新和上传照片、发表日志等行为，均是希望通过与自我相关的积极自我呈现来获得更多的关注，获得更多的存在价值，但是积极自我呈现背后又会不知不觉地增加移动社交网络使用的频率，也就是自恋人格导致了个体无意识地频繁使用移动社交网络。可见，自恋人格对问题性移动社交网络使用的影响也存在较为复杂的内在作用机制。

间接效应分析验证了前期假设，即自恋人格通过遗漏焦虑和积极自我呈现，间接对问题性移动社交网络使用产生影响，自恋人格对问题性移动社交网络使用的影响存在较为复杂的作用机制。研究发现自恋人格一方面通过遗漏焦虑和积极自我呈现对问题性移动社交网络使用产生影响，另一方面还通过遗漏焦虑→积极自我呈现的链式中介对问题性移动社交网络使用产生影响。上述结果与以往相关研究结果基本一致，即高自恋人格的青少年存在更高的焦虑水平，他们希望在移动社交网络中展示自己最好的一面，期望通过社交网络构建理想的自我来降低消极心理体验，因此他们在社交网络中常表现得非常活跃。整体来看，在自恋人格对问题性使用的影响中，遗漏焦虑起到的中介效应大于积极自我呈现的中介效应，以及大于遗漏焦虑与积极自我呈现联合产生的链式中介效应，这表明尽管自恋人格通过多个心理变量间接对问题性移动社交网络使用产生影响，但主要通过遗漏焦虑来发生作用。基于移动社交网络平台的社会交往，它的一个显著特点是可以即时查看自己与他人的状态并发表评论，具有自恋人格的个体往往会更频繁地更新自己的信息，但这种行为是为了获得更多的积极关注（通过积极自我呈现），在这个过程中他们也更担心错过他人评论和他人关注而频繁查看社交网络（遗漏焦虑）。因此，高自恋人格的青少年，会因为害怕错过社交网络中所呈现的与自我有关的信息，而频繁地使用移动社交网络，这可能导致问题性移动社交网络使用的产生。

本研究发现，性别通过调节自恋人格与积极自我呈现的关系来影响问题性移动社交网络使用，男生和女生的不同自恋人格倾向均能显著预测积极自我呈现，但女生比男生更倾向于积极自我呈现，性别在以积极自我呈现为中介变量的模型中，通过调节自恋人格与积极自我呈现之间的关系来影响问题性移动社交网络使用。Fardouly 和 Vartanian（2015）的一项研究也揭示了类似的现象，他们发现女生比男生更容易形成自恋人格，女生比男生更加关注自己的身体形象，她们也更担心错过与自己相关的信息。另一项研究还发现，在社交网络上花的时间越多和使用频率越高的女大学生，更多的是在进行积极自我呈现，并更关注社交网络中他人的积极形象，她们比男大学生更愿意在社交网络中展现积极自我形象的照片，将自己的形象与他人进行比较以增强理想自我体验。基于上述研究结果，我们认为青少年普遍关注自己在社交网络中的形象，他们通常会通过一定的策略去进行形象管理，来在社交网络中展现积极自我的一面，并通过积极自我呈现来消除在社交网络中存在的一些负面或消极信息。但是这种基于社交网络的社会比较，有时并不能真正提升个体的自我认知，反而助长了个体的虚荣心。尤其是，当高自恋倾向的女生频繁通过移动社交网络来构建虚拟社会交往时，她们常常担心无法得到他人的认可，担心与自己相关的信息没有获得积极关注，导致自我价值感降低、自尊水平降低，以及伴随诸多的焦虑、孤独感和疏离感等负性情绪，只有通过频繁在移动社交网络中进行积极自我呈现，获得更多的"社交人气"才能满足自己的虚荣心。可见，自恋人格对问题性移动社交网络使用所产生的影响，可以通过遗漏焦虑和积极自我呈现的中介效应进一步发生作用，而性别因素则将这一作用机制更加具体化。

基于以上研究发现：（1）自恋人格与积极自我呈现、遗漏焦虑与问题性移动社交网络使用均存在显著正向相关；积极自我呈现、遗漏焦虑与问题性移动社交网络使用均存在显著正向相关；遗漏焦虑与问题性移动社交网络使用存在显著正向相关。（2）自恋人格对问题性移动社交网络使用具有显著正向预测作用，遗漏焦虑对问题性移动社交网络使用具有显著正向预测作用，积极自我呈现对问题性移动社交网络使用具有显著正向预测作用。（3）自恋人格对问题性移动社交网络使用的影响，通过遗漏焦虑和积极自我呈现发生作用：青少年高自恋人格导致较高的遗漏焦虑水平，并进一步导致问题性移动社交网络使用；青少年高自恋人格导致较多的积极自我呈现，并进一步导致问题性移动社交网络使用。（4）自恋人格对问题性移动社交网络使用的影响，通过遗漏焦虑→积极自我呈现的链式关系发生作用，即青少年高自恋人格会导致较高的遗漏焦虑水平，青少年希望通过积极自我呈现来避免焦虑，这进一步导致了问题性移动社交网络使用。（5）性别调节了自恋人格与积极自我呈现间的关系，并对问题性移动社交网络使用产生影响，即具有高自恋人格的女生比男生更频繁地进行积极自我呈现。

第四节　孤独感对问题性移动社交网络使用的影响：
人际困扰和积极自我呈现的链式中介及情绪的调节

一、问题提出

智能手机的迅速普及使基于智能手机的移动社交 APP（如微信、微博、Facebook、QQ 等）逐渐成为人们社会交往的新方式，这种基于智能手机终端的便携式社交平台给人们之间的交往联系带来了极大便利。但现有研究也发现，基于智能手机的移动社交网络使用也带来了诸多消极影响，如长时间使用容易产生焦虑和抑郁等消极心理，以及偏头痛、记忆力减退、易疲劳等生理症状（Sampasa-Kanyinga & Hamilton，2015）。这种长时间高频率和高强度使用移动社交网络的行为称为问题性移动社交网络使用，它对个体的正常生活和学习产生了一系列消极影响，主要表现为人们每天早上起来迫不及待查看社交媒体，在学习工作时间不可控制地频繁查看移动社交网络，睡前在社交网站中不断"刷屏"以至难以入睡。研究者普遍关注问题性移动社交网络使用的影响因素以及作用机制（Lee，Tam，Chie，2013），例如，以往研究揭示了人格特质、负性情绪、社会心理动机等因素均会对青少年问题性社交网络使用产生影响，其中比较典型的如神经质人格、孤独感、社交焦虑、社交网络积极自我呈现等。

孤独感是引发问题性移动社交网络使用最主要的因素之一，孤独感是由于社会交往能力不足或缺失产生的一种不愉快的主观情绪体验，如果个体在社会交往中不能体验到积极的愉悦感就会产生孤独感（姚梦萍，贾振彪，陈欣，周静，2016），孤独感强的青少年在学校、同伴群体和家庭中易体验到各种负性情绪，如焦虑、抑郁等，还会表现出更多的学业问题和交往障碍（曲可佳，邹泓，余益兵，2010）。Morahan 和 Schumacher（2000）研究发现，具有高孤独感的个体更倾向于在网络中寻求社会交往需求的满足，弥补在现实社会交往中的社交不足来减少消极情绪体验。Doane（2010）研究发现，个体在过去生活中的悲伤、抑郁和孤独感等负性情绪作为重要的社会心理因素对人际交往有重要影响，具有孤独感、社交焦虑等负面情绪的个体，在现实生活中常无法建立稳定的人际关系，进而促使个体通过网络寻求替代满足（杨辰，王文秀，孙晋海，2010）。Błachnio 等人研究还发现，孤独感能显著预测大学生的移动社交网络使用行为，具有高孤独感的大学生在使用移动社交网络的时间和频率上，都远高于低孤独感的大学生。可见，孤独感是一种在社会交往中形成的负面情绪，具有高孤独感的个体更倾向于在网络中寻求社交满足,而移动社交网络则能为这部分个体提供便捷的途径。

人际困扰是引发问题性移动社交网络使用的主要因素之一。Billieux 等人(2015)在大量的文献分析和实证研究基础上,提出了问题性手机使用行为的综合模型,该模型认为导致问题性手机使用的风险性预测因素包括心理慰藉、冲动性和外向性三方面。第一条路径就与社会交往关系的建立和发展有关,问题性手机使用可能是由安慰需求所引发的,较高的社交焦虑水平会使个体通过手机寻求心理安慰和情感支持(Moreau, Laconi, Delfour, & Chabrol, 2015),模型认为某些个体会通过手机使用来获取情感支持,而这些因素会促进个体问题性手机使用的发生。也有研究指出,在线网络社交与现实面对面社交相比可以减少很多社会线索的影响,受到直接的评价较少,人们更希望通过使用社交网络进行自我呈现、建立和维护自己的积极形象,来减少和避免现实社会交往中存在的焦虑,因而具有人际交往困扰的个体更倾向通过社交网络与他人进行交流(Lee, Chang, Lin, Cheng, 2014)。例如,Lee(2014)研究发现,那些缺乏控制和存在人际困扰的大学生更倾向使用移动社交网络,无论在使用时间还是在使用频率上都远高于没有社交焦虑的个体。

积极自我呈现作为一种社交网络使用行为,对问题性社交网络使用具有重要影响(Wang, Gaskin, Wang, Liu, 2016)。Britt(2015)研究发现,社交网络积极自我呈现行为会促使青少年更多地参与社交网络活动,而且会在社交网络上花更多的时间。印象管理模型认为社交媒介使用行为会受到个体自我呈现的影响,积极的自我呈现会使个体给他人留下良好的印象,有利于建立积极的人际关系(Hall, Pennington, Lueders, 2014)。根据网络成瘾的社交技能缺陷理论,对于社交技能较好的个体来说,那些在现实生活中社交技能缺乏的人对网络社交具有明显偏好,网络社交因其延迟性和非面对面等特点,使社交过程具有弹性,个体可以选择性地呈现积极自我,或者通过再造或夸大的方式呈现积极自我,从而满足现实社会交往中的社交需要,这也更可能使个体沉溺于过度美化的自我形象中和体验虚荣的满足中而难以自拔(金盛华,于全磊,郭亚飞,张林,朱一杰,吴恭安,2017)。牛更枫等人(2015)研究发现,社交网站中的积极自我呈现与积极情绪、社会支持和生活满意度都呈显著正相关,这可能意味着积极自我呈现带来的心理满足感补偿了个体在现实生活中没有得到很好满足的心理需求(邓林园,方晓义,万晶晶,张锦涛,夏翠翠,2012),使个体希望通过朋友圈"晒"积极自我的行为来获得更多的关注和他人的积极评论,并促使问题性移动社交网络使用的形成。可见,作为社交网络使用中典型的印象整饰,社交网络的积极自我呈现常可获得积极社交反馈，作为积极强化物强化了个体使用移动社交网络的时间和频率。

　　孤独感是一种消极情绪体验，具有高孤独感的个体在现实生活中往往存在社会交往障碍，这也进一步导致了个体的社交焦虑和社交自我效能感低等现象（谢其利，宛蓉，2015）。曲可佳、邹泓和余益兵（2010）的研究还表明，孤独感与高社交技能存在正向关系，与社交技能缺乏存在负向相关，而且孤独感对社交能力有正向预测作用，对社交缺乏有负向预测作用。高孤独感的个体在现实社会交往中常采用被动交往方式，难以建立和维持与他人的积极人际关系。丁倩、魏华、张永欣和周宗奎（2016）在网络成瘾的研究中还揭示了孤独感与社交焦虑的关系，发现孤独感与社交焦虑存在正向相关，而且孤独感与社交焦虑是网络成瘾的重要风险性预测指标。基于行为强化理论，当积极强化物作用于个体后，个体会体验到积极反馈，这种积极反馈作为一种正性强化物会对个体的行为产生积极促进作用；如果消极强化物作用于个体，个体就会体验到消极反馈，这种消极反馈作为消极强化物，就会抑制个体行为发生。同时，Błachnio 等人（2016）的研究还表明，孤独感也可以有效正向预测社交网络中的自我呈现，而且孤独感和自我呈现均对 Facebook 使用具有正向预测作用。行为强化理论认为，那些具有孤独感和人际困扰等负性情绪的个体，通过社交网络进行积极自我呈现，获得了积极反馈，那么这种积极反馈作为一种积极强化物会增加移动社交网络使用的行为（Fox & Moreland，2015）。例如，青少年如果在社会交往中存在交往障碍，而在移动社交网络中能够获得积极的人际交往体验，这种积极人际交往体验作为积极强化反馈，便可以增加青少年使用移动社交网络的行为。同样，如果移动社交网络使用可以避免个体在现实生活中体验到孤独感、社交焦虑等消极情绪，那么移动社交网络使用的时间就会延长，使用的频率也会增加。由分析可知，孤独感的个体常伴随社会交往困扰，而寻求避免孤独感与社会交往困扰的途径之一就是在移动社交网络中进行积极自我呈现，以此来获得积极自我强化。那么，人际困扰和积极自我呈现很有可能会作为第三变量在孤独感与问题性移动社交网络使用间发挥作用。如人际交往困扰不仅能直接预测移动网络使用，而且能够在其他变量对移动网络使用的预测关系中起中介作用（姜永志，白晓丽，2015）。同样，社交网络中的积极自我呈现可以对移动网络使用产生影响，它作为中介变量也可以间接影响移动网络使用，即积极自我呈现的个体常聚焦自我相关的积极信息，易于形成积极自我膨胀错觉，积极自我体验不断强化使用行为，最终导致问题性社交网络使用。

　　综上可知，孤独感、人际困扰、积极自我呈现均对青少年问题性移动社交网络使用产生影响，而且上述变量之间还可能存在复杂的作用机制。现实生活的高孤独感个体很可能会存在人际困扰，当青少年在现实生活中面对越来越多的社交困扰时，他们更愿意通过移动社交网络进行积极自我呈现来寻求积极社交体验，具有这类社交问题的青少年对移动社交网络产生了更大的依赖性。那么，青少年使用移动社交网络的主要动机是希望通过移动社交网络实现积极自我呈现来满足积极社交体验，具有较高孤独感水平的青少年是否更希望通过积极自我呈现来降低孤独感，从而体验积极的社交体验呢？具有人际困扰的青少年是否也希望通过积极自我呈现来体验积极的社交体验呢？孤独感引发的人际困扰是否也会进一步促使个体寻求更多的积极自我呈现，使个体产生问题性移动社交网络使用行为呢？基于以上推论，做出如下假设：（1）孤独感对问题性使用的影响，分别通过人际困扰和积极自我呈现发生作用；（2）孤独感对问题性使用的影响，通过人际困扰→积极自我呈现的链式关系发生作用；（3）积极情绪在孤独感通过积极自我呈现对问题性使用产生影响的过程中起着调节作用，见图4-9。

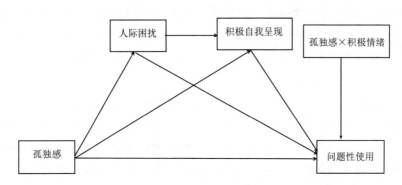

图4-9 孤独感对问题性移动社交网络使用影响假设模型

二、对象与方法

（一）研究对象

调查时间为2017年3—4月，选取内蒙古自治区、广西壮族自治区、甘肃省、湖北省、辽宁省、吉林省、河北省和海南省的16所中学和大学作为样本，共发放问卷3000份，回收有效问卷2872份，问卷有效率为95.73%。被试的年龄区间为12~25岁，包括男生1012人，占调查总数的35.2%，女生1860人，占调查总数的64.8%；初中生772人，占调查总数的26.9%［初一180人（6.3%）、初二380人（13.2%）、初三212人（7.4%）］，高中生1032人，占调查总数的35.9%

[高一524人（18.2%）、高二144人（5.0%）、高三364人（12.7%）]，大学生1068人，占调查总数的37.2%[大一368人（12.8%）、大二280人（9.8%）、大三192人（6.7%）、大四228人（7.9%）]；城市生源地1276人，占调查总数的44.4%，农村生源地1596人，占调查总数的55.6%。

（二）研究工具

1. UCLA孤独量表

采用Russell等人（1987）编制的"UCLA孤独量表"（第三版），量表由20个题目组成（包括11个正向计分题目和9个反向计分题目），量表采用李克特四级计分，"1"代表完全不符合，"4"代表完全符合。量表属于单维量表，得分越高表明个体的孤独感水平越高（汪向东，1999）。量表的内部一致性信度为0.90。

2. 人际关系综合诊断量表

采用郑日昌等人（1999）编制的"人际关系综合诊断量表"，量表由28个题目构成，包括交谈交流困扰、交际交友困扰、待人接物困扰和异性交往困扰4个因子。问卷采用李克特五级计分，"1"代表完全不符合，"5"代表完全符合，分数越高表明人际关系困扰越严重。量表内部一致性信度为0.87。

3. 社交网站自我呈现问卷

采用由牛更枫等人（2015）修订、Kim和Lee（2014）编制的"社交网站自我呈现问卷"，问卷由10个题目组成，包括积极自我呈现和真实自我呈现2个因子。积极自我呈现因子包含6个项目，用来测量个体在社交网站中选择性地呈现自己积极方面的感受；真实自我呈现因子包含4个项目，用来测量个体在社交网站中真实地表露自己的想法和情感的程度。问卷使用李克特五级计分，"1"代表完全不符合，"5"代表完全符合。问卷中2个因子内部一致性信度分别为0.82和0.77，本研究仅选用该问卷中积极自我呈现因子进行分析。

4. 积极情感消极情感量表

采用由邱林、郑雪和王雁飞（2008）修订的"积极情感消极情感量表"（PANAS）中测量积极情感的积极情感分量表，包含9个项目，即"活跃的，充满激情的，快乐的，兴高采烈的，兴奋的，自豪的，欣喜的，精力充沛的，感激的"。问卷采用李克特五级计分，"1"代表完全不符合，"5"代表完全符合。问卷得分越高表明个体体验到越多的积极情绪。量表内部一致性信度为0.92。

5. 青少年问题性移动社交网络使用评估问卷

"青少年问题性移动社交网络使用评估问卷"由24个题目构成，包括身心反应和行为反应两大维度，这两大维度又由生理损伤、使用黏性增加、知行能力下降、遗漏焦虑、控制抑制减弱、情感寄托、负罪感和过分修饰 8 个因子构成。问卷使用李克特五级计分，"1"代表完全不符合，"5"代表完全符合。得分越高表明青少年问题性移动社交网络使用倾向越严重。问卷各因子间内部一致性信度在 0.66~0.91，总问卷内部一致性信度为 0.91。

（三）统计分析

1. 共同方法偏差检验

研究者同时使用多个量表对调查对象进行集体施测，有可能使调查对象产生疲劳效应和厌烦情绪，所以问卷施测过程主要由班主任组织，选在晚自习或活动课进行，有条件的学校分为上下场施测，中间休息。由于使用多个量表集中对同一批调查对象进行测量，有可能存在共同方法偏差，需要进行共同方法偏差的检验。研究主要采用统计方法进行共同方法偏差检验，根据前人研究采用了 Harman 单因素检验法（周浩，龙立荣，2004），对所有原始题目进行因素分析，探索性因素分析后提取的第一个因子解释变异的 17.28%，低于 40% 的临界值，表明本研究使用问卷法获得的数据受共同方法偏差影响较小，可以进行进一步统计分析。

2. 数据处理

采用 SPSS18.0 软件进行 Pearson 相关分析和层次回归分析，采用偏差校对非参数百分位 Bootstrap 法进行模型建构和中介效应分析（方杰，张敏强，邱皓政，2012）。研究在 SPSS 中使用 Hayes（2009）开发的 PROCESS 插件（Process is written by Andrew F. Hayes, http://www.afhayes.com）进行分析，本研究从原始样本中有放回地抽取 5000 个样本估计中介效应的 95% 置信区间，选择 Hayes 提供的 76 个典型模型的模型 6 和模型 14 进行分析。

三、研究结果

（一）各相关变量的描述性统计分析

我们为分析孤独感、人际困扰、积极自我呈现、积极情绪与问题性移动社交网络使用的关系，对相关心理变量间的关系进行分析。表 4-10 呈现了各个心理变量间的均值、标准差及相关关系。结果发现，孤独感与人际困扰、积极自我呈现和问题性移动社交网络使用均存在显著正向相关（$r=0.167\sim0.505$，$p<0.01$），但与积极情绪呈显著负向相关（$r=-0.348$，$p<0.01$）；人际困扰与积极自我呈现、问题性使用均存在显著正向相关（$r=0.184\sim0.255$，$p<0.01$），但与

积极情绪呈显著负向相关（$r=-0.239$，$p<0.01$）；积极自我呈现与积极情绪和问题性移动社交网络使用存在显著正向相关（$r=0.221\sim0.262$，$p<0.01$）；积极情绪与问题性使用间存在显著负向相关（$r=-0.133$，$p<0.01$）。

表 4-10　各相关变量的描述性统计分析

变量	孤独感	人际困扰	积极自我呈现	积极情绪	问题性使用
孤独感	1				
人际困扰	0.505**	1			
积极自我呈现	0.167**	0.184**	1		
积极情绪	−0.348**	−0.239**	0.221**	1	
问题性使用	0.214**	0.255**	0.262**	−0.133**	1
M	2.554	2.587	2.934	3.143	2.697
SD	0.564	0.629	0.665	0.893	0.795

（二）各相关变量对问题性移动社交网络使用的回归分析

在相关分析的基础上，我们进一步探究孤独感与问题性移动社交网络使用的关系，以孤独感、人际困扰、积极自我呈现与积极情绪为预测变量，以问题性移动社交网络使用为因变量进行分层回归分析。性别和年级因素是影响青少年问题性移动社交网络使用的重要因素，利用分层回归分析控制性别和年龄。由表 4-11 可知，孤独感对问题性移动社交网络使用具有显著正向预测作用，人际困扰对问题性移动社交网络使用具有显著正向预测作用，积极自我呈现对问题性移动社交网络使用具有显著正向预测作用，积极情绪对问题性移动社交网络使用具有显著负向预测作用。

表 4-11　各变量对问题性移动社交网络使用的回归分析

分层	因变量	预测变量	B	$S_{\bar{x}}$	$Beta$	t	R^2	F
第一层	问题性使用	性别	0.184	0.031	0.111	5.957**	0.045	68.187**
		年级	0.148	0.006	0.163	8.757**		
第二层	问题性使用	孤独感	0.144	0.030	0.102	4.841**	0.116	93.887**
		人际困扰	0.193	0.026	0.152	7.351**		
		积极自我呈现	0.173	0.015	0.202	11.186**		

分层	因变量	预测变量	B	$S_{\bar{x}}$	Beta	t	R^2	F
		积极情绪	-0.079	0.017	-0.088	-4.629**		

（三）孤独感对问题性移动社交网络使用的作用机制

1. 人际困扰与积极自我呈现在孤独感与问题性使用间的中介效应

我们为进一步明确孤独感、人际困扰、积极自我呈现与问题性移动社交网络使用之间的关系，采用结构方程模型检验假设。我们将孤独感作为自变量，问题性移动社交网络使用作为因变量，人际困扰和积极自我呈现均作为中介变量，最终得到如图 4-10 的模型结构。该模型的拟合指数为，$\chi^2/\mathrm{df} = 4.378$，RMSEA = 0.070，GFI = 0.984，NFI = 0.925，CFI = 0.932，IFI = 0.927。模型各拟合指数良好，模型可以接受。

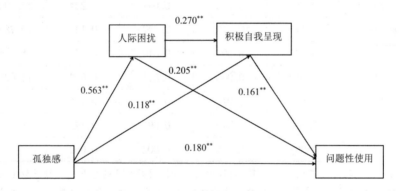

图 4-10　人际困扰与积极自我呈现在孤独感与问题性移动社交网络使用间的中介效应

为确定模型的中介效应统计效力，使用偏差校对非参数百分位置信区间 Bootstrap 法进行中介效应检验，样本量选择为 5000。结果发现，模型总效应的 Bootstrap95%置信区间不含 0 值［总效应 0.301，95%置信区间 CI（0.251，0.352）］，直接效应的 Bootstrap95%置信区间不含 0 值［直接效应 0.215，95%置信区间 CI（0.159，0.271）］，总间接效应的 Bootstrap95%置信区间不含 0 值［间接效应 0.158，95%置信区间 CI（0.051，0.224）］，说明人际困扰和积极自我呈现在孤独感与问题性移动社交网络使用间存在显著的中介效应。

表 4-12 还显示，总间接效应由 3 条间接效应构成：第一条间接效应为孤独感→人际困扰→问题性使用，间接效应的 Bootstrap95%置信区间不含 0 值［间接

效应 0.115, 95% 置信区间 CI （0.077, 0.144）〕，表明人际困扰在孤独感与问题性使用间起着显著的中介效应；第二条间接效应为孤独感→人际困扰→积极自我呈现→问题性使用，间接效应的 Bootstrap95% 置信区间不含 0 值〔间接效应 0.024, 95% 置信区间 CI （0.019, 0.040）〕，表明人际困扰和积极自我呈现在孤独感与问题性使用间起着显著链式中介效应；第三条间接效应为孤独感→积极自我呈现→问题性使用，间接效应的 Bootstrap95% 置信区间不含 0 值〔间接效应 0.019, 95% 置信区间 CI （0.015, 0.073）〕，表明积极自我呈现在孤独感与问题性使用间存在显著中介效应。通过中介效应分析发现，孤独感对问题性移动社交网络使用的影响有 52.492% 是由 3 个间接效应贡献的（总间接效应/总效应），间接效应 1 中介效应最大。

表 4-12　多重链式中介效应分析与比较

效应	效应值	Boot 标准误	Boot 95% CI 下限	Boot 95% CI 上限	效应比（ab/c'）
总间接效应	0.158	0.018	0.051	0.224	52.492%
间接效应 1	0.115	0.017	0.077	0.144	72.784%
间接效应 2	0.024	0.004	0.019	0.040	15.189%
间接效应 3	0.019	0.006	0.015	0.073	12.025%
C1	0.091	0.018	0.055	0.126	
C2	0.096	0.019	0.096	0.173	
C3	0.005	0.009	0.002	0.062	

注1：总间接效应是间接效应 1、间接效应 2 和间接效应 3 的总和；间接效应 1 为孤独感→人际困扰→问题性使用；间接效应 2 为孤独感→人际困扰→积极自我呈现→问题性使用；间接效应 3 为孤独感→积极自我呈现→问题性使用。

注2：C1 为间接效应 1 与间接效应 2 的差异比较；C2 为间接效应 1 与间接效应 3 的差异比较；C3 为间接效应 2 与间接效应 3 的差异比较。

对这三条间接效应的差异进行比较，结果表明间接效应 1 与间接效应 2 差异的 Bootstrap95% 置信区间不含 0 值〔间接效应 0.091, 95% 置信区间 CI （0.055, 0.126）〕，间接效应 1 与间接效应 2 存在显著的差异，并且人际困扰单独产生的间接效应高于人际困扰与积极自我呈现产生的链式中介效应；间接效应 1 与间接效应 3 的 Bootstrap95% 置信区间不包含 0 值〔间接效应 0.096, 95% 置信区间 CI （0.096, 0.173）〕，间接效应 1 与间接效应 3 存在显著差异，并且人际困扰产生的间接效应高于积极自我呈现产生的间接效应；间接效应 2 与间接效应 3 的 Bootstrap95% 置信区间不包含 0 值 [间接效应 0.005，95% 置信区间 CI（0.002，0.062）]，间接效应 2 与间接效应 3 的差异显著，并且人际困扰与积极自我呈现产生的链式中介效应高于积极自我呈现单独产生的间接效应。因此，人际困扰起到的中介效应大于积极自我呈现的中介效应，以及大于人际困扰与积极自我呈现联合产生的链式中介效应。

2. 积极情绪在自我呈现与问题性移动社交网络使用间的调节作用

研究还发现，积极情绪在以积极自我呈现为中介变量，以孤独感为预测变量，以问题性移动社交网络使用为因变量的中介模型中存在调节效应。在调节模型中，积极情绪显著地正向预测问题性移动社交网络使用（$\beta = 0.391$，$t = 6.382$，$p < 0.01$），95% 置信区间 CI（0.271，0.532）；积极情绪与积极自我呈现交互项能显著预测问题性移动社交网络使用（$\beta = -0.075$，$t = -4.893$，$p < 0.01$），95% 置信区间 CI（-0.105，-0.045），即积极情绪显著调节积极自我呈现对问题性移动社交网络使用的影响，调节回归模型的判定系数（R^2）为 0.113。结果表明，积极情绪调节了积极自我呈现与问题性移动社交网络使用的关系。

为进一步探明积极情绪如何通过积极自我呈现影响孤独感与问题性移动社交网络使用之间的关系，我们进行简单斜率检验（如图 4-11）。结果表明，当积极情绪较低时（均分 1 标准差以下），积极自我呈现对问题性移动社交网络使用没有显著预测作用（$\beta = 0.004$，$p > 0.05$），95% 置信区间 CI（-0.003，0.123）；当积极情绪较高时（均分 1 标准差以上），积极自我呈现对问题性移动社交网络使用有显著预测作用（$\beta = 0.103$，$p < 0.01$），95% 置信区间 CI（0.009，0.029）。可以看出，积极情绪提高了积极自我呈现对问题性移动社交网络使用的风险，而消极情绪降低了积极自我呈现对问题性移动社交网络使用的风险。

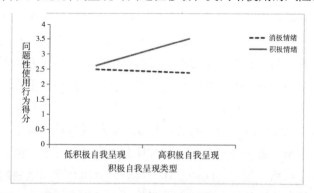

图 4-11 积极情绪在自我呈现与问题性移动社交网络使用间调节效应简单斜率

四、讨论与分析

孤独感是由社会交往能力不足或社交网络缺失产生的一种不愉快的主观情绪体验。以往研究表明，孤独感作为一种消极情绪是问题性移动社交网络使用的重要影响因素，积极自我呈现则是青少年使用移动社交网络的重要心理动机。本研究结果显示，孤独感与人际困扰、积极自我呈现、问题性移动社交网络使用均存在显著正向相关，且孤独感、人际困扰和积极自我呈现均对问题性移动社交网络使用具有直接的预测作用，这与前人相关研究结果一致。Song 等人（2014）采用元分析的方法探讨了孤独感与社交网络使用的关系，发现孤独感能够预测社交网络使用，支持了高孤独感影响社交网络使用的结论，并认为孤独感是导致问题性社交网络使用发生的机制之一。Błachnio 等人（2016）的研究也证实了高孤独感和积极自我呈现可以显著预测问题性社交网络使用。Enez Darcin 等人（2014）还发现，大学生使用智能手机的主要目的是进行网络社交，那些具有较高孤独感的个体也往往存在社会交往障碍，而且高孤独感和存在社会交往障碍的个体也愿意花更多的时间使用 Facebook。由此可见，孤独感作为个体的一种消极情绪体验，是社会交往障碍的主要表现形式，孤独感的个体在现实社会交往中往往存在社交障碍，这也导致了他们的社交焦虑和自卑心理，尤其是孤独感会对青少年的人际关系产生破坏。当个体感到抑郁、焦虑、疏离时，具有高孤独感的个体更愿意使用社交网络与他人建立联系，逃避面对面的社会交往，他们常将移动社交网络作为一种逃避或弥补现实社会交往缺失的途径，会花更多的时间在移动社交网络中建立和发展线上人际关系。

间接效应分析验证了前期假设，即孤独感通过人际困扰和积极自我呈现，间接对问题性移动社交网络使用产生影响，孤独感对问题性移动社交网络使用的影响存在较为复杂的作用机制。我们发现，孤独感一方面分别通过人际困扰和积极自我呈现对问题性移动社交网络使用产生影响，另一方面还通过人际困扰→积极自我呈现的链式中介对问题性移动社交网络使用产生影响。宗一楠和徐英（2014）的研究就表明，高孤独感的青少年往往存在人际交往困扰，他们希望在移动社交网络中进行积极的自我呈现，期望通过移动社交网络平台构建积极的人际关系来降低孤独感水平，因而具有较高孤独感水平的青少年往往也是各类移动社交网络中较为活跃的个体。可见，移动社交网络使用可以增强个体在现实和虚拟环境中的社会交往，它提供了一种新的交流方式，如果个体在现实社交中缺少朋友或在现实社会交往中不能体验到愉悦感，就会产生孤独感，而这种孤独感则会进一步导致社会交往问题，移动社交网络则为他们提供了减少孤独感和改善人际困扰的途径。

在孤独感对问题性移动社交网络使用的影响中，人际困扰起到的中介效应大于积极自我呈现的中介效应，以及大于人际困扰与积极自我呈现联合产生的链式中介效应，这表明尽管孤独感通过多个心理变量间接对问题性移动社交网络使用产生影响，但主要通过人际困扰来发生作用，人际困扰是孤独感对问题性移动社交网络使用产生影响最重要的间接变量之一。在线的网络社交与现实中面对面的社交相比，可以减少很多社会线索的影响，比如眼神、表情、神态和肢体动作，这些社会线索的减少使青少年受到直接的社会评价较少。因而，具有人际困扰的个体更倾向于通过社交网络与他人进行交流，同时这种在线交流会突出一个特点，即为了获得较高的自我形象和较多的社会支持，个体往往会通过一定的印象整饰策略来影响他人对自己的直接印象，例如积极自我呈现、美图自拍等。但是，通过这样的方式寻求社会交往需要的个体也更易产生对移动社交网络的依赖。可见，智能手机的使用为高孤独感和人际困扰的个体提供了建立和维持社会交往关系的新纽带，但是如果沉溺于社交网络积极自我呈现的良好体验中，就会导致自我认知扭曲，甚至形成问题性移动社交网络使用。

以往研究也表明，孤独感对问题性移动社交网络使用产生影响的过程，存在个体的情绪调节作用。我们分析发现积极情绪在以积极自我呈现为中介变量，以孤独感为预测变量，以问题性使用为因变量的中介模型中，存在显著的调节效应。积极情绪调节了积极自我呈现和问题性使用间的关系，进而影响问题性移动社交网络使用。我们还发现，消极情绪降低了积极自我呈现对青少年问题性移动社交网络使用发生的风险，而积极情绪则提高了积极自我呈现对青少年问题性移动社交网络使用的风险。这一结果表明，具有较高孤独感的青少年，他们在移动社交网络使用过程中更愿意进行积极的自我呈现，而积极自我呈现对问题性移动社交网络使用的影响受情绪的调节。积极情绪越高，青少年会投入更多的时间精力去进行积极自我呈现，而消极情绪越高，青少年则会减少时间和精力去进行积极自我呈现，这也导致积极情绪进一步促使高孤独感的青少年进行更多的积极自我呈现，以缓解现实的孤独感。

根据 Lin 等人（2014）提出的自我调节理论，个体首先要对环境进行评价，看其是否可以满足自己的目标；其次，这个评价过程将引发个体的积极或消极情绪反应；最后，通过评价和情感反应，个体将产生继续维持这种积极情绪体验的意图，还是产生逃避这种消极情绪体验的意图。如果个体通过评价产生积极情绪体验，就会持续这种行为；当个体通过评价产生的是消极情绪体验，就会终止这种行为。这个认知加工过程包括 3 个阶段：认知评价→情绪反应→应对反应，这个模型强调认知和情绪自我调节机制对行为反应的重要作用，而自我调节受结果导致的认知评价和情绪反应的相互影响。研究者基于自我调节的视角提出解释社交网络过度使用的理论框架，认为社交网络使用涉及复杂的认知过程，是一个认知→情感→行为相互连接的过程（Lin，Fan，Chau，2014）。在本研究中，如果青少年在移动社交网络中进行积极自我呈现，带来的积极情绪多于消极情绪，个体就会做出积极评价并持续这一行为，反之则会减少或终止该行为。

　　基于上述分析，具有高孤独感的青少年更倾向使用移动社交网络，尤其是高孤独感会导致进一步的人际困扰，进而形成问题性移动社交网络使用。具有高孤独感的青少年常会通过社交网络积极自我呈现的方式寻求积极社交体验，一旦沉浸在积极自我呈现构建的虚拟的良好社交体验中，就可能产生问题性移动社交网络使用。同时，高孤独感与人际困扰两种消极情绪的重叠，也会使青少年更强烈地希望通过社交网络积极自我呈现寻求良好社交体验，这也可能产生问题性移动社交网络使用。因此，我们要有效预防青少年问题性移动社交网络使用的产生，一方面，要积极培养青少年积极的社会交往能力，避免由于社会交往能力不足产生人际困扰等负性社交情绪；另一方面，要培养青少年正确认识真实自我与理想自我之间的关系，避免过度通过积极自我呈现来寻求积极社会心理需要的满足。

　　基于以上研究发现：（1）孤独感对问题性移动社交网络使用的影响，分别通过人际困扰和积极自我呈现发生作用，即较高孤独感可能导致较高的人际困扰，还可能进一步导致问题性移动社交网络使用，较高孤独感青少年更愿意进行积极自我呈现，从而进一步导致问题性移动社交网络使用。（2）孤独感对问题性移动社交网络使用的影响，通过人际困扰→积极自我呈现的链式关系发生作用，具有较高孤独感的青少年更易存在人际困扰，他们也更愿意通过积极自我呈现来摆脱这种困扰，从而导致问题性移动社交网络使用。（3）积极情绪在孤独感通过积极自我呈现对问题性移动社交网络使用产生影响的过程中起着调节作用，即孤独感通过积极自我呈现对问题性移动社交网络使用产生影响，积极情绪提高了积极自我呈现对问题性移动社交网络使用的风险，而消极情绪降低了积极自我呈现对问题性移动社交网络使用的风险。

第五节　无聊倾向对问题性移动社交网络使用的影响：
多重链式中介

一、问题提出

前期研究发现无聊倾向作为一种负性情绪状态对问题性移动社交网络使用具有直接预测作用，是问题性移动社交网络使用产生的重要影响因素（赵建芳，张守臣，姜永志，姜梦，刘勇，2016）。无聊是一种复合消极情绪，具有无聊倾向的青少年常体验到缺乏刺激或挑战，感到焦虑、空虚、无精打采、无趣、时间知觉过慢等。McHolland（1988）还认为，无聊是一种内部的不满足，是一种厌恶的体验，个体常选择通过对外界的不良行为来释放或缓解这种负性心理状态。无聊倾向还与自我控制密切相关，无聊倾向高的青少年往往自我控制力也较低，也更容易产生冲动性行为（赵宇，陈健芷，刘勇，姜梦，2015）。前期研究也表明，青少年使用移动社交网络的动机主要是娱乐消遣和关系维持，那么在移动社交网络使用中，无聊倾向作为一种复合性消极情绪，它对问题性移动社交网络使用产生的影响，是否也与个体相伴随的交往焦虑（情绪因素）、自我控制（人格因素），以及娱乐消遣（心理动机因素）等心理动机有着密切关系？我们进一步考察无聊倾向与问题性移动社交网络使用之间的作用机制，揭示自我控制、交往焦虑和娱乐消遣在无聊对问题性移动社交网络使用影响中的作用。为进一步考察无聊倾向对问题性移动社交网络使用发生影响的内部机制，我们提出以下假设：（1）无聊倾向对问题性移动社交网络使用的影响，分别通过交往焦虑、自我控制和娱乐消遣发生作用；（2）无聊倾向对问题性移动社交网络使用的影响，通过交往焦虑→自我控制→娱乐消遣的链式中介发生作用，见图4-12。

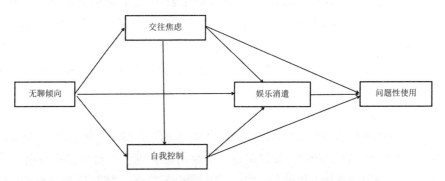

图4-12　无聊倾向对问题性移动社交网络使用影响的多重链式中介

二、对象与方法

（一）研究对象

调查时间为 2017 年 3—4 月，选取内蒙古自治区、广西壮族自治区、甘肃省、湖北省、辽宁省、吉林省、河北省和海南省的 16 所中学和大学作为样本，共发放问卷 3000 份，回收有效问卷 2872 份，问卷有效率为 95.73%。被试的年龄区间为 12~25 岁，包括男生 1012 人，占调查总数的 35.2%，女生 1860 人，占调查总数的 64.8%；初中生 772 人，占调查总数的 26.9%［初一 180 人（6.3%）、初二 380 人（13.2%）、初三 212 人（7.4%）］，高中生 1032 人，占调查总数的 35.9%［高一 524 人（18.2%）、高二 144 人（5.0%）、高三 364 人（12.7%）］，大学生 1068 人，占调查总数的 37.2%［大一 368 人（12.8%）、大二 280 人（9.8%）、大三 192 人（6.7%）、大四 228 人（7.9%）］；城市生源地 1276 人，占调查总数的 44.4%，农村生源地 1596 人，占调查总数的 55.6%。

（二）研究工具

1. 多维状态无聊量表（中文版）

采用 Fahlman（2013）编制、刘勇等人（2013）修订的"多维状态无聊量表（中文版）"，修订后的量表共有 24 个题目，由注意缺乏、时间知觉、低唤醒、高唤醒和缺乏投入 5 个因子构成。量表使用李克特五级计分，"1"代表完全不符合，"5"代表完全符合。因子得分越高表明个体在某方面的无聊倾向越凸显，总分得分越高表明无聊倾向越凸显。量表各因子间内部一致性信度在 0.72~0.92，总量表内部一致性信度为 0.91。

2. 交往焦虑量表

采用 Leary（1983）编制的"交往焦虑量表"。量表的中文版由彭纯子、龚耀先和朱熊兆 2004 年修订，量表由 15 个项目构成，主要用于评定独立于行为之外的主观社交焦虑体验的倾向。量表使用李克特五级计分，"1"代表完全不符合，"5"代表完全符合。量表属于单维量表，量表得分越高代表个体主观体验到的交往焦虑水平越高。量表内部一致性信度为 0.87。

3. 自我控制量表

采用谭树华和郭永玉修订的"自我控制量表"（SCS），问卷由 19 个题目组成，包括工作/学习表现、节制娱乐、抵制诱惑、冲动控制和健康习惯 5 个因子。问卷使用李克特五级计分，"1"代表完全不符合，"5"代表完全符合，各因子得分越高表明个体在某方面的自我控制水平越高，越不易冲动行事，总分越高表明个体整体自我控制水平越高。量表各因子内部一致性信度在 0.75 ~ 0.86，总量表内部一致性信度为 0.87。

4. 移动社交网络使用动机问卷

采用姜永志等人（2017）编制的"青少年社交网络使用动机问卷"，问卷由 26 个题目组成，包括信息获取、关系维持、避免焦虑、娱乐消遣、情感支持和自我展示 6 个因子。问卷使用李克特五级计分，"1"代表完全不符合，"5"代表完全符合。各因子得分越高表明移动社交网络使用受某方面动机影响越大。本研究选取问卷中的娱乐消遣因子用于研究分析。问卷各因子内部一致性信度在 0.74 ~ 0.85。

5. 青少年问题性移动社交网络使用评估问卷

"青少年问题性移动社交网络使用评估问卷"由 24 个题目构成，包括身心反应和行为反应两大维度，这两大维度又由生理损伤、使用黏性增加、知行能力下降、遗漏焦虑、控制抑制减弱、情感寄托、负罪感和过分修饰 8 个因子构成。问卷使用李克特五级计分，"1"代表完全不符合，"5"代表完全符合。得分越高表明青少年问题性移动社交网络使用倾向越严重。问卷各因子间内部一致性信度在 0.66 ~ 0.91，总问卷内部一致性信度为 0.91。

（三）统计分析

1. 共同方法偏差检验

研究者同时使用多个量表对调查对象进行集体施测，有可能使调查对象产生疲劳效应和厌烦情绪，所以问卷施测过程主要由班主任组织，选在晚自习或活动课进行，有条件的学校分为上下场施测，中间休息。由于使用多个量表集中对同一批调查对象进行测量，有可能存在共同方法偏差，需要进行共同方法偏差的检验。研究主要采用统计方法进行共同方法偏差检验，根据前人研究采用了 Harman 单因素检验法（周浩，龙立荣，2004），对所有原始题目进行因素分析，探索性因素分析后提取的第一个因子解释变异的 20.88%，低于 40% 的临界值，表明本研究使用问卷法获得的数据受共同方法偏差影响较小，可以进行进一步统计分析。

2. 数据处理

采用 SPSS18.0 软件进行 Pearson 相关分析和层次回归分析，采用偏差校对非参数百分位 Bootstrap 法进行模型建构和中介效应分析（方杰，张敏强，邱皓政，2012）。该研究在 SPSS 中使用 Hayes（2009）开发的 PROCESS 插件进行分析，从原始样本中有放回地抽取 5000 个样本估计中介效应的 95% 置信区间，选择 Hayes 提供的 76 个典型模型的模型 6 进行分析。

三、研究结果

（一）各相关变量的描述性统计分析

我们为分析无聊倾向、交往焦虑、自我控制和问题性移动社交网络使用之间的关系，对相关心理变量间的关系进行分析。表 4-13 呈现了各心理变量间的均值、标准差及相关关系。结果发现，无聊倾向与交往焦虑、娱乐消遣和问题性移动社交网络使用均存在显著正向相关（$p<0.01$），但无聊倾向与自我控制呈显著负向相关（$p<0.01$）；交往焦虑与娱乐消遣、问题性移动社交网络使用均存在显著正向相关（$p<0.01$），但与自我控制呈现显著负向相关（$p<0.01$）；自我控制与娱乐消遣、问题性移动社交网络使用存在显著负向相关（$p<0.01$）；娱乐消遣与问题性移动社交网络使用存在显著正向相关（$p<0.01$）。

表 4-13 各相关变量的描述性统计分析

变量	无聊倾向	交往焦虑	自我控制	娱乐消遣	问题性使用
无聊倾向	1				
交往焦虑	0.331**	1			
自我控制	−0.363**	−0.227**	1		
娱乐消遣	0.296**	0.181**	−0.309**	1	
问题性使用	0.421**	0.295**	−0.729**	0.477**	1
M	2.712	3.067	2.488	3.453	2.697
SD	0758	0.632	1.208	0.997	0.795

（二）各相关变量对问题性移动社交网络使用的回归分析

在相关分析的基础上，进一步探究无聊与问题性移动社交网络使用的关系，以无聊倾向、交往焦虑、自我控制和娱乐消遣为预测变量，以问题性移动社交网络使用为因变量进行分层回归分析。性别和年级因素是影响青少年问题性移动社交网络使用的重要因素，利用分层回归分析控制性别和年龄。由表 4-14 可知，无聊倾向对问题性移动社交网络使用具有显著正向预测作用，交往焦虑对问题性移动社交网络使用具有显著正向预测作用，自我控制对问题性移动社交网络使用具有显著负向预测作用，娱乐消遣对问题性移动社交网络使用具有显著正向预测作用。

表 4-14　各相关变量对问题性移动社交网络使用的回归分析

分层	因变量	预测变量	B	$S_{\bar{x}}$	$Beta$	t	R^2	F
第一层	问题性使用	性别	0.184	0.031	0.111	5.957**	0.045	68.187**
		年级	0.148	0.006	0.163	8.757**		
第二层	问题性使用	无聊倾向	0.110	0.014	0.105	8.004**	0.650	886.096**
		交往焦虑	0.101	0.015	0.080	6.525**		
		自我控制	-0.393	0.008	-0.597	-46.813**		
		娱乐消遣	0.197	0.010	0.247	19.924**		

（三）无聊倾向对问题性移动社交网络使用影响的作用机制

为进一步明确无聊倾向、交往焦虑、自我控制、娱乐消遣与问题性移动社交网络使用之间的关系，采用结构方程模型检验研究假设。该研究将无聊倾向作为自变量，问题性移动社交网络使用作为因变量，交往焦虑、自我控制和娱乐消遣均作为中介变量最终得到如图 4-13 的模型结构。模型的拟合指数为，$\chi^2/df = 4.469$，RMSEA $= 0.078$，GFI $= 0.956$，NFI $= 0.934$，CFI $= 0.929$，IFI $= 0.944$。模型拟合指数良好，模型可以接受。

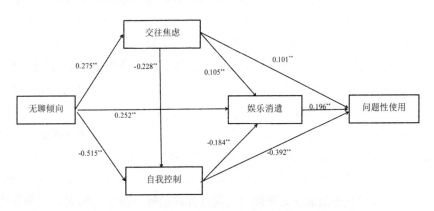

图 4-13　无聊倾向对问题性移动社交网络使用影响的多重链式中介

　　为确定模型的中介效应统计效力，使用偏差校对非参数百分位置信区间Bootstrap法进行中介效应检验，样本量选择为5000。结果发现，链式间接效应模型显著，这一模型总效应的Bootstrap95%置信区间不含0值［总效应0.440，95%置信区间CI（0.406，0.475）］，直接效应的Bootstrap95%置信区间不含0值［直接效应0.109，95%置信区间CI（0.082，0.136）］，总间接效应的Bootstrap95%置信区间不含0值［间接效应0.331，95%置信区间CI（0.301，0.360）］，交往焦虑、自我控制和娱乐消遣在无聊倾向与问题性移动社交网络使用间存在显著的间接效应。

　　表4-15显示，总间接效应由7条间接效应构成：第一条间接效应为无聊倾向→交往焦虑→问题性使用，间接效应的Bootstrap95%置信区间不含0值［间接效应0.027，95%置信区间CI（0.019，0.038）］，表明交往焦虑在无聊倾向与问题性移动社交网络使用间起着显著的中介效应；第二条间接效应为无聊倾向→交往焦虑→自我控制→问题性使用，间接效应的Bootstrap95%置信区间不含0值［间接效应0.024，95%置信区间CI（0.017，0.033）］，表明交往焦虑和自我控制在无聊倾向与问题性移动社交网络使用间起着显著的链式中介效应；第三条间接效应为无聊倾向→交往焦虑→娱乐消遣→问题性使用，间接效应的Bootstrap95%置信区间不含0值［间接效应0.005，95%置信区间CI（0.002，0.009）］，表明交往焦虑和娱乐消遣在无聊倾向与问题性移动社交网络使用间起着显著链式中介效应；第四条间接效应为无聊倾向→交往焦虑→自我控制→娱乐消遣→问题性使用，间接效应的Bootstrap95%置信区间不含0值［间接效应0.002，95%置信区间CI（0.001，0.003）］，表明交往焦虑、自我控制和娱乐消遣在无聊倾向与问题性移动社交网络使用间起着显著的链式中介效应；第五条间接效应为无聊倾向→自我控制→问题性使用，间接效应的Bootstrap95%置信区间不含0值［间接效应0.202，95%置信区间CI（0.117，0.228）］，表明自我控制在无聊倾向与问题性移动社交网络使用间起着显著中介效应；第六条间接效应为无聊倾向→自我控制→娱乐消遣→问题性使用，间接效应的Bootstrap95%置信区间不含0值［间接效应0.018，95%置信区间CI（0.014，0.023）］，表明自我控制和娱乐消遣在无聊倾向与问题性移动社交网络使用间存在显著链式中介效应；第七条间接效应为无聊倾向→娱乐消遣→问题性使用，间接效应的Bootstrap95%置信区间不包含0值［间接效应0.049，95%置信区间CI（0.038，0.061）］，表明娱乐消遣在无聊倾向与问题性移动社交网络使用间存在显著中介效应。

　　我们通过中介效应分析发现，无聊倾向对问题性移动社交网络使用的影响有 75.227% 是由 7 个间接效应贡献的（总间接效应/总效应），其中间接效应 5 和间接效应 7 在无聊倾向与问题性移动社交网络使用间起到的中介效应较大。

表 4-15　无聊对问题性移动社交网络使用影响的多重链式中介分析与比较

效应	效应值	Boot 标准误	Boot 95% CI 下限	Boot 95% CI 上限	效应比（ab/c'）
总间接效应	0.331	0.015	0.301	0.360	75.227%
间接效应 1	0.027	0.004	0.019	0.038	8.157%
间接效应 2	0.024	0.004	0.017	0.033	7.250%
间接效应 3	0.005	0.002	0.002	0.009	1.510%
间接效应 4	0.002	0.004	0.001	0.003	0.604%
间接效应 5	0.202	0.012	0.117	0.228	61.027%
间接效应 6	0.018	0.002	0.014	0.023	5.438%
间接效应 7	0.049	0.006	0.038	0.061	14.803%

注：间接效应 1 无聊倾向→交往焦虑→问题性使用；间接效应 2 为无聊倾向→交往焦虑→自我控制→问题性使用；间接效应 3 为无聊倾向→交往焦虑→娱乐消遣→问题性使用；间接效应 4 为无聊倾向→交往焦虑→自我控制→娱乐消遣→问题性使用；间接效应 5 为无聊倾向→自我控制→问题性使用；间接效应 6 为无聊倾向→自我控制→娱乐消遣→问题性使用；间接效应 7 为无聊倾向→娱乐消遣→问题性使用。

四、讨论与分析

无聊作为一种复合性消极情绪，是个体内部的一种不满足、厌恶的情绪体验，个体感觉到焦虑、空虚、无精打采、无趣、时间过得慢等。前期研究表明，无聊倾向和交往焦虑作为消极情绪是问题性移动社交网络使用的重要影响因素（Chóliz，2010；Lee，Tam，Chie，2013），娱乐消遣则是青少年使用移动社交网络重要的心理动机之一。为进一步探究无聊倾向如何影响问题性使用，以及二者间存在怎样的内部机制，我们对其进行相关分析和回归分析，发现各变量两两之间均存在显著相关，即无聊倾向与交往焦虑、娱乐消遣、问题性使用行为均存在密切的正向关系，交往焦虑与娱乐消遣、问题性使用行为间均存在密切的正向关系，自我控制与无聊倾向、交往焦虑、娱乐消遣和问题性使用行为间均存在密切的负向关系。这表明在无聊倾向对问题性移动社交网络使用产生影响的过程中，交往焦虑、自我控制和娱乐消遣三个变量可能在其中起着某些间接作用。回归分析进一步验证了前期的研究结果，即无聊倾向、交往焦虑和娱乐消遣各变量均能显著正向预测问题性移动社交网络使用，这与以往相关研究结果基本一致。姚梦萍等人（2016）以大学生为研究对象，探讨了无聊感与手机依赖之间的关系，发现大学生无聊感与手机依赖间存在显著的正向关系，而且无聊感能显著预测手机依赖，高无聊感组比低无聊感组大学生更易产生手机依赖行为，同时该研究也揭示自控力能负向预测大学生的手机依赖行为，即自我控制能力越低的大学生更易产生手机依赖行为（姚梦萍，贾振彪，陈欣，焦珊珊，2016）。问题性移动社交网络使用的产生有着深层次的心理动机，其中一些动机与消极情绪存在密切关系，如缓解消极情绪和无聊倾向的动机是问题性移动社交网络使用发生的两种情绪性动机，通过移动社交网络的使用可以缓解焦虑、抑郁、孤独、无聊等消极情绪体验（孙国庆，于妍，罗正里，李英，赵行里，2011；Chóliz，2012）。

随着智能手机功能的增多，青少年在无聊状态中，更倾向于在各大社交网络间徘徊，"刷屏""跟帖"等已经成为他们无聊时打发时间的主要行为，这就很容易解释为什么高无聊个体更容易产生问题性使用行为，具有无聊倾向的个体往往自控能力较差，他们对智能手机的使用是出于"忍不住"心理而无意识延长了使用时间。当青少年因自我控制能力较差而"忍不住"频繁使用移动社交网络时，他们的使用动机是多种多样的，其中娱乐消遣动机是最主要的一个心理动机。根据使用与满足理论，人们使用移动社交网络是为了满足某种特定的心理需要。研究者对社交网络使用发生机制进行分析，发现逃避现实、打发时间、自我呈现、社会交往、寻求归属、印象管理和自我提升等，是影响社交网络使用行为的重要心理动机（Ryan，Chester，Reece，Xenos，2014）。现有网络使用行为的研究显示，心理健康水平低的个体生活满意度水平也较低，他们更倾向于使用网络来缓解消极的情绪，心理健康水平低可能潜在地激发了各种心理动机去寻求相应的心理宽慰，并可能进一步导致问题性移动社交网络使用。Wang等人（2016）以996名中国大学生为研究对象，考察了心理动机（自我呈现、打发时间）与社交网络过度使用间的关系，研究发现大学生自我呈现和打发时间的动机直接显著正向预测社交网络使用行为（Wang，Gaskin，Wang，Liu，2016）。随着现代信息通信技术的发展，青少年使用手机的目的已经不仅是收发短信和打电话，而是扩展到其他功能应用，尤其是智能手机 APP 越来越迎合青少年的心理需求，青少年使用手机的目的已经转移到网络社交、玩网络游戏、休闲娱乐、打发时间等上面。

间接效应分析验证了前期假设，即无聊倾向对问题性移动社交网络使用的影响存在较为复杂的作用机制。我们研究发现，无聊倾向一方面分别通过交往焦虑、娱乐消遣和自我控制对问题性移动社交网络使用产生影响，另一方面还分别通过四条链式中介对问题性移动社交网络使用产生影响。研究表明，具有较高无聊倾向的青少年可能在现实社会交往中存在交往焦虑，而且他们的自我控制水平相对较低，基于智能手机终端的移动社交网络所具有的功能，既能满足他们缓解交往焦虑的需要，也能满足他们无聊时打发时间的需要，而此时的青少年在自我控制水平较低的时期，不能合理安排和控制使用手机的时间和频率，最终可能导致问题性移动社交网络使用。从无聊倾向对问题性移动社交网络使用的整体影响来看，无聊倾向更多通过自我控制和娱乐消遣这两条中介影响问题性使用，这表明高无聊倾向的青少年自我控制水平较低是促使其产生问题性移动社交网络使用的重要原因，高无聊倾向的青少年寻求娱乐消遣的动机也是促使其产生问题性移动社交网络使用的重要原因。

除此之外，交往焦虑也是与无聊倾向关系最为密切的心理变量，高无聊倾向的青少年存在较高的交往焦虑水平，他们同样也会在移动社交网络中通过娱乐消遣来缓解这种无聊和交往焦虑。因而，无聊倾向在对问题性移动社交网络使用产生影响的过程中，一方面是对青少年因无聊而产生的交往焦虑发生作用，另一方面是对因无聊缺乏自我控制能力而发生作用，这两条路径一条是基于情绪因素，另一条是基于人格因素，二者均通过在移动社交网络中的娱乐消遣动机来达到降低无聊感的目的，还因这二者与娱乐消遣动机的相互作用，满足了他们降低无聊感、缓解交往焦虑的需求。基于使用与满足理论，正是因为娱乐消遣的使用动机满足了他们降低负性情绪的需求，才会使移动社交网络使用在动机和强度上逐渐增强，甚至产生问题性使用行为。

基于以上研究发现：（1）无聊倾向与交往焦虑、娱乐消遣和问题性移动社交网络使用均存在显著正向相关。（2）无聊倾向对问题性移动社交网络使用的影响，分别通过交往焦虑、自我控制和娱乐消遣动机发生作用：青少年较高无聊倾向可能导致较高的交往焦虑水平，进一步导致问题性移动社交网络使用；具有较高无聊倾向的青少年往往自我控制水平较低，进一步导致问题性移动社交网络使用；具有较高无聊倾向的青少年往往会通过娱乐消遣摆脱无聊心理。（3）无聊倾向对问题性移动社交网络使用的影响，通过交往焦虑→自我控制→娱乐消遣的链式关系发生作用，即具有较高无聊倾向的青少年更易产生交往焦虑，而且交往焦虑较高也常会导致自我控制能力减弱，如果通过娱乐消遣的动机来缓解这种负性情绪，可能进一步导致问题性移动社交网络使用。

第五章

青少年问题性移动社交网络使用的认知特点

第一节　问题性移动社交网络使用的注意偏向研究

一、问题提出

问题性移动社交网络使用是个体由于某种原因，长时间和高强度使用移动社交网络，使个体的生理、心理和行为等受到消极影响，而且在一定程度上影响了正常的学习和生活，但这种影响尚未达到病理性或精神障碍程度的一种移动社交网络使用。问题性移动社交网络使用是以智能手机为终端，以社交网络服务为平台的一种不良移动社交网络使用。一是从目前相关研究来看，人们展开了大量手机成瘾、手机依赖、社交网站使用（丁倩，张永欣，周宗奎，2017）的研究，这些研究主要关注人格特质、消极情绪、心理动机（贺金波，陈昌润，鲍远纯，雷玉菊，2012；Meier & Gray，2014）等对这类问题性使用行为产生的影响；二是这类问题性使用行为对个体的身心发展带来的消极影响，例如，导致青少年现实社会交往技能退化、罹患躯体疾病的风险增加、睡眠质量下降和认知功能受损、学习倦怠等；三是这类问题性使用行为的干预治疗，这类研究目前是该研究领域的薄弱环节，现有研究多是借鉴网络成瘾的行为治疗模式（Clarke et al.，2014；Lin et al.，2015）。上述三方面对该问题性使用行为进行了较为系统的研究和较为全面的揭示，但这一类研究少有对该问题性使用行为认知特点的相关研究，大多为行为测量的相关研究。

问题性移动社交网络使用行为的发生机制和认知特点是进行评估诊断的基础。例如，网络成瘾被列入《精神障碍诊断与统计手册》（DSM-5），就是因为其神经生物学和认知机制的证据越来越多，这些证据与基于物质使用的成瘾行为出现了高度一致，成瘾行为会使大脑的结构组织发生变化，尤其是导致大脑奖赏系统、动机和认知控制相关的区域发生变化，而且成瘾者对成瘾刺激物具有选择性的注意偏向。那么，基于智能手机的问题性移动社交网络使用是否也与其他成瘾行为具有类似的认知加工特点？是否存在对相关刺激的注意偏向？如果有的话，这种认知加工成分是什么，是否可以进一步分离？这是本研究关注的主要问题。

以往相关研究主要集中在网络游戏成瘾、物质成瘾和病理性赌博等方面。Rundle（2017）采用 Stroop 范式对网络游戏成瘾者的注意偏向进行研究，发现那些网络游戏卷入度高的被试，对网络游戏相关刺激的反应时间比控制组更短，表现出了对网络游戏相关刺激明显的注意偏向。在病理性赌博和物质成瘾研究中，研究者也发现成瘾者会对相关刺激产生注意偏向。Ciccarelli 等人（2016）使用点探测实验范式以病理性赌博者为研究对象，发现病理性赌博者不但产生了对相关刺激的注意偏向，而且表现出更多的渴求感、情绪失控和消极情绪。Enayat 等人（2012）研究吸食鸦片类依赖者对鸦片相关刺激的注意偏向，发现与对照组相比，吸食鸦片的个体表现出了对鸦片相关刺激的注意偏向，尤其是短期吸食鸦片的个体表现出了最为强烈的注意偏向。Yang，Zhu 和 Jackson（2017）还对海洛因成瘾者对疼痛相关线索的注意偏向进行研究，发现所有海洛因成瘾者对疼痛相关线索出现了注意逃避，他们对疼痛相关线索的反应时均显著短于中性线索的反应时，他们倾向于将注意从疼痛相关线索转移。上述研究表明，成瘾相关刺激对于成瘾者而言是一种敏感性刺激，它能较快激活个体的认知加工系统，对相关刺激做出更快的识别和反应。

在手机相关问题研究中，研究者也发现手机依赖者对手机相关刺激存在注意偏向。Su，Liu 和 Pan（2016）使用智能手机相关图片线索探讨智能手机成瘾的注意偏向，发现智能手机成瘾者比非智能手机成瘾者对智能手机相关图片刺激产生了更强烈的注意偏向。花蓉、武晓锐和方芳（2016）使用点探测实验范式，从注意偏向的角度对手机依赖的大学生的认知特点和加工机制进行研究，发现手机依赖者对手机使用的相关信息存在明显的注意偏向。但正常手机使用者却没有表现出明显的注意偏向。祖静（2017）在手机依赖认知特点研究中也发现，手机依赖者对手机相关词更敏感，产生了更多趋近反应，而对其他词语做出更多回避反应。可见，对于手机依赖者而言，手机相关刺激作为一种敏感性刺激，它能较快激活个体认知加工系统，使手机依赖者对相关刺激做出更快的识别反应。除此之外，有研究进一步探究了手机成瘾者注意偏向的成分。如武晓锐（2015）在手机成瘾大学生注意偏向及其机制研究中，使用线索—靶子实验范式发现：在有效线索条件下，手机成瘾组对手机相关词的反应时短于中性词，表明手机成瘾组对手机相关词的注意偏向是注意警觉造成的；在无效线索条件下，手机成瘾组对手机相关词的反应时显著长于中性词，表明手机成瘾组对手机相关词的注意偏向是注意解除困难造成的。

那么，问题性移动网络使用者是否与网络游戏成瘾、物质成瘾、病理性赌博和手机依赖等行为成瘾类似？人们是否存在对移动社交网络使用（如微信）的注意偏向？传统的注意偏向实验通常使用成瘾 Stroop 实验范式或点探测范式，探讨认知资源的空间分配特点，这两类范式侧重考察被试者对某类刺激的注意偏向，但却不能揭示这种注意偏向的成分（张锋，沈模卫，朱海燕，周星，2005；Macleod & Bors，2002）。线索—靶子实验范式不但可以有效揭示被试对特定刺激存在注意偏向，而且能区分出注意偏向的成分。如果被试对相关刺激产生注意偏向，那么他们对相关刺激的反应时就短于其他刺激；如果这种注意偏向的成分是注意警觉，那么被试在有效线索条件下，对相关刺激的反应时就会短于其他刺激，如果这种注意偏向的成分是注意解除困难，那么被试在无效线索条件下，对相关刺激的反应时就会长于其他刺激。例如，张禹等人（2014）使用线索—靶子实验范式探讨个体对威胁刺激的注意偏向成分，发现个体在有效线索条件下对威胁刺激的反应时更短，即存在对威胁刺激的注意警觉，而在无效线索条件下对威胁刺激的反应时更长，即存在对威胁刺激的注意解除困难。高雪梅等人（2014）使用线索—靶子实验范式探讨暴力电子游戏玩家对攻击性词语的注意偏向成分，发现在有效线索条件下，暴力电子游戏玩家对攻击性词语的反应时更短，同时诱发的 P300 潜伏期减小，说明暴力电子游戏玩家对攻击性词语表现出了注意偏向，其机制为对攻击性词语的注意警觉。在网络游戏成瘾的注意偏向研究中，雷玉菊等人（2017）还发现网络成瘾倾向者具有负性注意偏向特点，表现为对卡通负性表情的注意定向更快，对真人负性表情的注意解除更慢，结果揭示了个体对负性信息的注意偏向存在注意警觉和注意解除困难两种成分。既然相关研究使用线索—靶子实验范式均揭示出个体对特定刺激的注意偏向及其成分，因此本书假设，问题性使用组也存在对相关刺激的注意偏向，且注意偏向的成分包含注意警觉和注意解除困难。

二、实验方法

（一）被试

我们使用"问题性移动社交网络使用筛查问卷"筛选被试，该问卷使用安戈夫法编制，主要针对问题性移动社交网络使用的症状表现，如黏性增加、生理损伤、错失焦虑、认知失败、负罪感等。根据问卷的筛查标准，在 12 个题目中持肯定回答题目数量超过 8 个（得分 ≥8 分），即可认定为具有问题性使用行为倾向。为保证筛查的准确性，同时选择了熊婕等人（2012）编制的"大学生手机成瘾倾向量表"作为筛查问卷，将均值 ≥1 个标准差（M+SD）的被试界定为问题性使用者。选择内蒙古东部地区某高校学生为被试。首先，以班级为单位整群发放问卷 300 份，回收有效问卷 295 份，通过"问题性移动社交网络使用行为筛查问卷"筛查符合要求的被试 38 名，通过"大学生手机成瘾倾向量表"筛查符合要求的被试 42 人，最终以同时满足两个问卷筛查条件的被试为研究对象，平衡了性别因素后选择 30 名学生作为问题性使用行为组被试（男生 15 名、女生 15 名），平均年龄为 20.14 岁（SD = 1.57）。同时选择 30 名正常使用者作为正常使用组被试（男生 15 名、女生 15 名），平均年龄为 19.98 岁（SD = 1.23）。所有被试的裸眼视力或矫正视力均在 1.0 以上，且色觉正常。被试还被要求参加实验前 2 小时不允许使用手机。

（二）实验材料

参照相关研究的选词原则，通过对问题性移动社交网络使用者的访谈，收集词语，通过 ROST6.0 质性分析软件进行初步的词频筛选（沈阳，傅惠鹃，刘朋朋，吴江，2009）。随后请 20 名心理学专业大四年级本科生对这些文字材料在感知的相关度和熟悉度方面进行九等级评定。统计分析后从中选出相关程度较高（如微信、微博、朋友圈）和较低的文字材料各 20 个，对词语间的相关性和熟悉度进行匹配，T 检验结果发现两类词语在相关性上存在显著差异（$t = 10.45$，$p<0.001$），在熟悉度上不存在显著差异（$t = 1.24$，$p>0.05$）。为了平衡字数带来的偏差，对所用词语的字数都进行匹配。根据前人的研究，有效线索同无效线索之比为 2∶1（李海江，杨娟，贾磊，张庆林，2011），本实验共进行 240 个 trail，即有效线索 160 个 trail，无效线索 80 个 trail（为平衡空间误差，在有效线索中，相关-左框 40 个、相关-右框 40 个、中性-左框 40 个、中性-右框 40 个；在无效线索中，相关-左框 20 个、相关-右框 20 个、中性-左框 20 个、中性-右框 20 个）。实验材料用 E-Prime 制作，实验所有刺激物呈现在灰色背景的电脑屏幕中央。

（三）实验设计

本实验采用 2（被试类型：问题性使用组/正常使用组）×2（刺激类型：相关词/中性词）×2（线索类型：有效线索/无效线索）三因素混合实验方法。被试类型为被试间变量，线索类型和刺激类型为被试内变量。因变量为被试对刺激的反应时。有效线索条件探究被试的注意警觉，如果被试在有效线索条件下对相关刺激的反应时短于中性刺激，则存在注意警觉；无效线索条件考察被试的注意解除困难，如果被试在无效线索条件下对相关刺激反应时长于中性刺激，则表明存在注意解除困难。

（四）实验程序

实验材料以图片形式呈现在屏幕上大小一致的左右两个矩形方框内，屏幕背景为灰色，被试距离电脑屏幕 50cm。正式实验前安排练习实验，练习实验包括 40 个 trail，被试掌握实验过程后进行正式实验。在练习阶段包括有效线索与无效线索的练习。在本研究中有效线索与无效线索的具体操作：当相关刺激出现在左侧方框中时，探测点"＊"也出现在左侧即为有效线索，这时被试对相关刺激的反应时一般短于中性刺激；当相关刺激出现在左侧方框时，而探测点出现在右侧方框时即为无效线索，此时被试对相关刺激的反应时一般会长于中性刺激。正式实验开始后，以随机的方式呈现实验材料，每个材料和探测点在左右两个方框中出现的概率均等。实验的具体程序如下：计算机屏幕中央呈现注视点"＋"，1000ms 后注视点"＋"消失，随机在左右方框中呈现刺激材料，每个刺激材料呈现时间为 1000ms，刺激材料消失后在左右两个方框随机呈现"＊"作为探测点，探测点呈现时间为 3000ms，若"＊"出现在左边矩形框中，要求被试按"F"，若"＊"出现在右边矩形框中，要求被试按"J"键，被试做出反应后探测点消失，随后呈现 500ms 的空白屏并进入下一个 trail，在正式实验中记录被试对探测点反应的正确率与反应时（见图 5-1）。

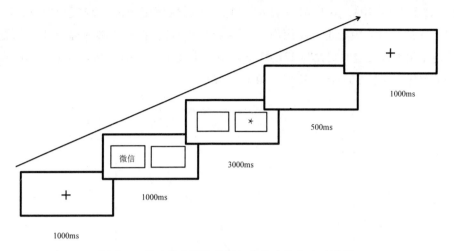

图 5-1 移动社交网络使用行为注意偏向实验流程

（五）数据预处理

数据处理标准主要考察被试的正确反应率和反应时，被试正确反应率应大于 90%，即出错率低于 10%，错误率超过 10%的数据将被删除；被试的反应时应在正常区间范围，即反应时应大于 200ms 和小于 1000ms，反应时小于 200ms 和大于 1000ms 的数据将被删除（花蓉，武晓锐，方芳，2016）。根据标准，删除不合格数据 3 人，其中问题性使用组 2 人，正常使用组 1 人。数据处理后，问题性使用组与正常使用组被试的正确率之间无显著性差异（$t=0.89$，$p=0.56$）。

三、研究结果

为探究移动社交网络使用的注意偏向及成分，进行重复测量方差分析，结果表明：被试类型主效应显著，$F(1, 55)=8.853$，$p<0.01$，$\eta2=0.139$；线索类型主效应显著，$F(1, 55)=47.188$，$p<0.001$，$\eta2=0.462$；刺激类型的主效应不显著，$F(1, 55)=1.979$，$p>0.05$，$\eta2=0.035$；被试类型×刺激类型交互作用显著，$F(1, 55)=6.123$，$p<0.05$，$\eta2=0.100$；被试类型×线索类型交互作用显著，$F(1, 55)=5.213$，$p<0.05$，$\eta2=0.097$；刺激类型×线索类型交互作用显著，$F(1, 55)=86.961$，$p<0.001$，$\eta2=0.613$；被试类型×线索类型×刺激类型的交互作用显著，$F(1, 55)=10.753$，$p<0.01$，$\eta2=0.164$。

被试类型与线索类型间存在显著的交互作用，进一步分析发现：在有效线索条件下，问题性使用组与正常使用组对刺激的平均反应时存在显著差异

$F_{(1, 55)} = 4.103$，$p<0.01$，$\eta2 = 0.245$，问题性使用组的平均反应时（$RT =$ 428.11ms）显著短于正常使用组（$RT = 467.95$ms）；在无效线索条件下，问题性使用组平均反应时（$RT = 471.47$ms）与正常使用组（$RT = 483.64$ms）不存在显著差异 $F_{(1, 55)} = 1.387$，$p>0.05$，见图5-2。

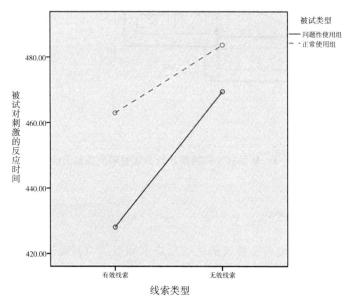

图5-2　被试类型与线索类型的交互作用

被试类型与刺激类型存在显著的交互作用，进一步分析发现：在相关刺激条件下，问题性使用组与正常使用组对刺激的平均反应时存在显著差异 $F_{(1, 55)} = 3.740$，$p<0.01$，$\eta2 = 0.186$，问题性使用组的平均反应时（$RT =$ 443.13ms）显著短于正常使用组（$RT = 474.85$ms）；在中性刺激条件下，问题性使用组平均反应时（$RT = 455.45$ms）与正常使用组（$RT = 472.74$ms）不存在显著差异 $F_{(1, 55)} = 1.924$，$p>0.05$，见图5-3。

线索类型与刺激类型存在显著交互作用。在有效线索条件下，相关刺激平均反应时与中性刺激存在显著差异 $F_{(1, 56)} = 8.020$，$p<0.01$，$\eta2 = 0.602$，被试对相关刺激的平均反应时（$RT = 420.06$ms）显著短于中性刺激（$RT = 478.61$ms）；在无效线索条件下，被试对相关刺激的平均反应时与中性刺激存在显著差异 $F_{(1, 56)} = 6.970$，$p<0.01$，$\eta2 = 0.587$，被试对相关刺激的平均反应时（$RT =$ 498.478ms）显著长于中性刺激（$RT = 444.618$ms）。结果表明，两类被试对相关刺激可能均存在注意偏向，且包含注意警觉和注意解除困难两种，见图5-4。

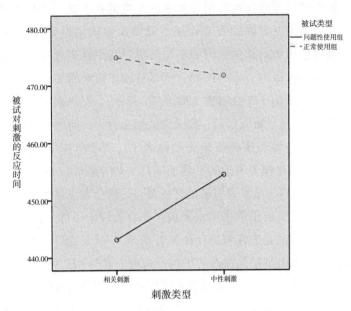

图 5-3 被试类型与刺激类型的交互作用

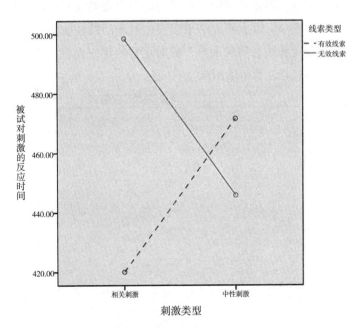

图 5-4 线索类型与刺激类型的交互作用

　　既然两类被试均可能存在对相关刺激的注意偏向，进一步检验被试类型、线索类型和刺激类型三者间的交互作用。对问题性使用组来说，在有效线索条件下，问题性使用组对相关刺激的平均反应时与中性刺激存在显著差异，F（1，27）= 7. 86，$p<0.01$，$\eta 2 = 0.75$，问题性使用组对相关刺激的平均反应时（$RT=390.10\text{ms}$）显著短于中性刺激（$RT=476.12\text{ms}$），结果表明被试注意偏向的成分为注意警觉，验证了研究假设；在无效线索条件下，问题性使用组对相关刺激的平均反应时与中性刺激存在显著差异 F（1，27）= 4.50，$p<0.01$，$\eta 2 = 0.44$，问题性使用组对相关刺激的平均反应时（$RT=496.19\text{ms}$）显著长于中性刺激（$RT=442.78\text{ms}$），结果表明被试注意偏向的成分为注意解除困难，验证了研究假设，见图5-5。对正常使用组来说，在有效线索条件下，正常使用组对相关刺激的平均反应时与中性刺激存在显著差异，F（1，28）= 5.54，$p<0.05$，$\eta 2 = 0.50$，正常使用组对相关刺激的平均反应时（$RT=428.99\text{ms}$）短于中性刺激（$RT=467.91\text{ms}$），这一结果表明正常使用者也对相关刺激存在注意偏向，且成分为注意警觉；在无效线索条件下，正常使用组对相关刺激（$RT=443.54\text{ms}$）的平均反应时与中性刺激（$RT=455.46\text{ms}$）不存在显著差异，F（1，28）= 1.08，$p>0.05$，结果表明正常使用组对相关刺激存在的注意偏向成分不包括注意解除困难，见图5-6。以上研究结果表明，对于问题性使用组而言，注意偏向成分包括注意警觉和注意解除困难，而对正常使用组而言，注意偏向成分仅包括注意警觉而不包括注意解除困难。

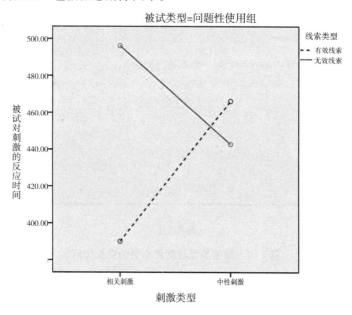

图 5-5　问题性使用组在不同线索和刺激条件下的反应时

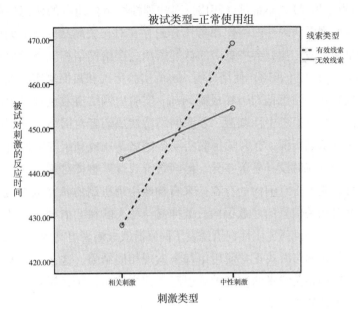

图5-6 正常使用组在不同线索和刺激条件下的反应时

四、讨论与分析

　　根据实验结果可知，问题性使用组与正常使用组对探测刺激的反应时存在显著差异，尤其是问题性使用组对探测刺激的反应时短于正常使用组，这预示着问题性使用组与正常使用组对靶子词的注意和加工机制存在差异。以往相关研究发现，在注意偏向中存在显著的线索效应，即被试对有效线索的反应时短于无效线索的反应时，这是注意偏向研究的前提条件（李彩娜，党健宁，王武，贾锐，2014；宋美静，Cody Ding，张静秋，戴红丹，杨东，2015），本实验结果也证实了注意偏向的线索效应。

　　研究结果显示，在有效线索条件下，问题性使用组对探测刺激平均反应时显著短于正常使用组，而在无效线索条件下，问题性使用组对探测刺激平均反应时与正常使用组不存在显著差异，表明问题性使用组对探测刺激同侧反应显著快于异侧，存在明显的线索效应。在相关刺激条件下，问题性使用组对探测刺激的平均反应时显著短于正常使用组，而在中性刺激条件下，问题性使用组与正常使用组对探测刺激的平均反应时不存在显著差异，表明问题性使用组对相关刺激产生了注意偏向，而对中性刺激的注意偏向不明显。这一结论与以往手机成瘾、网络游戏成瘾和病理性赌博等相关研究一致（花蓉，武晓锐，方芳，

2016；Rundle，2017）。郑希付（2018）对病理性网络使用者的注意偏向进行了研究，研究发现，病理性网络使用群体普遍存在对相关刺激的注意偏向。在信息加工的早期阶段，他们会将更多的认知资源分配给网络相关刺激而不是其他刺激。Jeromin 等人（2016）使用成瘾 Stroop 实验范式和点探测实验范式来考察网络游戏成瘾者的注意偏向，在成瘾 Stroop 实验中网络游戏成瘾者对网络相关刺激的反应时显著短于中性刺激，表明网络游戏成瘾者对网络相关刺激的加工使用了更多的认知资源，在视觉探测实验中网络游戏成瘾组与对照组在相关和中性图片上的反应时没有显著差异，但网络游戏玩家整体对刺激的反应速度更快，也间接表明了注意偏向的存在。来自神经生理机制的研究也表明，成瘾倾向个体存在对相关信息的注意偏向。戴坤懿、马庆国和王小毅（2011）研究发现，网络游戏相关词语比中性词语诱发了网络游戏成瘾者更高的 P300、N200 和 LPP 振幅，但在网络游戏正常使用组却未发现相同结果，这一结果表明网络游戏成瘾者对成瘾相关线索的高度敏感引起了注意偏向，注意偏向可能是其成瘾行为产生和维持的重要基础。

根据认知资源有限理论，认知加工过程中的认知资源是有限的，只有那些特异性凸显信息才可以分配到更多认知资源，同时这些凸显信息也更容易被快速激活（魏萍，周晓林，2005；An & Wu，2015）。在我们的研究中，对问题性使用组而言，移动社交网络相关信息构成的认知网络更容易被激活，他们对靶刺激的反应时比正常使用组更短，并且表现出对相关信息的选择性注意偏向；对正常使用者而言，他们虽然使用移动社交网络，但使用动机和强度都低于问题性使用者，使移动社交网络相关信息没有被看作凸显信息而得到强化，也没有在认知网络中形成相应认知图式，认知资源有限理论在一定程度上对这个结果做出了解释。

我们进一步考察了问题性使用组与正常使用组注意偏向的成分，发现当对问题性使用组与正常使用组共同分析时，被试的注意偏向，包括注意警觉和注意解除困难两种成分，这一结果预示着问题性使用组与正常使用组对相关刺激可能分别存在注意偏向，且成分包括注意警觉和注意解除困难。具体分析发现，在有效线索条件下，问题性使用组对相关刺激的平均反应时显著短于中性刺激，而在无效线索条件下，问题性使用组对相关刺激的平均反应时显著长于中性刺激，验证了问题性使用组对相关刺激注意偏向包括注意警觉和注意解除困难的假设。然而，在正常使用组的分析中却发现，正常使用组也同样存在对相关刺激的注意偏向，但注意的成分仅包含注意警觉不包含注意解除困难。这一结果可能恰恰是问题性使用组与正常使用组对相关刺激注意偏向认知加工的重要区别，即问题性使用组注意偏向存在注意解除困难这一加工阶段，而正常使用组却不存在这一加工阶段。以往研究表明，注意警觉处于注意的早期自动加工阶段，而注意解除困难则受注意晚期高级加工阶段的调节，如果相关刺激能够引起个体的注意警觉，那么注意定向有可能导致注意解除困难（Bishop, 2009）。这也意味着，对于问题性使用组而言，将认知资源从对他们而言敏感的刺激上转移到其他刺激，需要动用更多的认知资源，但对于正常使用组而言，将认知资源从对他们而言敏感的刺激上转移到其他刺激不需要动用更多的认知资源。根据注意选择理论的相关解释，在有效线索条件下，当靶刺激出现在有效线索周围时，被试的反应时会变短，而在无效线索条件下，被试需要从对侧重新回到靶刺激出现的位置，然后对靶刺激做出反应，这就导致被试对靶刺激的反应时延长（Yang, Zhu, Jackson, Chen, & Huang, 2017），因而在无效线索条件下，被试对靶子词的反应比在有效线索条件下增加了一个注意解除过程。本实验研究中，问题性使用组对相关刺激的注意偏向结果支持了注意选择理论，而正常使用组对相关刺激的注意偏向并未经历注意解除困难这一阶段。上述结果表明对于正常使用者而言，他们能相对容易地将注意从敏感性特异刺激上转移，这意味着尽管正常使用者也对相关刺激较敏感，但这种敏感不会成为他们的认知负担，在注意解除过程中无需他们分配更多认知资源应对其他刺激。

第二节　线索诱发青少年移动社交网络使用心理渴求感研究

一、问题提出

物质成瘾研究发现，药物依赖者对药物的渴求感是导致其复吸的主要因素（杨帮华，颜国正，徐定，2006）。研究者发现通过视觉呈现香烟刺激也会诱发吸烟者的吸烟渴求感，而且视觉刺激与香烟相关度越高，诱发的吸烟渴求感越强烈（邓林园，方晓义，吴杨，张耀方，刘一军，2009）。曾红等人（2015）在研究中还发现，对于海洛因成瘾者来说，药物、用药工具等相关线索不但诱发了个体的心理渴求感，而且激活了扣带回、海马、舌回、梭回等与奖赏机制相关的广大脑区。在网络成瘾等相关研究中也证实，网络成瘾者对网络使用行为具有不可抑制的心理渴求感，而且心理渴求感会受到不同线索的影响，其中与网络有关的线索会直接诱发个体使用网络的渴求感，并使其产生网络使用行为（牛更枫，孙晓军，周宗奎，孔繁昌，范翠英，魏华，2016），同时也发现线索诱发网络成瘾可以激活特定的奖赏回路（喻大华 等，2016；Ko et al.，2013；Volkow et al.，2010）。刘亚丽和黎丹丹（2016）在手机依赖的研究中也发现，与手机相关的线索可以诱发手机依赖者的心理渴求感，而且文字和图片线索均可以使个体产生使用手机的欲望，但在基于智能手机的移动社交网络使用研究中缺少相关的认知机制和神经生物学证据。根据"诱发—敏感化模型"，长期的成瘾行为会改变个体大脑内部的伏状核及其神经递质，进而使个体对成瘾相关线索异常敏感，当成瘾相关刺激出现时，个体会无意识地将其视为凸显性刺激，并分配更多的认知资源给相关刺激，由于成瘾者能预期成瘾相关线索带来的积极后果，因而相关刺激一出现就会建立起刺激与积极心理体验间的联系，从而诱发个体的心理渴求感（Robinson & Berridge，2001）。可见，在成瘾行为研究中，难以控制的渴求和冲动是成瘾行为的主要心理表征，那么问题性移动社交网络使用是否也存在类似的渴求感和冲动性？这种因心理渴求感和不可控制的冲动产生的行为是否会受到相关线索的影响？从认知视角探究这一问题的发生机制，对进一步明确问题性移动社交网络使用的发生机制具有重要意义。

我们采用线索暴露实验范式，探究不同线索是否会对移动社交网络使用产生影响。线索暴露实验范式一般用来诱发某类人群对依赖性物质的渴求感，即向被试呈现成瘾相关的刺激，再对被试的渴求反应程度进行评定。与物质依赖者类似，问题性使用者的冲动控制障碍可导致其暴露于移动社交网络相关情境或线索中，可能更容易诱发其使用欲望，进而产生过度的使用行为。基于以往研究提出以下假设：（1）问题性使用组线索诱发的心理渴求感比正常使用组更强烈；（2）相关线索诱发的心理渴求感比中性线索更强烈；（3）相关图片线索诱发的心理渴求感比中性图片线索诱发的心理渴求感更为强烈。

二、实验方法

（一）被试

我们使用"问题性移动社交网络使用筛查问卷"筛选被试，该问卷使用安戈夫法编制，主要针对问题性移动社交网络使用的症状表现，如黏性增加、生理损伤、错失焦虑、认知失败、负罪感等。根据问卷的筛查标准，在12个题目中持肯定回答题目数量超过8个（得分≥8分），即可认定为具有问题性使用行为倾向。为保证筛查的准确性，同时选择了熊婕等人（2012）编制的"大学生手机成瘾倾向量表"作为筛查问卷，将均值≥1个标准差（M+SD）的被试界定为问题性使用者。选择内蒙古东部地区某高校学生为被试。首先，以班级为单位整群发放问卷300份，回收有效问卷295份，通过"问题性移动社交网络使用行为筛查问卷"筛查符合要求的被试38名，通过"大学生手机成瘾倾向量表"筛查符合要求的被试42人，最终以同时满足两个问卷筛查条件的被试为研究对象，平衡了性别因素后选择30名学生作为问题性使用行为组被试（男生15名、女生15名），平均年龄为20.14岁（SD=1.57）。同时选择30名正常使用者作为正常使用组被试（男生15名、女生15名），平均年龄为19.98岁（SD=1.23）。所有被试的裸眼视力或矫正视力均在1.0以上，且色觉正常。被试还被要求参加实验前2小时不允许使用手机。

（二）实验材料

使用访谈法收集与移动社交网络使用相关的词汇和中性文字词汇，访谈题目如"请你列出你认为与移动社交网络关系最密切的词语"，共访谈30名大学生。随后请20名心理学专业大四年级本科生（对移动社交网络比较熟悉）对这些文字材料在相关度和熟悉度方面，采用九等级进行评定。经过统计分析后从中选出与移动社交网络使用相关程度比较高的文字材料（如微信、微博、朋友圈）和中性文字材料（如桌子、电视、蓝天）各12个，并对词语间的相关性和熟悉度进行匹配，t检验的结果发现两类词语在相关性上存在显著差异（$t=10.45$，$p<0.001$），在熟悉度上不存在显著差异（$t=1.24$，$p>0.05$）。

使用互联网收集移动社交网络使用相关图片和中性图片（本研究选取自然景观），随后请20名心理学专业大四年级本科生（对移动社交网络比较熟悉）对这些图片与移动社交网络的相关度和熟悉度进行评定。参照国内学者罗跃嘉所用的图片评定方法，采用九等级评定，经过统计分析后从中选出与移动社交网络使用相关较高和相关较低的图片材料各12张。并对图片间的相关性和熟悉度进行匹配，t检验结果发现两类图片在相关性上存在显著差异（$t=6.77$，$p<0.001$），在熟悉度（$t=1.36$，$p>0.05$）上不存在显著差异。

（三）实验设计

采用线索暴露实验范式，线索暴露实验范式一般用来诱发某类人群对依赖性物质的渴求感，即向被试呈现成瘾相关的刺激，再对被试的渴求反应程度进行评定，而这种评定主要通过两种方法进行：一是要求被试主观报告，另一种是通过生理层面的间接测量。目前，这两种方法都经常用在对成瘾者渴求的研究中。与物质依赖者类似，问题性使用者的冲动控制障碍可导致其暴露于移动社交网络相关情境（或线索）中，更容易诱发其移动社交网络使用的欲望，进而成为其沉溺于其中的内在动机。本研究借鉴被广泛用于诱发物质依赖者渴求感的线索暴露范式，以不同类型的移动社交网络使用线索为诱发刺激，考察其对青少年移动社交网络使用欲望的诱发作用。

本研究采用 2（被试类别：问题性使用组/正常使用组）×2（刺激类型：相关刺激/中性刺激）×2（材料类型：文字材料/图片材料）三因素混合实验设计，其中被试类别为被试间变量，刺激类型和材料类型为被试内变量。因变量为不同刺激的线索诱发渴求，即考察后测渴求与前测渴求均值差异的 t 检验。

（四）实验程序

实验采用 E-prime 2.0 进行实验材料编辑。在实验开始前，研究者先引导被试做 3 分钟肌肉放松练习，肌肉放松结束后研究者对被试的放松程度和移动社交网络使用渴求程度进行评定（基线测量），均为 1~9 级，当被试放松程度达到适度水平即可开始实验。首先，主试向被试讲解指导语，要求被试仔细阅读，并尽可能清晰地记住图片上的内容，设身处地地回忆和想象图片内容，尽可能生动地回忆自己当时的处境。实验开始后电脑屏幕中央呈现指导语："请您阅读或观看下面呈现的文字和图片材料，并根据材料内容回忆或想象自己生活中这些事物出现或使用它们时的场景。如果您理解实验要求，请按空格键开始实验"。被试通过按空格键确认理解提示语及指导语，计算机屏幕中央按预先设置的固定顺序自动连续呈现一组图片，6 张图片为 1 组，每张图片随机呈现 2 次，图片呈现时间为 3000ms，要求被试在看材料的同时进行自由联想。每组材料呈现结束后要求被试在电脑屏幕上进行评定，被试做出评定后开始下一组实验材料，共 4 组材料（见图 5-7）。

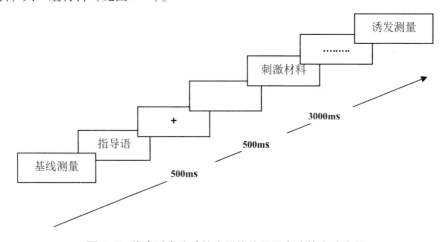

图 5-7　线索诱发移动社交网络使用渴求感的实验流程

三、研究结果

（一）实验前后测数据分析

1. 不同刺激类型心理渴求感前后测分析

采用配对样本 t 检验，分别探究在不同刺激类型条件下问题性使用组与正常使用组线索诱发心理渴求感的前后测差异，结果发现：当以中性刺激作为实验材料时，两类被试线索诱发渴求感在前测后测差异分析中均不存在显著差异（$t_{中性-问题组}=-0.64$，$t_{中性-正常组}=0.42$，$p>0.05$）；当以相关刺激作为实验材料时，问题性使用组线索诱发渴求感前测后测存在显著差异（$t_{相关-问题组}=-2.65$，$p<0.01$，$Cohen'd=0.847$），但正常使用组不存在显著差（$t_{相关-正常组}=-1.12$，$p>0.05$），见表5-1。

表5-1 心理渴求感前测后测差异分析（刺激类型）

被试	刺激类型	前测	后测	t 值
问题性使用组	中性刺激	4.06±0.88	4.18±0.92	-0.64
正常使用组		2.60±1.12	2.45±1.21	0.42
问题性使用组	相关刺激	4.06±0.88	4.81±0.89	-2.65**
正常使用组		2.60±1.12	2.93±1.32	-1.12

2. 不同材料类型心理渴求感前后测分析

我们采用配对样本 t 检验，分别探究在不同材料类型条件下问题性使用组与正常使用组线索诱发心理渴求感的前后测差异，结果发现：当以文字刺激作为实验材料时，问题性使用组前后测差异达到了显著水平（$t_{文字-问题组}=-3.37$，$p<0.01$，$Cohen'd=1.574$），而正常使用组的前测后测差异没有达到显著水平（$t_{文字-正常组}=-1.76$，$p>0.05$）；当以图片刺激作为实验材料时，问题性使用组心理渴求感在前测后测差异分析中存在显著差异（$t_{图片-问题组}=-2.52$，$p<0.01$，$Cohen'd=1.724$），正常使用组心理渴求感在前测后测差异分析中也存在显著差异（$t_{正常-问题组}=-2.12$，$p<0.05$，$Cohen'd=0.370$），见表5-2。

表5-2　心理渴求感前测后测差异分析（材料类型）

被试	材料类型	前测	后测	t 值
问题性使用组	文字材料	4.06±0.88	6.20±0.78	-3.37**
正常使用组		2.60±1.21	3.16±1.20	-1.76
问题性使用组	图片材料	4.06±0.88	6.30±0.76	-2.52**
正常使用组		2.60±1.21	3.21±1.99	-2.12*

（二）不同线索对诱发心理渴求感的影响

我们为探究被试类型、刺激类型和材料类型对线索诱发渴求感的影响，进行 2（被试类型：问题性使用组/正常使用组）×2（刺激类型：相关词/中性词）×2（材料类型：文字材料/图片材料）多因素重复测量方差分析。表5-3 结果表明：被试类型主效应显著，$F(1, 58) = 34.021$，$p<0.001$，$\eta2 = 0.549$；刺激类型主效应显著，$F(1, 58) = 27.491$，$p<0.001$，$\eta2 = 0.417$；材料类型主效应显著，$F(1, 58) = 140.787$，$p<0.001$，$\eta2 = 0.834$；被试类型×材料类型交互作用显著，$F(1, 58) = 120.419$，$p<0.001$，$\eta2 = 0.391$；但被试类型×刺激类型交互作用不显著，$F(1, 58) = 0.055$，$p>0.05$；刺激类型×材料类型交互作用不显著，$F(1, 58) = 2.559$，$p>0.05$；被试类型×刺激类型×材料类型的交互作用不显著，$F(1, 58) = 0.402$，$p>0.05$。

表5-3　线索诱发渴求感方差分析

变量	SS	df	F	p	η2
被试类型	127.102	1	34.021	<0.001	0.549
刺激类型	54.169	1	27.491	<0.001	0.417
材料类型	159.852	1	140.787	<0.001	0.834
被试类型×刺激类型	0.019	1	0.055	>0.05	0.002
被试类型×材料类型	20.419	1	120.419	<0.001	0.391
刺激类型×材料类型	5.852	1	2.559	>0.05	0.084
被试类型×刺激类型×材料类型	0.919	1	0.402	>0.05	0.014

被试类型与材料类型间存在显著的交互作用，我们进一步分析发现：在文字刺激条件下，问题性使用组与正常使用组线索诱发渴求感后测水平不存在显

著差异（组间比较），$F_{(1, 58)} = 1.254$，$p>0.05$；在图片刺激条件下，问题性使用组与正常使用组线索诱发渴求感存在显著差异 $F_{(1, 58)} = 14.875$，$p<0.01$，$\eta2 = 0.541$，且问题性使用组（$M_{问题组} = 6.98$）受到图片刺激诱发渴求感显著高于正常组（$M_{正常组} = 3.81$）。结果进一步表明，对于问题性使用者而言，图片刺激能诱发个体更为强烈的渴求感，见图5-8。

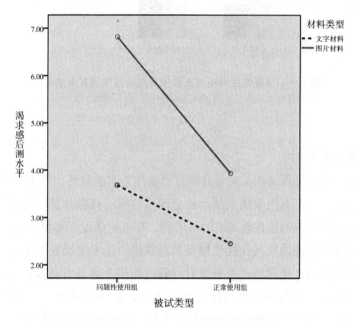

图 5-8　被试类型与材料类型交互作用

我们分析还发现，相关图片诱发的渴求感显著高于中性图片诱发的渴求感后测水平（$t=-8.653$，$p<0.001$），中性图片暴露后的渴求感与前测渴求感之间不存在显著差异（$M_{诱发} = 0.45$，$t = -1.91$，$p>0.05$），但相关图片暴露后的渴求感与前测渴求感之间存在显著的差异（$M_{诱发} = 1.30$，$t = -4.33$，$p<0.001$，$d = 0.751$）。结果表明，相关图片刺激能诱发个体更为强烈的移动社交网络使用心理渴求感，见图5-9。

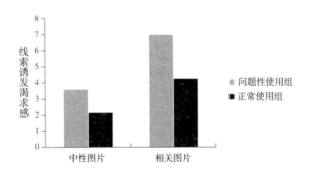

图 5-9　问题性使用组与正常使用组的线索诱发渴求感

四、讨论与分析

研究以移动社交网络相关文字和图片刺激作为实验材料，揭示了被试类型、刺激类型和材料类型对线索诱发移动社交网络使用心理渴求感的影响。研究发现，相关刺激能诱发问题性使用组的渴求感，却不能诱发正常使用组的渴求感，而中性刺激则既不能诱发问题性使用组的渴求感，也不能诱发正常使用组的渴求感，这表明移动社交网络相关刺激对问题性使用个体具有诱发作用。研究还发现，文字材料能诱发问题性使用组的渴求感，但不能诱发正常组的渴求感，而图片刺激则既能诱发问题性使用组的渴求感，也能诱发正常使用组的渴求感，这表明图片刺激与文字刺激相比更能诱发青少年的移动社交网络使用的欲望。研究结果与以往相关研究结果一致，如 Metcalf 等人（2009）研究发现，成瘾者会对成瘾相关刺激产生注意偏向，与此同时 Field 等人（2009）研究还发现成瘾相关文字刺激能更大程度诱发成瘾者的渴求感，并导致相应行为的产生。刘亚丽和黎丹丹（2016）研究也发现，文字材料能激发手机依赖组的渴求感，而图片刺激则能同时激发手机依赖组与正常手机使用组的渴求感。上述结果与积极强化理论保持一致。该理论认为成瘾者在成瘾相关刺激以及由此带来的积极心理体验之间建立了密切的联系（积极强化），而成瘾相关刺激则会成为一种凸显性的诱因，并能激活成瘾者的成瘾记忆和注意偏向，使成瘾者预期可能带来的积极后果，从而具有诱发成瘾者强烈的网络使用渴求感和欲望的作用（邓林园等，2009；邓林园，武永新，孔荣，方晓义，2014）。对于问题性使用者而言，移动社交网络相关刺激常与积极心理体验相伴随，它们之间这种密切的联系使得相关刺激作为一种积极强化物，成为一种凸显性诱因激活问题性使用者的积极心理体验，从而强化了个体使用移动社交网络的动机。

我们进一步分析还发现，相比于文字材料刺激，图片刺激能显著诱发个体的渴求感，对于问题性使用者来说，相关图片刺激材料能够诱发更强烈的渴求感。这一结果表明，图片刺激材料比文字刺激材料对移动社交网络使用行为的影响更大，而且与移动社交网络相关的图片刺激材料对那些具有问题性移动社交网络使用行为的青少年更具诱惑力，使他们产生更为强烈的使用动机。这一结果与 Ko 等人（2013）使用网络相关图片对网络成瘾者线索诱发渴求感的研究结果一致，与刘亚丽和黎丹丹（2016）使用线索暴露范式对手机依赖者手机相关图片刺激诱发渴求感的研究结果也一致。从材料类型来看，相关图片刺激与文字刺激的区别在于，文字相关刺激主要引起个体的联想过程，而图片相关刺激则能同时引起个体的联想过程和知觉过程（李晶，张侃，2007），这也使问题性使用者在相关图片刺激条件下可以激活更多的成瘾记忆，而这些记忆往往又与积极心理体验相关，进而诱发更为强烈的渴求感。

从线索诱发渴求感的作用机制来看，强烈的使用渴求感是成瘾行为普遍存在的心理表征，也是成瘾障碍的核心特征。本研究结果进一步证实，问题性移动社交网络使用行为与网络成瘾等行为不仅存在相似的行为和心理特点，还具有较为相似的认知发生机制，这也验证了成瘾行为的"诱发—敏感化模型"（苏得权，2014）。根据"诱发—敏感化模型"，问题性使用者一方面存在对相关刺激的选择性注意偏向，另一方面，个体会将相关刺激尤其是图片相关刺激视作凸显性诱因，当刺激出现时会占用个体更多的认知资源，并使个体预期刺激相关的积极后果，进而诱发个体的渴求感。相关的物质成瘾与行为成瘾研究也表明，成瘾倾向者对致瘾性信息的注意偏向，致使他们具有对该信息的认知加工优势，这种认知加工优势将使环境中存在的相关物质或精神类致瘾性信息激活成瘾者已有的成瘾认知图式，从而提高他们对使用移动社交网络的渴求水平，并促使其相应的行为。可见，无论是文字相关刺激还是图片相关刺激，都能使问题性使用者产生相应的渴求感，这在一定程度上增加了问题性使用者使用渴求感的诱发风险，给相应的心理与行为干预增加了难度。

第六章

青少年问题性移动社交网络使用干预实验研究

　　问题性移动社交网络使用对青少年学习生活产生重要的影响，前期研究发现，具有问题性移动社交网络使用的青少年虽然所占比例不多，但这一问题性行为给青少年自身学习生活、家庭教育和学校教育带来的困扰却越发凸显。青少年自身也渴望减少受制于移动社交网络的愿望，家长渴望孩子能够将时间花在学习和家庭互动上，学校渴望孩子们不要因沉溺于移动社交网络而影响正常的学习生活。这些来自多方面的愿望，都希望能够在一定程度上缓解和减少问题性移动社交网络使用对青少年的消极影响。以往研究者及本研究者均发现，青少年问题性移动社交网络使用的产生，存在复杂的发生机制，其中人格因素、情绪因素和动机因素及其之间复杂的相互作用机制，以及青少年对移动社交网络使用存在的注意偏向和渴求性等认知，均对该问题性行为产生重要影响。那么，缓解青少年问题性移动社交网络使用，应在对上述影响因素有深入思考的基础上，基于这些影响因素制订相应的干预方案。

　　传统的心理健康课已经在各级各类学校中普遍开设，并作为提升青少年心理健康水平的重要手段。近年来，积极心理学理念的渗透，心理健康教育课本身也在发生着一些积极变化，尤其是能够对不同学段和年级的青少年开展针对性的课程设置，并将积极心理学理念渗透其中，还取得了一些较好的效果，这类成果以及取得的效果已经得到普遍共识。那么将移动社交网络使用教育的相关内容渗透到传统的心理健康教育课程中，能否对青少年问题性移动社交网络使用的缓解起到一定效果，这是本研究关心的主要问题。前期研究已经发现，神经质、自恋性和冲动性人格特质，以及交往焦虑、孤独感、无聊感等负性情绪等，均对问题性移动社交网络使用有影响，那么在基于心理健康教育活动课的干预研究中，应结合上述影响因素开展干预训练，如选择并开展以情绪管理、健康人格培育等内容为主题的课程。

　　正念认知疗法（MBCT, Mindfulness-Based Cognitive Therapy）作为近年兴起的心理与行为干预技术手段，也逐渐得到学界和基层心理服务者的关注，正念认知疗法在心理健康教育领域的应用也逐渐增多，其取得的效果也逐渐得到认可。正念以一种特定的方式来觉察，即有意识地觉察、活在当下及不做判断，它就是一种基于这种认知方式的觉知训练，是由泰斯德（Teasdale）等人融合了认知疗法与正念减压疗法，发展而来的主要用以解决长期抑郁症复发问题的一种心理疗法（孙远，2013）。相关实证研究证实，正念认知疗法不仅对长期患有抑郁的个体有较好的治疗效果，而且对药物依赖和行为依赖患者也具有较好的效果（邓玉琴，刘兴华，梁耀坚，攸佳宁，唐一源，2010）。相关实证研究也发现，正念认知疗法可以有效缓解压力、调节情绪、改变心境，该疗法还被应用于治疗边缘人格障碍、焦虑障碍和抑郁症及其复发（陈语，赵鑫，黄俊红，陈思佚，周仁来，2011）。那么，使用正念认知疗法对青少年问题性移动社交网络使用进行干预，能否起到缓解效果？这是本研究关心的问题。由于前期研究已经发现，青少年问题性移动社交网络使用受交往焦虑、孤独感、无聊感、遗漏焦虑等负性情绪，个体对移动社交网络使用相关线索的注意偏向，以及个体受相关线索诱发而产生的心理渴求感等心理因素的影响，在基于正念认知训练的干预研究中，应结合上述影响因素开展干预训练，如在正念认知训练中开展情绪调节、延迟满足等主题的训练。

心理健康教育课作为一种对青少年普及率较高和覆盖面较广的预防性干预方法，对于青少年来说易于获取，而正念认知训练则侧重对存在问题进行矫正性干预，对于青少年来说获取相对困难。那么，研究拟从预防性和矫正性干预两个视角出发，考察两类干预方法对青少年问题性移动社交网络使用的效果。在干预研究部分，由于青少年受众群体的不同，以及方法获取的难易不同，本研究没有将两类干预方法放在一个实验框架中展开研究，而是分别考察两类干预方法的干预效果。

第一节　心理健康教育课对问题性移动社交网络使用的干预研究

一、问题提出

问题性移动社交网络使用等相关领域的预防干预研究，在技术性使用及其行为干预研究中所占的比重相对较少。从现有文献来看，一方面由心理学研究者开展，如张晓旭等人（2014）使用正念疗法对手机依赖进行干预，冀嘉嘉等人使用团体辅导对手机依赖进行干预；另一方面由体育学等跨学科研究者开展，如葛仁凯等人（2015）采用运动干预的方式来对手机依赖者进行治疗。但是，针对问题性移动社交网络使用的干预研究仍然十分稀少，而且现有少量的干预与对策研究，还缺乏理论指导和实证的支持。心理健康教育课被看作一种常态化的心理预防和干预手段，已经被各级各类学校普遍开设，并作为提升青少年心理健康水平的重要手段。心理健康教育课主要讲授一些与心理健康、自我管理、情绪管理和生涯规划等方面有关的内容，如果在心理健康教育课中有针对性地设置移动社交网络使用方面的主题，则可以通过讲授与活动设置，使青少年在课程中逐渐认识到过度使用移动社交网络的负面影响，从中获得相应的调节方法，从而更加理性地使用移动社交网络。尤其是近年来积极心理学理念不断渗透，心理健康教育课本身也发生着一些积极变化，能够针对不同学段和年级的青少年开展针对性的课程，还将积极心理学的理念渗透其中，并取得了一些较好的效果，这类成果以及取得的效果已经得到普遍认可。青少年问题性移动社交网络使用行为涉及人格、情绪、动机和认知等因素，在综合考虑上述影响因素的基础上，采用针对性设置的心理健康教育课，可以在一定程度上对青少年问题性移动社交网络使用进行教育干预。因此，本研究在青少年问题性移动社交网络影响因素和发生机制相关研究的基础上，提出在心理健康教育课中渗透相关内容，来降低青少年对移动社交网络的依赖程度。研究提出假设：（1）心理健康教育课能够缓解青少年问题性移动社交网络使用，降低青少年对移动社交网络使用的依赖程度；（2）心理健康教育课能够缓解与问题性移动社交网络使用相关的负性情绪。

二、研究方法

（一）研究对象

以内蒙古某高校大一和大二学生为研究对象，研究开展为期 8 次（每周 1 次课）与移动社交网络使用相关的心理健康教育课。以选择这门课程的大学生作为问卷施测对象，为平衡男女性别比例选择文科班与理科班各 1 个，2 个班级共 300 人（满选 150 人/班），作为实验组样本。同时在没有选修该课程的年级随机选取文科班与理科班各 2 个（共 278 人），作为控制组样本。首先，向所有被试发放"青少年问题性移动社交网络使用筛查问卷"，进行问题性移动社交网络使用被试筛查，实验组样本共筛查出肯定回答 8 个题目以上的学生 27 人，其中男生 12 人，女生 15 人，为平衡性别和学科差异最后确定 12 名男生和 12 名女生共 24 人作为实验组被试，被试的平均年龄 20.12 岁，被试自愿参与研究并承诺积极配合实验。控制组样本共筛查出肯定回答 8 个题目以上的学生 29 人，其中男生 14 人，女生 15 人，为平衡性别和学科差异，以及平衡实验组控制组人数，最后确定 12 名男生和 12 名女生共 24 人作为控制组被试，被试的平均年龄 19.85 岁，被试自愿参与研究并承诺积极配合实验（见图 6-1）。

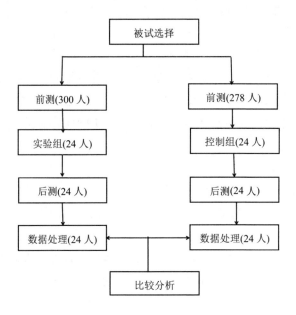

图 6-1　干预实验流程

（二）研究工具

1. 青少年问题性移动社交网络使用评估问卷

"青少年问题性移动社交网络使用评估问卷"由 24 个题目构成，包括身心反应和行为反应两大维度，这两大维度又由生理损伤、使用黏性增加、知行能力下降、遗漏焦虑、控制抑制减弱、情感寄托、负罪感和过分修饰 8 个因子构成。问卷使用李克特五级计分，"1"代表完全不符合，"5"代表完全符合，总分越高表明青少年问题性移动社交网络使用倾向越严重，因子得分越高表明青少年在问题性移动社交网络使用某方面倾向越严重。总问卷的内部一致性信度为 0.91，各因子间的内部一致性信度在 0.66~0.91。

2. 青少年问题性移动社交网络使用筛查问卷

"青少年问题性移动社交网络使用筛查问卷"由 12 个题目构成。问卷涵盖了青少年使用移动社交网络过程中出现的身心反应和行为反应两个方面。问卷采用 0、1 两点计分，被试对某个题目持肯定选择计 1 分，对某个题目持否定选择计 0 分，被试对 12 个题目持肯定选择的数量大于 8 个（包含 8 个），被试可被初步认定为具有问题性移动社交网络使用行为，被试对 12 个题目持肯定选择的数量小于 8 个，被试则不能被认定为具有问题性移动社交网络使用行为。问卷的内部一致性信度为 0.81。

3. 孤独感问卷

采用 Russell 等人（1987）编制的"UCLA 孤独量表"（第三版），量表由 20 个题目组成（11 个正向计分题目和 9 个反向计分题目），量表采用李克特四级计分，"1"代表完全不符合，"4"代表完全符合。量表属于单维量表，得分越高表明个体的孤独感水平越高（汪向东，1999）。量表内部一致性信度为 0.90。

4. 多维状态无聊量表

采用 Fahlman（2013）编制、刘勇等人（2013）修订的"多维状态无聊量表（中文版）"，修订后的量表共有 24 个题目，由注意缺乏、时间知觉、低唤醒、高唤醒和缺乏投入 5 个因子构成。量表使用李克特五级计分，"1"代表完全不符合，"5"代表完全符合。因子得分越高表明个体在某方面的无聊倾向越凸显，总分得分越高表明无聊倾向越凸显。量表各因子间内部一致性信度在 0.72~0.92，总量表内部一致性信度为 0.91。

5. 交往焦虑量表

采用 Leary（1983）编制的"交往焦虑量表"。量表的中文版由彭纯子、龚耀先和朱熊兆 2004 年修订，量表由 15 个项目构成，主要用于评定独立于行为之外的主观社交焦虑体验。量表使用李克特五级计分，"1"代表完全不符合，"5"代表完全符合。量表属于单维量表，量表得分越高代表个体主观体验到的交往焦虑水平越高。量表内部一致性信度为 0.87。

（三）干预实验设计

干预实验采用 2（组别：实验组/控制组）×2（测试时间：前测/后测）混合实验设计，实验组被试用 8 周时间学习心理健康教育课的内容，控制组不学习相关的心理健康教育课的内容，实验结束后比较实验组前测后测得分和实验组控制组后测得分。

（四）干预实验研究方案

传统心理健康教育课程是每个阶段青少年都学习的课程，这门课程对青少年心理健康教育水平发展具有一定的积极作用。因此，在心理健康教育课程的课程设置和主题选择上，选择更贴近青少年移动社交网络使用的内容，或者在相关内容中直接或间接进行教育引导，都可能对青少年问题性移动社交网络使用产生一定的影响，如果通过这门课程便能在一定程度上减少青少年对移动社交网络的依赖，那么就能够在各个学段普及这门课从而提高其干预效率。

心理健康教育课的教育实验干预总共为 8 周，每周一次课共 8 次课，每次课 2 学时共 90 分钟。将被试分为实验组和控制组，实验组 24 名大学生进行为期 8 周的心理健康教育课学习，控制组 24 名大学生没有选修《大学生心理健康教育》课程，不施加任何实验处理。所有参与研究的学生均事先接受"青少年问题性移动社交网络使用评估问卷""孤独感问卷""多维状态无聊量表"和"交往焦虑量表"的测量，课程结束后再使用上述量表进行复测，同时实验组还需要再次接受"青少年问题性移动社交网络使用筛查问卷"的测量，实验结束后比较实验组控制组前测后测的差异，以及实验组控制组的后测差异。

根据课程安排共设置 8 个相关主题：（1）新生适应与心理健康；（2）自我意识与心理健康；（3）情绪管理与心理健康；（4）压力应对与心理健康；（5）人际关系与心理健康；（6）人格培育与心理健康；（7）意志品质与心理健康；（8）网络生活与心理健康。课程选择的 8 个主题涵盖了人格教育、情绪管理、人际关系、自我控制与意志品质和网络心理健康这些方面，这些方面均是在前期研究中得出的对移动社交网络使用产生影响的重要因素，围绕这些因素设计课程则能针对性开展教育引导。

课程按照上述顺序讲授，要求参与研究的 24 名学生坐在教室前两排，并要求做笔记，教师上课过程中会积极主动与前两排的同学进行互动讨论和体验分享，以加深被试对心理健康教育课的体验和参与感。同时，教师充分利用多种教学方法提高学生对心理健康教育课的兴趣。例如，运用启发式教学系统地讲解心理健康知识和心理调适技能；选取典型心理个案在课堂上进行案例分析教学，指导学生运用心理学理论去解决实际生活中的问题；为学生精选心理学影片，作为教学辅助资料，映后组织学生讨论，并予以讲解，引导学生进行感悟；一改照搬书本的理论作业，着力于如何启发学生探索自我、完善自我，在完成作业的同时实现心理成长；模拟大学生日常生活和学习的特定场景，通过学生亲身进行角色扮演的方式，加深大学生对他人和自我心理状态的认识。

三、研究结果

（一）实验组控制组前测结果及差异比较

为确定实验组与控制组在实验前是保持同质性，我们对实验组与控制组两组被试在各变量上进行差异检验，得分见表6-1。结果显示：实验组与控制组在问题性移动社交网络使用、孤独感、无聊倾向和交往焦虑上均不存在显著差异（$p>0.05$），表明在干预实验前，两组被试不存在差异。

表6-1 各变量实验组控制组前测差异分析

变量	实验组（$n=24$）		控制组（$n=24$）		t 值
	M	SD	M	SD	
问题性使用	2.92	0.88	2.88	0.94	0.34
孤独感	2.67	0.78	2.88	0.67	−0.64
无聊倾向	3.43	0.80	3.24	0.92	1.24
交往焦虑	3.15	1.07	2.98	1.19	0.75

（二）实验组课程学习前后筛查率比较

实验研究发现，实验组在进行8周心理健康课学习后，在心理健康教育课学习后的检出率上比学习前明显下降，由最初的100.0%的筛查率降低到45.8%，表明心理健康教育课程对青少年问题性移动社交网络使用具有缓解作用（见表6-2）。

表6-2 实验组课程学习前后筛检率比较

题目	学习前			学习后		
	频数（人数）	比例（%）	检出率（肯定8题及以上）	频数（人数）	比例（%）	检出率（肯定8题及以上）
G1	22	91.6	—	16	66.6	—
G2	23	95.8	—	14	58.3	—
G3	24	100	—	13	54.1	—
G4	22	91.6	—	12	50.0	—
G5	19	79.1	—	10	41.6	—

题目	学习前			学习后		
G6	20	83.3	—	12	50.0	—
G7	18	75.0	—	8	33.3	—
G8	19	79.1	—	11	45.8	—
G9	19	79.1	—	8	33.3	—
G10	18	75.0	—	10	41.6	—
G11	20	83.3	—	10	41.6	—
G12	18	75.0	—	8	33.3	—
总量表	—	—	24（100.0%）	—	—	11（45.8%）

（三）实验组前测后测差异比较

我们为进一步考察干预实验的统计效果，对实验组各变量进行前测后测差异分析，结果显示：在问题性移动社交网络使用上，实验组前测后测差异显著（$p<0.01$），且后测得分均值均小于前测得分；在孤独感、无聊倾向和交往焦虑等负性情绪上，前测后测均存在显著差异（$p<0.01$），且后测得分均小于前测得分，见表 6-3。

表 6-3   各变量实验组前测后测差异分析

变量	前测（$n=24$）		后测（$n=24$）		t 值	Cohen'd
	M	SD	M	SD		
问题性使用	2.92	0.88	2.35	0.91	5.87**	0.637
孤独感	2.67	0.78	2.24	0.89	4.34**	0.514
无聊倾向	3.63	0.80	2.74	0.75	8.31**	1.148
交往焦虑	3.15	1.07	2.64	1.00	7.25**	0.492

（四）实验组控制组后测差异比较

实验组前测后测结果表明，青少年在课程学习后问题性移动社交网络使用和负性情绪均得到显著缓解，但由于教育干预实验长达 8 周，其中可能存在被试自身成熟因素、历史事件以及偶发因素产生的交互作用。为明确教育干预实验效果是通过课程学习获得的，研究对实验组控制组后测结果进行差异检验。

结果发现：实验组与控制组在问题性移动社交网络使用上均存在显著差异（$p<0.01$），且实验组均值均显著低于控制组；实验组控制组在孤独感、无聊倾向和交往焦虑等负性情绪上均存在显著差异（$p<0.01$），且实验组均值显著低于控制组。上述结果表明，问题性移动社交网络使用和负性情绪的缓解是由课程学习产生的，心理健康教育课对青少年问题性移动社交网络使用的缓解具有积极作用（见表6-4）。

表6-4　各变量实验组控制组后测差异分析

变量	实验组（$n=24$）		控制组（$n=24$）		t 值	Cohen'd
	M	SD	M	SD		
问题性使用	2.35	0.91	2.90	0.79	-5.12^{**}	0.645
孤独感	2.24	0.89	2.79	0.82	-5.22^{**}	0.643
无聊倾向	2.74	0.75	3.17	0.89	-4.41^{**}	0.536
交往焦虑	2.64	1.00	3.02	1.04	-5.11^{**}	0.372

四、讨论与分析

干预实验结果表明，在进行8周的心理健康教育课程讲授之后，实验组对移动社交网络使用依赖程度降低，与该问题性行为密切相关的负性情绪也得到缓解。基于问题性移动社交网络使用影响因素基础设置的心理健康教育课程，对缓解青少年问题性移动社交网络使用具有积极作用。因此，基于传统的心理健康教育课在降低青少年问题性移动社交网络使用上具有积极效果，使其成为一种针对该问题性行为有效的干预手段。问题性移动社交网络使用具有年轻化趋势，中学生和大学生是该问题性行为的重要人群，心理健康教育课作为一种常态化开设的学校课程，在课程设置和主题内容选择上，能够综合考虑对青少年问题性移动社交网络使用产生影响的诸多因素，如人格特质、情绪因素和心理动机因素，还能够在潜移默化的心理健康教育中，提高青少年自我意识水平、情绪管理能力、自我控制能力和积极人格塑造能力。

随着青少年群体对基于智能手机的社交APP依赖程度的提高，问题性移动社交网络使用对青少年生理发展和心理行为的消极影响日益凸显，使家长、学校和社会也备受困扰，如何寻求破解之道也成为一个重要议题。正当人们努力寻求缓解青少年对移动社交网络等数字媒体过度依赖的方法之时，他们却常常将学校教育中的心理健康教育所应发挥的作用忽略了。在大多数人眼中，学校心理健康教育课作为一种发展性的心理教育活动，能够预防青少年潜在的心理问题，并能够提升青少年的心理健康水平，例如，提高自我认识、学习情绪管理、学习应对挫折等。但是，前期研究我们看到，心理健康教育课程体系中的大多数主题与青少年移动社交网络使用相关。例如，具有负性情绪（如孤独感和无聊）的青少年，更倾向于使用移动社交网络，那么学会管理情绪使负性情绪与积极情绪达到平衡，就能减少这种问题性行为的发生；自我控制水平低和意志水平较差的青少年也更倾向于使用移动社交网络，通过学习自我监控和自我管理的策略，就能够减少因自我控制水平低而过度使用移动社交网络的行为；在现实生活中，社会交往存在障碍的青少年也倾向于使用移动社交网络，那么通过心理健康教育课培养青少年人际交往的技巧和能力，则会避免青少年因现实社交不良而去移动社交网络中寻求网络社交的可能。由此可见，在青少年学习的不同学段，充分发挥学校心理健康教育课的作用，合理设置心理健康教育课程的内容，使用适宜的教学方式进行讲授，则能够潜移默化减少青少年不合理使用移动社交网络的概率。

心理健康教育课程由于其开设的大众化和普遍化，它也成为最为便捷和高效的干预方式。但需要注意的是，心理健康教育课在青少年问题性移动社交网络使用干预的过程中，仍需要在每个主题内容中渗透移动社交网络使用相关内容。例如，在情绪管理的讲授中，举例与讨论分享问题性移动社交网络使用或智能手机成瘾的事例；在自我控制与意志品质的讲授中，举例如何控制每天使用智能手机或者移动社交网络 APP 的时间和强度。通过在每个主题内容中不断渗透相关的内容，能使整个心理健康教育课围绕移动社交网络使用及其控制展开。

第二节　正念认知训练对问题性移动社交网络使用的干预研究

一、问题提出

以往研究和本研究揭示人格、情绪、动机和认知因素，是问题性移动社交网络使用形成的重要影响因素，那么完善积极人格、加强情绪管理、调节动机水平和矫正认知偏差，应是干预研究的主要侧重点。近年发展的正念认知疗法能够通过正念训练对自我进行积极调控。因此，我们采用正念认知训练对青少年问题性移动社交网络使用进行干预。正念认知疗法是从认知训练的视角来展开针对性的认知训练，正念训练使个体学会"面对"问题而不是"逃避"问题。正念训练要求通过培养个体一种开放的、接受的态度来应对当前出现的想法与情绪，主要通过打坐、静修或者冥想来完成（孙远，2013）。其核心技术是集中注意力、觉察自己的身体与情绪状态、顺其自然和不做评判。这种正念训练促使个体能够产生一种"能意识到的"觉醒模式（熊韦锐，于璐，2011）。通常这些训练使个体逐渐学会正视问题、面对问题和接纳问题，最终达到改变认知与行为的目的。随着研究的深入，有研究者尝试将正念认知疗法应用于网络成瘾和手机依赖的干预和治疗中。例如，张晓旭和朱海雪（2014）使用正念认知疗法对手机依赖的大学生进行干预实验研究，结果发现实验组被试在接受正念认知疗法4周的团体辅导训练后，手机依赖总分、失控性、戒断性和逃避性因子得分与对照组相比显著降低，正念水平显著提高，表明正念认知疗法对个体手机依赖的干预效果明显。正念认知疗法正逐渐应用于心理健康干预与治疗的各个领域，其干预效果也得到认可。为考察正念认知疗法对缓解青少年问题性移动社交网络使用的作用，我们使用正念认知训练对青少年问题性移动社交网络使用进行干预实验研究，考察正念认知训练对青少年问题性移动社交网络使用的干预效果。研究提出假设：（1）通过正念认知训练能够缓解青少年问题性移动社交网络使用，降低青少年对移动社交网络使用的依赖程度；（2）正念认知训练能够缓解与问题性移动社交网络使用相关的负性情绪。

二、研究方法

（一）研究对象

我们通过在校园张贴招募通知与班主任介绍的方式招募被试，对招募来的被试进行被试筛查，以确定是否能达到实验要求。首先，在内蒙古民族大学校园公告栏发布招募公告，招募对象为大一年级学生，招募人数为30人。招募要求：（1）大一年级学生；（2）自我感觉或他人认为存在基于智能手机的移动社交网络APP（如微信）过度使用行为；（3）基于智能手机的移动社交网络APP使用行为对学习和生活带来了消极影响；（4）有缓解或降低基于智能手机的移动社交网络APP过度使用的意愿。公告发出后招募了35人，经过初步筛查，28人在问题性移动社交网络使用筛查问卷中的肯定回答超过8个题目，即符合研究要求。我们通过与各学院班主任沟通，依据上述招募条件进行筛选，班主任推荐学生15人，经过问卷筛查后满足条件的被试12人。我们通过两种方式共招募到满足要求的被试50人，考虑到要对性别和学科进行平衡和匹配，以及考虑到团体干预要求每个团体最多15人，最后从50人中随机选择30人作为最后的研究对象，其中男生15人、女生15人，研究对象平均年龄20.45岁。所有参与实验的研究对象被随机分为两组，一组为实验组，一组为控制组，实验组被试参与为期8周的正念认知训练，正念认知训练每周1次，每次2小时，而控制组则不进行正念认知训练（见图6-2）。

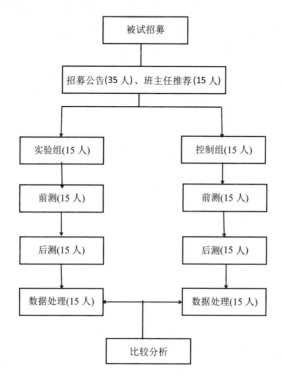

图6-2 正念认知干预实验流程

（二）研究工具

1. 五因素心智觉知度量表

采用Baer等人（2006）编制、邓玉琴等人（2010）修订的"五因素心智觉知度量表（FFMQ）"，量表由39个题目构成，包括观察、描述、有觉知的行动、不判断和不反应5个因子。量表使用李克特五级计分，"1"代表完全不符合，"5"代表完全符合。量表得分越高，表明个体整体心智觉知度就越高，量表各因子内部一致性信度在0.72~0.85，总量表内部一致性信度为0.76。

2. 青少年问题性移动社交网络使用评估问卷

"青少年问题性移动社交网络使用评估问卷"由 24 个题目构成，包括身心反应和行为反应两大维度，这两大维度又由生理损伤、使用黏性增加、知行能力下降、遗漏焦虑、控制抑制减弱、情感寄托、负罪感和过分修饰 8 个因子构成。问卷使用李克特五级计分，"1"代表完全不符合，"5"代表完全符合。得分越高表明青少年问题性移动社交网络使用倾向越严重。问卷各因子间内部一致性信度在 0.66~0.91，总问卷内部一致性信度为 0.91。

3. 青少年问题性移动社交网络使用筛查问卷

"青少年问题性移动社交网络使用筛查问卷"由 12 个题目构成。问卷涵盖了青少年使用移动社交网络过程中出现的身心反应和行为反应两个方面。问卷采用 0、1 两点计分，被试对某个题目持肯定选择计 1 分，对某个题目持否定选择计 0 分，被试对 12 个题目持肯定选择的数量大于 8 个（包含 8 个），被试可被初步认定为具有问题性移动社交网络使用行为，被试对 12 个题目持肯定选择的数量小于 8 个，被试则不能被认定为具有问题性移动社交网络使用行为。问卷的内部一致性信度为 0.81。

4. 孤独感问卷

采用 Russell 等人（1987）编制的"UCLA 孤独量表"（第三版），量表由 20 个题目组成（11 个正向计分题目和 9 个反向计分题目），量表采用李克特四级计分，"1"代表完全不符合，"4"代表完全符合。量表属于单维量表，得分越高表明个体的孤独感水平越高（汪向东，1999）。量表内部一致性信度为 0.90。

5. 多维状态无聊量表

采用 Fahlman（2013）编制、刘勇等人（2013）修订的"多维状态无聊量表（中文版）"，修订后的量表共有 24 个题目，由注意缺乏、时间知觉、低唤醒、高唤醒和缺乏投入 5 个因子构成。量表使用李克特五级计分，"1"代表完全不符合，"5"代表完全符合。因子得分越高表明个体在某方面的无聊倾向越凸显，总分得分越高表明无聊倾向越凸显。量表各因子间内部一致性信度在 0.72~0.92，总量表内部一致性信度为 0.91。

6. 交往焦虑量表

采用 Leary（1983）编制的"交往焦虑量表"。量表的中文版由彭纯子、龚耀先和朱熊兆 2004 年修订，量表由 15 个项目构成，主要用于评定独立于行为之外的主观社交焦虑体验。量表使用李克特五级计分，"1"代表完全不符合，"5"代表完全符合。量表属于单维量表，量表得分越高代表个体主观体验到的交往焦虑水平越高。量表内部一致性信度为 0.87。

（三）干预实验设计

干预实验采用 2（组别：实验组/控制组）×2（测试时间：前测/后测）混合实验设计，实验组被试用 8 周时间进行正念认知训练，控制组不进行正念认知训练，实验结束后比较实验组前测后测得分和实验组控制组后测得分。

（四）干预实验研究方案

研究人员向实验组被试说明本次团体干预研究的目的，说明团体辅导的保密原则和注意事项，并与实验组被试签订知情同意书和保密协议。与其他团体辅导不同的是，本次为期 8 周的团体辅导，要求实验组被试控制使用智能手机及移动社交网络 APP 的时间，要求参加正念认知训练的实验组被试在训练的 8 周内，每天上午 8 点到中午 11 点和下午 3 点到下午 6 点，尽量避免使用智能手机及移动社交网络 APP（特殊情况除外）。实验组被试每周周五晚上 7 点在固定地点参加 90 分钟的正念认知训练。本研究正念认知疗法团体辅导的主要内容，是在借鉴张晓旭和朱海雪（2014）使用正念认知疗法干预手机依赖研究中对正念训练内容改编的基础上获得的。

8 周的正念认知训练的内容：第 1 周，主要使实验组被试了解和体验正念训练，通过葡萄干练习导入正念训练的概念；第 2~3 周，指导团体成员学习躯体扫描、正念呼吸、正念冥想、正念行走等方法，培养被试觉知自己内部及外部世界的能力，以及接纳、不判断、不反应的态度，预留家庭训练作业；第 4~6 周，每次先进行 30 分钟正念训练，然后讨论预留家庭作业及其家庭作业完成情况，剩余时间围绕与移动社交网络使用相关的一个主题展开讨论和分享，主试带领其他团体成员主动说出移动社交网络使用对自己的积极影响和消极影响，以及过度使用移动社交网络的原因；第 7 周，先进行 30 分钟的正念训练，再进行个体对移动社交网络信息觉察而不行动的自我控制训练；第 8 周，先进行 30 分钟正念训练，再进行延迟使用移动社交网络的自我控制训练。

在正念认知训练前，实验组和控制组要求完成相应的心理测量，其中实验组完成"五因素心智觉知度量表""青少年问题性移动社交网络使用筛查问卷""青少年问题性移动社交网络使用评估问卷""孤独感问卷""多维状态无聊量表"和"交往焦虑量表"，控制组完成除"五因素心智觉知度量表"之外的所有测量，作为研究的前测。在每次正念认知训练结束后向实验组被试布置相应的家庭作业，要求记录完成家庭作业的情况及感受，在下周活动时，对完成的家庭作业情况进行讨论和分享。与正念认知训练相比，正念认知训练结束后的家庭作业显得更为重要，这可以使被训练者将正念训练融入日常生活中。8周的正念认知训练之后，实验组和控制组再次进行上述测量，作为研究的后测，并进行数据的统计处理和分析。

三、研究结果

（一）实验组控制组前测结果及差异比较

为确定实验组与控制组在实验前保持同质性，我们对实验组与控制组两组被试在各变量上进行差异检验。结果发现，实验组与控制组在正念、问题性移动社交网络使用、孤独感、无聊倾向和交往焦虑等变量上，均不存在显著差异（$p>0.05$），表明被试在正念训练前不存在差异，见表6-5。

表6-5　各变量实验组控制组前测差异分析

变量	实验组（$n=15$）		控制组（$n=15$）		t 值
	M	SD	M	SD	
正念水平	2.67	0.67	2.74	0.59	−0.37
问题性使用	2.90	0.86	2.96	0.95	−0.44
孤独感	2.78	0.75	3.36	0.77	−2.56
无聊倾向	3.31	0.90	3.17	0.82	0.81
交往焦虑	3.33	1.16	3.15	1.09	0.64

（二）实验组正念认知训练后筛查率比较

为考察正念认知训练后，实验组的问题性移动社交网络使用筛查率变化，对实验组前测后测数据进行分析。结果发现：实验组在正念认知训练后的检出率上比正念认知训练前明显下降，由最初的100%的筛查率降低到33.3%，见表6-6。

表6-6　实验组正念认知训练后问题性使用筛检率比较

题目	训练前			训练后		
	频数（人数）	比例（%）	检出率（肯定8题及以上）	频数（人数）	比例（%）	检出率（肯定8题及以上）
G1	13	86.6	—	5	33.3	—

题目	训练前			训练后		
G2	14	93.3	—	7	46.6	—
G3	13	86.6	—	5	33.3	—
G4	12	80.0	—	4	26.6	—
G5	10	66.6	—	6	40.0	—
G6	12	80.0	—	5	33.3	—
G7	10	66.6	—	3	20.0	—
G8	11	73.3	—	6	40.0	—
G9	9	60.0	—	8	53.3	—
G10	8	53.3	—	4	26.6	—
G11	12	80.0	—	7	46.6	—
G12	10	66.6	—	5	33.3	—
总问卷	—	—	15（100.0%）	—	—	5（33.3%）

（三）实验组前测后测差异比较

为进一步考察干预实验的统计效果，我们对实验组各变量进行前测后测差异分析，结果显示：在正念水平上，训练后实验组正念水平显著提高（$p <$ 0.01）；在问题性移动社交网络使用上，训练后实验组前测后测存在显著差异（$p<0.01$），且后测得分均小于前测得分；在孤独感、无聊倾向和交往焦虑等负性情绪上，实验组前测后测均存在显著差异（$p<0.01$），且后测得分均小于前测得分。结果表明，被试在 8 周的正念认知训练后，正念水平得到提高，问题性移动社交网络使用和负性情绪得到一定缓解，见表 6-7。

表 6-7 各变量实验组前测后测差异分析

变量	前测（$n=15$）		后测（$n=15$）		t 值	Cohen'd
	M	SD	M	SD		
正念水平	2.67	0.67	3.15	0.45	−5.25**	0.841
问题性使用	2.90	0.86	2.16	0.82	7.45**	0.881
孤独感	2.78	0.75	2.25	0.78	5.11**	0.693
无聊倾向	3.31	0.90	2.34	0.85	9.71**	1.108

续表

变量	前测（n=15）		后测（n=15）		t 值	Cohen'd
	M	SD	M	SD		
交往焦虑	3.33	1.16	2.45	0.92	8.54**	1.333

（四）实验组控制组后测差异比较

实验组前测后测分析结果表明，青少年在正念认知训练后问题性移动社交网络使用和负向情绪均得到显著缓解，但由于正念认知训练时间长达 8 周，其中可能存在被试自身成熟因素、历史事件以及偶发因素产生的交互作用。为明确问题性移动社交网络使用缓解受正念认知训练的影响，研究对实验组控制组后测分数进行差异分析。结果发现：实验组与控制组在正念水平上存在显著差异（$p<0.01$），且实验组正念得分显著高于控制组；实验组与控制组在问题性移动社交网络使用上存在显著差异（$p<0.01$），且实验组得分显著低于控制组；实验组与控制组在孤独感、无聊倾向和交往焦虑等负性情绪上均存在显著差异（$p<0.01$），且实验组得分均显著低于控制组。上述结果表明，问题性移动社交网络使用和负性情绪的缓解是正念认知训练的结果，正念认知训练对青少年问题性移动社交网络使用缓解具有积极的作用，见表6-8。

表6-8　各变量实验组控制组后测差异分析

变量	实验组（n=15）		控制组（n=15）		t 值	Cohen'd
	M	SD	M	SD		
正念水平	3.15	0.45	2.69	0.47	4.78**	1.000
问题性使用	2.16	0.82	3.02	0.77	-8.77**	1.081
孤独感	2.25	0.78	2.91	0.81	-6.12**	0.83
无聊倾向	2.34	0.85	3.09	0.76	-5.81**	0.941
交往焦虑	2.45	0.92	2.97	0.88	-4.35**	0.578

四、讨论与分析

正念认知训练结果表明，在进行了 8 周的正念认知训练之后，实验组问题性移动社交网络使用筛查率比在正念认知训练前明显下降，被试对移动社交网络使用的依赖程度降低，与该问题性行为密切相关的负性情绪也得到缓解。基于问题性移动社交网络使用影响因素（认知因素）开展的正念认知训练，对缓解青少年问题性移动社交网络使用具有积极的作用。因此，除了传统的心理健康教育课之外，正念认知训练在缓解青少年问题性移动社交网络使用方面所呈现的积极效果，使其能够成为一种对该问题性行为有效干预的手段。本研究结果与张晓旭和朱海雪（2014）的研究结果一致，他们使用正念认知训练对手机依赖的大学生进行正念认知训练，通过 4 周 8 次的正念认知训练，实验组被试在手机依赖总分、失控性、戒断性和逃避性因子得分上与对照组相比显著降低，正念水平显著提高，结果表明正念认知疗法对个体手机依赖的干预效果明显。Koo（2011）使用其开发的中学生手机依赖预防计划，对手机依赖者进行正念干预研究，实验结果也表明，实验组在进行手机依赖预防计划的处理后，实验组与控制组相比，手机使用强度显著降低。有研究也证实，长期（一般为 8 周）和短期（一般为 4 周）正念认知训练在改善抑郁复发、强迫症、问题行为，以及网络成瘾和手机依赖方面均存在显著效果（翟成，盖笑松，焦小燕，于博充，2016）。除此之外，还有研究揭示正念认知训练能够显著调节负性情绪，促进积极情绪的发展，例如，陈语等人（2011）发现，正念冥想训练可以改变与情绪加工相关的大脑结构，调节个体的负性情绪，促进个体的正性情绪，对心身疾病具有显著的干预效用。钟佳涵、李波和刘素贞（2015）通过团体正念认知训练改善大学生的焦虑情绪，结果发现团体正念认知训练对改善大学生焦虑情绪以及提升其身心健康水平具有良好效果；正念冥想可调节个体的负性情绪、促进个体正性情绪，对心身疾病具有显著的干预效用。由此可见，正念认知训练不但能够减少青少年对移动社交网络使用的依赖，而且能够改善影响问题性移动社交网络使用相关的负性情绪。

　　翟成等人（2016）认为对注意的控制、接纳的态度与反应灵活性、动态的自我以及对价值观的反思是正念认知训练的 4 种作用机制。例如，正念认知训练能够使个体更加灵活地操控自己的注意指向，恢复对注意的掌控权，进而能够将注意力聚集在当下的目标上，经过 5 天至 3 个月的正念认知训练，注意力就会得到改善和提高；正念认知训练还能够培养个体接纳的态度，不回避、不评判、不深陷负面刺激的态度，即引导正念认知训练者将注意集中于任何可能出现的感觉、想法和情绪之上，而不是回避它们。Khanna 和 Greeson（2013）认为，那些具有成瘾倾向的个体正是由"正念缺失"及相关的负性情绪反应和社会问题所引起的，空虚和无聊的感觉会使个体通过药物、酒精或者其他物质来满足自己。个体通过正念冥想、正念瑜伽、正念呼吸和静坐冥想等正念训练方法，能够提高个体的正念水平，避免个体"正念缺失状态"，提高心理健康水平。因此，通过正念认知训练的个体能够正确对待移动社交网络使用及其带来的诱惑，个体能够对移动社交网络信息做到觉知，但并非总是对移动社交网络APP及其相关内容进行立即回应。正念认知训练能够通过注意力控制来减少移动社交网络使用的时间和频率，提高个体对移动社交网络使用的延迟满足能力，从而改善问题性移动社交网络使用。

第七章

青少年问题性移动社交网络使用理论模型构建

青少年问题性移动社交网络使用与其他相关问题性行为，如药物成瘾和网络成瘾等有很多类似之处，它们的发生机制和解释框架同样存在诸多相似之处。在前期文献基础上，本书认为媒介依赖理论、使用与满足理论、行为强化理论、计划行为理论、认知自我调节理论、自我决定理论和问题性手机使用综合模型等理论，均能从各自的视角为青少年问题性移动社交网络使用行为提供合理的解释，为该问题性使用行为的发生提供理论依据。上述系列研究结果以及国内外同行在该领域的研究结论，也均为青少年问题性移动社交网络使用研究提供了实证支持。基于理论与实证研究，我们尝试对基于行为主义心理学和认知心理学的理论进行整合和修订，从行为主义心理学和认知心理学双维视角，构建更具概括性和解释力的新理论模型。

第一节 理论模型提出的理论依据

一、基于媒介依赖理论的解释框架

媒介依赖理论认为，如果青少年越是希望通过媒介的使用来满足自己的心理需求，那么这种媒介在生活中就扮演越重要的角色，对个人的影响也就越大。该理论提出四个假设：首先，某种媒介对个体的影响并不完全由媒介和信息决定，而看媒介是否在一定的程度上满足了个体对特定信息的心理需求；其次，媒介影响力的大小受到个体心理与行为因素的影响，这主要取决于特定媒介及其信息与个体的认知、情感和行为等变量之间的关系强度，如果这种关系强度很大，个体更可能选择某种媒介；再次，当个体身处复杂的社会情境中，个体不仅需要通过特定媒介来认识情境和理解情境，而且需要依赖特定媒介做出特定的反应，以达到某些心理需求的满足，而媒介使用与积极的心理预期及其满足又会强化媒介使用行为；最后，媒介对个体的影响各不相同，有些人受媒介的影响大，而有些人受媒介的影响较小，那些心理需求越多的个体受媒介的影响越大。基于媒介依赖理论，青少年受到生存与发展动机驱使，往往通过依赖特定媒介寻求特定的心理满足，例如，理解自己与社会、确定自己与他人的行为、娱乐休闲与社会交往，这些需求满足必定要依赖青少年对媒介及其信息的使用及控制。青少年对媒介的依赖，既包括对媒介工具的依赖，又包括对媒介内容的依赖。根据媒介依赖理论，青少年形成问题性移动社交网络使用行为，是因为青少年基于满足上述生存与发展需要，需要依赖移动社交网络这一新媒介满足某些心理需要，例如，通过移动社交网络的使用建立和发展人际关系、获得情感支持、提升自尊、减少孤独感和无聊感、满足休闲娱乐等。但是，媒介依赖理论过多地强调个体心理需求与媒介使用之间的强化关系，而忽略了个体对媒介及其环境的认知与评价。那么媒介具有满足个体心理需求的属性就一定能诱发个体的使用行为，甚至是问题性使用行为吗？这使得媒介依赖理论的适用性受到理论思维的限制。

二、基于使用与满足理论的解释框架

使用与满足理论是一种被广泛应用于理解媒体选择和使用行为的理论。使用与满足理论包含以下四个假设：第一，个体对媒介的选择和使用是有特定心理动机的；第二，个体主动选择特定的网络媒介是为了满足某种心理需求或欲望；第三，社会心理因素会直接或间接影响个体之间的沟通行为；第四，个体会比较各种媒体之后选择更能满足自己需求的媒体。使用与满足理论认为，个体希望通过选择新媒体和技术来满足不同的心理需求，如果这些心理需要得到满足，那么个体更可能继续重复这样的行为，这一理论为问题性移动社交网络使用提供了一种解释视角。根据使用与满足理论，青少年长时间和高频率地使用移动社交网络是出于满足个体某种心理需求而产生的行为，例如，青少年往往通过移动社交网络结交新朋友和维系老朋友，以此来满足社会交往的需要。同样，早期研究所揭示出的青少年使用移动社交网络的主要动机，即关系维持需求、娱乐需求、信息需求、社交需求和自我呈现需求等，均是个体主动选择移动社交网络来满足上述社会和心理的需求。可见，青少年问题性移动社交网络使用的产生并非偶然，而是出于青少年对个体内在心理需求满足的需要。使用与满足理论虽然能对某些特异性行为的形成提供解释框架，但该理论仍过度强调了行为主义的强化理论。心理需求与行为满足之间的平衡是心理和谐的必要条件，但心理需求满足与特定行为之间是否可还原为 S—R 的刺激—反应模式？使用与满足理论强调心理需求满足与行为后果之间的必然联系，但忽略了其中的认知与评价作用。

三、基于行为强化理论的解释框架

行为主义强化理论被认为是对成瘾行为具有很好解释力的理论根据。根据行为强化理论，当积极强化物作用于个体后，个体会体验到积极反馈，这种积极反馈作为一种正性强化物会对个体的行为产生积极促进作用；如果消极强化物作用于个体，个体就会体验到消极反馈，这种消极反馈作为消极强化物，就会抑制个体行为发生。行为强化理论被提出以来，主要应用于学习行为和行为矫正等领域，在行为强化理论的具体应用中，强调要因地制宜使用强化物，信息反馈应及时，强化物呈现要及时。当在上述原则基础上使用行为强化时，就会使特定行为发生的概率增强，并塑造和改变特定行为。根据行为强化理论，如果移动社交网络使用带来了积极反馈，那么使用移动社交网络的意愿就会增强。例如，如果青少年在社会交往中存在交往障碍，而在移动社交网络中能够获得积极的人际交往体验，这种积极人际交往体验作为积极强化反馈，便可以增强青少年使用移动社交网络的意愿。同样，如果移动社交网络使用可以使个体避免现实生活中的孤独感、无聊感和抑郁等消极情绪，那么移动社交网络使用的时间和频率也会得到增加。从以往研究来看，移动社交网络的使用确实给个体带来了诸多积极影响，例如，通过移动社交网络可以有效提升自尊水平、获得情感支持、获得认同与归属感，降低社交焦虑水平、缓解孤独感和抑郁感等消极心理，这些影响作为积极强化能够显著增加个体移动社交网络使用的概率。另外，在移动社交网络使用过程中，个体可以获得"点赞"、获得即时反馈和评论，这也可以作为积极强化物来增加移动社交网络使用行为。虽然行为强化理论对大多数特异性行为的形成提供了解释框架，但积极强化与特异性行为之间的关系始终为线性关系吗？获得积极心理强化与避免消极心理强化，是特异性行为的终极目的吗？例如，模仿和从众可能是特异性行为形成的动力，心理需求满足与特异性行为之间复杂的认知与评价过程也控制或调节着特异性行为的形成。可见，基于行为主义视角的行为强化理论也存在以偏概全的缺陷。

四、基于计划行为理论的解释框架

计划行为理论是从理性行为视角对个体行为意向进行解释的理论。该理论认为个体的行为意向是行为的直接决定因素。行为意向包括行为态度、主观规范和知觉行为控制三个成分。行为态度反映了个体对某种行为积极或消极的评价；主观规范反映了个体基于环境压力感知来决定是否采取行动的意向；知觉行为控制反映了个体感知到内部和外部因素对促进或抑制某种行为的影响。根据计划行为理论，如果个体感知到环境中重要他人的积极期望，就会产生积极的态度，这有利于个体行为意向的形成，这种行为意向的强度会对行为具有积极的预测作用。根据计划行为理论，行为意向受行为态度、主观规范和知觉行为控制的影响，这三个成分相互作用产生相应的行为意向，行为意向最终导致某种行为产生，即当个体对行为的态度越积极、对环境中重要他人的积极期望越大、对知觉行为控制越强，就会产生积极的行为意向。可见，计划行为理论对个体某种现实行为和潜在行为均有积极的预测作用。移动社交网络使用作为技术性使用行为的一种典型类型，它可以被看作一种凸显性信息，人们对移动社交网络的积极需求使个体对移动社交网络使用产生了积极态度，而在移动社交网络使用中被反馈的积极信息又可以看作环境中重要他人的期望，这些积极信息能使个体心理需求获得更多满足，从而产生较强的知觉行为控制力，三者相互作用又会使个体产生积极的行为意向。虽然基于理性行为视角的计划行为理论兼顾了个体对内外环境的评价，能对特异性行为的形成提供解释框架，但该理论过分强调主观意向以及认知与评价，忽视了个体媒介使用的基本心理需求满足与特异性行为之间的平衡关系。它们的关系同样受制于一种追求心理和谐的内部驱力。

五、基于认知自我调节理论的解释框架

在班杜拉自我调节理论基础上，Lin 等人（2014）提出认知自我调节理论。该理论强调个体的认知过程在行为决策过程中的重要作用，该理论包括一系列认知过程：首先，个体要对环境进行评价来确定环境可以满足自己的某种社会心理需求；其次，个体对环境的评价过程将使个体产生积极或消极的认知性情绪；最后，个体在对环境的认知性评价和认知性情绪后，个体产生继续维持这种积极情绪体验的意图，或是逃避这种消极情绪体验的意图。如果个体通过环境评价产生积极情绪体验，就会持续这种行为；当个体通过环境评价产生的是消极情绪体验，就会终止这种行为。个体行为反应过程可被看作包括认知评价→情绪反应→应对反应的链式反应过程。该理论强调认知和情绪自我调节机制对行为反应的重要作用，自我调节受结果导致的认知评价和情绪反应的相互影响。因此，青少年问题性移动社交网络使用可以在自我调节视角下进行解释，即移动社交网络使用行为涉及复杂的认知过程，是一个包括认知、情感和行为相互连接的过程。青少年移动社交网络使用行为的产生包括三个阶段：一是评价阶段，即青少年对移动社交网络环境的整体评价，包括系统质量和价值感知（包括连通性、觉察和愉快感），这种系统质量会对个体产生积极的价值感和主观情绪体验；二是情绪反应阶段，即青少年对移动社交网络整体评价后所产生的情绪体验，包括满意度和归属感；三是应对反应阶段，包括持续的使用意向，当个体通过认知评价产生积极的情绪体验时，青少年会希望从移动社交网络使用中获得积极的价值感和情绪体验，并产生持续使用的行为意向。可见，认知自我调节理论试图从认知与行为视角为特异性行为的形成提供解释框架，强调认知与情绪在特异性行为形成中的作用。但是该理论的认知与评价过程，主要涉及对媒介属性的评价，而没有提及媒介使用与心理需求间的关系；在情绪反应过程中，强调认知结果的情绪效价，也是从媒介属性认知的视角出发，而且没有深入涉及情绪调节这样一个具体而重要的问题；在反应应对阶段主要强调基于认知评价的情绪反应，而忽视了个体的媒介使用动机、心理需求等与特异性行为的关系。

六、基于自我决定理论的解释框架

Przybylski 等人（2013）提出自我决定理论，用来解释个体在特定媒介或环境背景下的行为模式。该理论认为个体的心理满足感应来自我积极主动的心理与行为调节，认为有效的心理调节能力是个体心理健康的重要标志，这一能力应包括三方面：一是能力，即有效与他人相互作用的能力；二是自主性，即个体能够主动做出改变的能力；三是关联性，即个体与他人建立联系的能力。根据自我决定理论，这三种能力的交互作用共同决定了个体的行为模式。自我决定理论试图从一个宏观的视角来解释移动社交网络使用中存在的缺失恐惧（也称遗漏焦虑），"缺失恐惧症"是指当人们长时间无法使用手机或手机无法连接网络时，个体会因为害怕错过与自我有关的信息而产生的焦虑心理。对于那些具有缺失恐惧的人来说，移动社交媒体使用对他们具有很大的吸引力。根据自我决定理论，青少年在使用移动社交网络过程中会频繁反复查看社交网络或朋友圈，对移动社交网络中的信息过度关注，进而导致担心害怕失去某些信息对自己产生消极影响。青少年在现实生活中，由于人格因素、情绪因素和心理动机因素，会出现较为强烈的移动社交网络使用倾向，并希望通过移动社交网络使用来得到某种需求的满足。例如，具有孤独感、无聊和抑郁等消极情绪的青少年更倾向于使用移动社交网络，并在移动社交网络使用过程中会出现遗漏焦虑，为避免遗漏焦虑便会通过频繁访问来缓解这种潜在的负性情绪。可见，青少年有能力在移动社交网络中与他人交流互动，有能力独立做出改变以调节心理状态，也有能力在移动社交网络中与他人建立积极情感联结，当这种交流互动和情感联结受到终止或影响时，便会更加频繁访问移动社交网络。自我决定理论的核心是自我决定（控制），强调自我控制在行为中的作用，然而自我决定同样受制于一些因素的影响，如关心维持心理需求与媒介使用能否满足这一需求的关系问题，如果个体既有能力又有关联性，自主决定是否会一定导致特异性行为？显然自我决定会受到内部心理驱力和外部环境因素的影响。

七、基于问题性手机使用综合模型的解释框架

Billieux 等人（2015）在大量的文献分析和实证研究基础上，提出了问题性手机使用行为的综合模型，该模型认为导致问题性手机使用的风险性预测因素包括三方面。一是过度安慰寻求路径，认为某些个体会通过手机使用来获取情感支持（Lee，Chang，Lin，Cheng，2014）。问题性手机使用可能是由安慰需求所引发的，而较高焦虑水平、缺少自尊、不安全依附或情感不稳定性等这些因素都会使个体通过手机寻求心理安慰（Moreau，Laconi，Delfour，Chabrol，2015）。二是冲动性路径，这一路径揭示冲动性会引发问题性手机使用行为，认为手机使用成瘾与具体的冲动性表现相关（Roberts，Pullig，Manolis，2015），如迫切性（在涉及情感时行为鲁莽）、缺乏计划（不愿意考虑行为后果）或自我控制力差（具体定义为更高的无意识行动倾向）。三是外向性路径，这一路径强调人格因素对手机使用的影响，并且会导致不同的使用行为（例如，使用的频率及类型、风险使用、类成瘾症状）。根据该理论模型的假设，个体产生问题性移动社交网络使用受到情感因素和人格因素的影响，其中情感因素主要涉及情感寻求和情感支持，而人格因素主要涉及冲动性和外向性两种人格特质。基于文献分析基础提出的问题性手机使用综合模型，并不能涵盖对该问题所有可能的解释因素，如某些人格特质、心理动机和情绪情感因素未能包含在该模型中。显然，Billiard 等人基于文献分析基础提出的问题性手机使用综合模型，并不能涵盖对该问题所有可能的解释因素，如某些人格特质（自恋人格、神经质人格等）、心理动机（关系维持、信息获取、自我提升等）和情绪情感因素（错失恐惧、无聊倾向、社交焦虑等）未能包含在该模型中。虽然该理论对某些特异性行为提供了一个全新的解释框架，但它仍缺乏对心理需求与特异性行为之间的认知与评价过程，而且基于文献分析提出的解释路径也存在变量考虑不足的问题。

第二节 理论模型提出的实证依据

一、基于人格因素的实证研究

以往研究均发现，人格特质是对问题性社交网络使用具有重要影响的心理变量，尤其是神经质、外向性、自恋性、冲动性人格等（姜永志，李笑燃，白晓丽，阿拉坦巴根，王海霞，刘勇，2016；雷雳，杨洋，柳铭心，2006；梅松丽，柴晶鑫，2013；王欢，黄海，吴和鸣，2014；杨秀娟，周宗奎，刘庆奇，牛更枫，2017；章群，龚俊，李艳，章雪颖，史碧君，2016；Li，Dang，Zhang，Zhang，Guo，2014；Wang，Gaskin，Wang，Liu，2016），以往相关研究在文献综述部分已经涉及，这里不再赘述。

在以往研究基础上，本书进一步验证和揭示了人格特质对问题性移动社交网络使用的影响。发现神经质是对问题性移动社交网络使用产生影响最重要的人格特质，这与以往研究结论一致。研究发现开放性人格是问题性移动社交网络使用的重要抑制性因素，具有高开放性人格特质的个体，不易形成问题性使用。大五人格中的外向性格在以往研究中被认为是成瘾行为的重要预测因素，但本书的结果并未支持这种结论，即外向性人格不能对问题性移动社交网络使用产生直接预测作用。因此，在大五人格中仅有神经质和开放性两种人格对问题性移动社交网络使用具有影响。根据以往文献研究，本书也验证了自恋性人格对问题性移动社交网络使用的影响，得到的结论支持了高自恋人格更易形成问题性移动社交网络使用的结论。以往研究还认为，青少年自我控制能力或者冲动性人格是导致个体形成问题性使用行为的关键因素，本书同样支持了这一结论。由此可见，从人格特质来看，青少年问题性移动社交网络使用受到人格特质的影响，神经质、开放性、自恋和冲动性等人格是形成问题性移动社交网络使用的重要人格特质，其中神经质、自恋和冲动性人格特质是问题性移动社交网络使用的重要风险性预测因素，而开放性则是问题性移动社交网络使用的重要抑制性因素。

二、基于情绪因素的实证研究

以往的研究均发现，负性情绪是对问题性社交网络使用具有重要影响的心理变量，尤其是交往焦虑、遗漏焦虑、孤独感、无聊感等消极情绪（姜永志，白晓丽，2016；李笑燃，姜永志，刘勇，阿拉坦巴根，李敏，刘桂芹，2017；刘红，王洪礼，2011；王欢，黄海，吴和鸣，2014；谢其利，宛蓉，2015；姚梦萍，贾振彪，陈欣，周静，2015；Lee, Chang, Lin, Cheng, 2014；Lee, Tam, Chie, 2013；Yen, Yen, Chen, Wang, Chang, Ko, 2012），以往相关研究在文献综述部分已经涉及，这里不再赘述。

在以往研究基础上，本书进一步验证和揭示了情绪因素对问题性移动社交网络使用的影响。研究发现诸多负性情绪是青少年问题性移动社交网络使用的重要风险性预测因素。交往焦虑作为典型的负性情绪，对问题性使用具有直接预测作用，青少年在现实社会交往中存在的焦虑水平越高，越易形成问题性使用行为，这一结果也验证和证实了以往研究结论。除了交往焦虑外，在移动社交网络使用过程中，个体还可能存在一种基于移动社交网络的遗漏焦虑或缺失恐惧，这种遗漏焦虑对青少年问题性移动社交网络使用也具有直接的预测作用，这与以往相关研究结论一致。

可见，无论是在现实社会交往中产生的交往焦虑，还是在移动社交网络中产生的遗漏焦虑，均对青少年问题性移动社交网络使用具有直接影响，表明线上焦虑与线下焦虑都能使青少年形成问题性移动社交网络使用。除了线上线下两种焦虑水平对青少年移动社交网络使用产生影响外，孤独感和无聊倾向也是问题性移动社交网络使用的风险性预测因素。本书结果证实了孤独感作为一种消极情绪状态，对问题性移动社交网络使用产生直接影响。当青少年具有较高孤独感时，高孤独感青少年希望寻求社会交往以缓解孤独，以此来达到心理平衡状态，本书结果验证了以往研究结论，也证明孤独感同样对问题性移动社交网络使用具有直接影响。与孤独感相似的无聊倾向也被看作问题性移动社交网络使用的重要风险性因素，以往研究大多认为无聊倾向是导致青少年手机成瘾的关键情绪指标，本书也验证了这一结论。由此可见，从情绪因素来看，青少年问题性移动社交网络使用受线上线下消极情绪的影响，而且较高的交往焦虑、遗漏焦虑、孤独感和无聊倾向均是问题性移动社交网络使用的重要风险性预测因素。

三、基于动机因素的实证研究

以往研究均发现，心理动机是对问题性社交网络使用具有重要影响的心理变量，尤其是社交网络积极自我呈现、社交网络积极反馈、关系维持、娱乐消遣、信息获取、情感支持等（姜永志，白晓丽，刘勇，2017；姜永志，白晓丽，阿拉坦巴根，刘勇，李敏，刘桂芹，2016；刘沛汝，姜永志，白晓丽，2014；牛更枫，鲍娜，范翠英，周宗奎，孔繁昌，孙晓军，2015；Modi & Gandhi，2014；Walsh，White，Cox，Young，2011），以往相关研究在文献综述部分已经涉及，这里不再赘述。

在以往研究基础上，本书进一步验证和揭示了心理动机对青少年问题性移动社交网络使用的影响。本书发现，社会心理因素对青少年问题性移动社交网络使用的影响是全方位和多方面的，涉及个体自我认知和社会认知方面。从个体自我认知来看，个体自我认知主要包括在线的移动社交网络积极反馈和在线移动社交网络积极自我呈现。以往研究指出，青少年出现智能手机成瘾最为主要的心理动机，是他们希望在移动社交网络中进行积极自我呈现，构建一个完美形象，并希望从移动社交网络中获得积极的他人反馈，从而提升网络影响力和获取更多社会资本。本书结论也进一步验证了这一结论，即在移动社交网络使用中，积极自我呈现和积极反馈是问题性移动社交网络使用形成的重要心理动机。从个体社会认知来看，青少年使用移动社交网络存在诸多复杂的社会动机，而且青少年使用移动社交网络的动机呈多元化特点。例如，通过移动社交网络获取相应的信息资源，建立新的和维系已有的社会关系，避免现实社会交往中可能的焦虑情绪，获得在线的情感支持以满足某些心理需求，以及满足纯粹的娱乐消遣需要。本书结论验证了早期相关研究结果，这表明多元化的社会心理需要是青少年问题性移动社交网络使用的风险性预测因素。

四、基于问题性移动社交网络使用作用机制的实证研究

以往研究均发现，人格特质、负性情绪和诸多心理动机的相互作用及其内部的心理机制是问题性移动社交网络使用形成的重要动因，例如，神经质人格、外向性人格、社交网络积极自我呈现、社交网络积极反馈、交往焦虑、遗漏焦虑等，这些因素之间存在复杂的中介作用，间接对问题性移动社交网络使用产生影响（黄时华，张卫，胡谏萍，2011；姜永志，白晓丽，2014；赵建芳，张守臣，姜永志，姜梦，刘勇，2016；牛更枫，鲍娜，范翠英，周宗奎，孔繁昌，孙晓军，2015；Wang，Gaskin，Wang，Liu，2016；Yao & Zhong，2014；Yen, et al.，2012），以往相关研究在文献综述及部分已经涉及，这里不再赘述。

本书验证了人格因素、情绪因素和心理动机因素对青少年问题性移动社交网络使用产生的影响，同时还发现这三大类影响因素之间还存在较为复杂的相互作用机制。因此，我们分别以对青少年问题性移动社交网络使用具有较大影响的因素为自变量，考察了这些因素与人格、情绪和心理动机之间的相互作用，

来影响青少年问题性移动社交网络使用。

第一，基于已有文献开展了神经质对问题性移动社交网络使用的影响研究，发现冲动性人格与人际困扰在神经质与问题性移动社交网络使用间分别起着中介作用，同时还在神经质对问题性移动社交网络使用产生影响的过程中存在双重和链式中介作用，揭示了神经质、冲动性、人际困扰与问题性移动社交网络使用的作用机制。

第二，进一步深入展开了神经质对问题性移动社交网络使用的影响研究，发现交往焦虑、遗漏焦虑和积极自我呈现不但在二者间分别起到中介作用，而且三者同样也在神经质对问题性移动社交网络使用产生影响的过程中存在链式中介作用，揭示了神经质、交往焦虑、遗漏焦虑和积极自我呈现与问题性使用的作用机制。

第三，基于已有文献研究展开了自恋人格对问题性移动社交网络使用的影响研究，发现遗漏焦虑和积极自我呈现不但在自恋人格与问题性移动社交网络使用间分别起着中介作用，同时还在神经质对问题性移动社交网络使用产生影响的过程中存在双重和链式中介作用，揭示了自恋人格、遗漏焦虑和积极自我呈现与问题性移动社交网络使用的作用机制。

第四，在已有文献基础上展开了孤独感对问题性移动社交网络使用的影响研究，发现人际困扰和积极自我呈现一方面在孤独感与问题性移动社交网络使用间分别起着中介作用，另一方面还在孤独感对问题性移动社交网络使用产生影响的过程中存在双重和链式中介作用，积极情绪还调节积极自我呈现与问题性移动社交网络使用之间的关系，揭示孤独感、人际困扰、积极自我呈现与问题性移动社交网络使用的作用机制。

第五，基于现有文献展开了无聊倾向对问题性移动社交网络使用的影响研究，发现自我控制、交往焦虑和娱乐消遣一方面在无聊倾向与问题性移动社交网络使用间分别起着中介作用，另一方面还在无聊倾向对问题性移动社交网络使用产生影响的过程中存在三重和链式中介作用，揭示了无聊倾向、自我控制、交往焦虑和娱乐消遣与问题性移动社交网络使用的作用机制。由此可见，人格因素、情绪因素和心理动机与青少年问题性移动社交网络使用之间分别存在着较为复杂的作用关系。

五、基于问题性移动社交网络使用认知特点的实验研究

以往研究均发现，网络成瘾、智能手机成瘾等个体在认知上与非成瘾者存在差异，尤其是大量的网络成瘾研究已经证实，网络成瘾者对网络相关刺激存在选择性注意偏差，这一认知特点在智能手机成瘾的研究中也得到验证（花蓉，武晓锐，方芳，2016；张锋，沈模卫，朱海燕，周星，2005；Macleod & Bors，2002；Rundle，2017；Yang，Zhu，Jackson，2017）。另外，与成瘾有关的研究也发现，心理渴求感是成瘾者与非成瘾者的重要区别，无论是物质成瘾还是网络成瘾，被试均存在对特定成瘾刺激物的心理渴求感（邓林园，方晓义，吴杨，张耀方，刘一军，2009；李晶，张侃，2007；刘亚丽，黎丹丹，2016；牛更枫，孙晓军，周宗奎，孔繁昌，范翠英，魏华，2016；Ko et al.，2013；Robinson & Berridge，2001）。以往相关研究在问题性移动社交网络使用认知特点研究部分已经涉及，这里不再赘述。

以往研究较少从认知视角探讨技术性使用行为的认知特点和认知机制，而多从测量学视角探讨其影响因素或发生机制。为进一步探讨认知过程对青少年问题性移动社交网络使用产生的影响，本书在以往研究基础上，进一步验证和揭示了问题性移动社交网络使用的认知特点，验证了认知因素对青少年问题性移动社交网络使用产生影响的假设。本书发现，具有问题性移动社交网络使用倾向的青少年，他们在信息加工过程中，存在对社交网络相关信息的注意偏向，即在有效线索条件下，被试对相关刺激的反应时短于中性刺激，而在无效线索条件下，被试对相关刺激的反应时又长于中性刺激，表明青少年对移动社交网络相关信息存在选择性的注意偏向，而且存在注意警觉和注意解除困难两种认知成分。本书还发现，具有问题性移动社交网络使用倾向的青少年更易受移动社交网络使用相关线索的影响，移动社交网络相关刺激能诱发问题性使用者对移动社交网络使用的渴求感，图片刺激既能诱发问题性使用者的渴求感，也能诱发正常使用者的渴求感，所以相关图片刺激能最大化诱发个体对移动社交网络使用的心理渴求感。基于本书得出的结论，我们认为青少年问题性移动社交网络使用存在特定的认知特点。

第三节 理论模型的理论框架建构

一、理论模型的基本构成

上述理论与实证依据的论述，一方面表明现有行为主义与认知心理学的理论解释框架，要么忽视认知与评价因素的考量，要么缺乏对心理需求与特异性行为之间关系的考量，有较少的理论解释框架从行为与认知视角进行整合；另一方面揭示了对问题性移动社交媒体使用等特异性行为有重要影响的心理变量及其变量间的作用关系。基于前期的理论研究和实证研究结果，并结合以往相关理论和实证研究，本书尝试性提出解释青少年问题性移动社交网络使用的新理论模型。在这一理论模型中，青少年问题性移动社交网络使用受诸多因素的影响，主要由四条路径构成：一是人格因素路径，主要包括神经质人格、开放性人格、自恋人格和冲动性人格。其中，神经质人格是对问题性使用影响最大的人格特质，自恋人格和冲动人格也对问题性使用具有重要影响。这三种人格特质均会对问题性移动社交网络使用产生直接的预测作用，开放性人格则取代了以往研究中的外向性人格，对问题性移动社交网络使用也具有重要影响，但开放性人格对问题性移动社交网络使用会产生抑制效应。二是情绪因素路径，主要包括交往焦虑、遗漏焦虑、孤独感和无聊倾向，值得注意的是这四种消极情绪均与人际交往困扰存在密切关系，青少年的人际困扰均会通过这四种消极情绪表现出来，而且这四种消极情绪均会对问题性移动社交网络使用产生直接预测作用，这也验证了以往研究普遍认为的负性情绪是问题性移动社交网络使用的重要影响因素的结论。三是动机因素路径，青少年使用移动社交网络的动机较为复杂，概括起来主要包括以下几方面：第一，通过"晒"来展现自己积极状态的积极自我呈现；第二，对自我相关信息的渴求与遗漏焦虑；第三，纯粹无聊和娱乐心理；第四，特异性信息心理需求；第五，关系维持与扩展心理。这些动机主要表现为社交网络积极自我呈现、社交网络积极反馈、信息获取、关系维持、避免焦虑、娱乐消遣、情感支持和自我展示等方面。四是认知因素路径，青少年可能存在对移动社交网络使用相关内容的选择性注意偏向，并对特定移动社交网络相关内容具有渴求性使用心理。

心理与行为的改变均受个体内部环境和外部环境的影响，上述四方面的实证研究已基本揭示了问题性移动社交网络使用的部分内外环境因素，上述各方面的影响因素更侧重于内部环境的揭示，如认知、人格、情绪和动机，主要表现为个体的内部心理状态或心理过程。在上述诸多因素的讨论中，所有的因素均与自我有关，而大多问题性行为形成或产生的一个重要原因就是不正确的认识，同时缺乏有意识和有效的控制。那么，个体对使用移动社交网络的不正确认识及其缺乏有效控制，其实是自我觉知系统出现了障碍，进而导致人们对移动社交网络使用相关刺激的注意偏向和心理渴求感。那么，在认知因素部分，引入自我觉知的概念将对模型进行进一步的解释。

不可否认，上述各因素更侧重个体微观的心理变化，但这些因素同样不可避免地会受到外部环境的影响而发生变化，如根据需要与满足理论，移动社交网络使用会带来积极体验或引发更多的积极情绪，移动社交网络过度使用又会引发遗漏焦虑、孤独感等消极情绪；移动社交网络使用动机大多也受外部环境的影响，如在线社会比较、维持社会关系、娱乐需求等社会动机也会引发个体更多的移动社交网络使用行为。由此可见，外部环境因素是问题性移动社交网络使用形成的重要因素，但外部环境的影响又十分宏观和宽泛，无法对所涉及的环境变量进行一一求证。因此，我们主张将环境因素作为一个大的宏观背景，将基于实证研究提出的理论模型放置其中，这样理论模型就既有坚实的实证基础和理论基础，也较为全面地考虑了研究之外环境因素的影响。

二、理论模型基本假设

借鉴以往行为主义心理学和认知主义心理学相关理论框架，以及新近的问题性手机使用行为综合模型，本书对 Billieux 等人提出的问题性手机使用行为综合模型进行扩展和完善，并基于文献分析和实证研究，提出由人格因素、情绪因素、动机因素和认知因素四条路径构成的问题性移动社交网络使用理论模型。本书所提出的理论模型包括以下假设：（1）问题性移动社交网络使用受人格因素、情绪因素、动机因素和认知因素的多重影响；（2）人格因素、情绪因素和动机因素不但直接对问题性移动社交网络使用产生影响，而且人格因素、情绪因素和动机因素，它们之还存在复杂的相互作用机制，并对问题性移动社交网络使用产生间接影响；（3）理论模型中所涉及的人格因素、情绪因素、动机因素和认知因素对问题性移动社交网络使用的影响有作用与反作用、强化与反强化的特点，即理论模型处在动态变化中；（4）问题性移动社交网络使用受个体内部环境和外部环境的共同影响，内部环境的影响更具体，外部环境的影响更宏观。由此可见，青少年问题性移动社交网络使用理论模型是在外部环境的背景下，人格因素、情绪因素、动机因素和认知因素共同相互作用的结果。

三、理论模型的基本解释框架

基于理论和实证研究基础提出的青少年问题性移动社交网络使用理论模型，可从以下五方面进行理论阐释：

第一，人格因素、情绪因素和动机因素增加了青少年移动社交网络使用的行为，在移动媒体时代，青少年均会接触和使用移动社交网络，这是时代的大趋势。不过，人格因素、情绪因素和动机因素均会在一定程度上增加青少年使用移动社交网络的时间、频率和强度等，但这不等同于具有上述人格、情绪和动机的青少年均会产生问题性移动社交网络使用，即三种因素仅在一定程度上增加了青少年移动社交网络使用的概率。

第二，人格因素、情绪因素和动机因素，会直接或间接引发问题性移动社交网络使用。例如，具有高自恋人格的青少年偏好在移动社交网络中进行积极自我呈现，高交往焦虑、孤独感和无聊倾向的青少年希望在移动社交网络中缓解负面情绪对自己的影响，娱乐消遣和维系人际关系促使青少年投入大量时间和精力在移动社交网络中。在上述这种人格、情绪和动机因素等方面具有典型倾向性的青少年，更易产生问题性移动社交网络使用。

第三，人格因素、情绪因素和动机因素，它们之间的相互作用间接对问题性使用产生影响。某些人格因素、情绪因素和动机因素不仅会直接促使青少年问题性移动社交网络使用的形成，而且三者之间也存在着复杂的内部作用机制。例如，高自恋人格倾向的青少年在移动社交网络中一方面频繁地进行积极自我呈现，形成了问题性移动社交网络使用，另一方面还会因害怕遗漏移动社交网络中发布的自我相关信息或他人的反馈等，形成问题性移动社交网络使用。可见，人格因素、情绪因素和动机因素共同作用，诱发了青少年问题性移动社交网络使用，即人格因素、情绪因素和动机因素相互作用，对问题性移动社交网络使用产生了间接影响。

第四，青少年问题性移动社交网络使用除受人格因素、情绪因素和动机因素的影响外，还受青少年认知因素影响。具有问题性移动社交网络使用倾向的青少年，普遍存在对移动社交网络相关刺激的选择性注意偏向行为，同时移动社交网络使用相关线索会诱发青少年移动社交网络使用的心理渴求感。可见，认知因素也是影响青少年问题性移动社交网络使用形成的重要内在条件。

第五，在外部环境的背景下，问题性移动社交网络使用的强弱也会反作用于人格、情绪、动机和认知，问题性移动社交网络使用受人格、情绪、动机和认知影响的同时，也会进一步反向强化并影响人格塑造、情绪发展、心理动机形成和认知变化。例如，具有问题性移动社交网络使用倾向性的青少年，在虚拟社交网络中会出现更多的去抑制行为，使个体变得更加冲动。社交网络的虚幻性也会使长期沉迷于其中的青少年感到更加焦虑和孤独。社交网络使青少年更倾向借助这一媒介来获取情感支持和维系人际关系，从而忽视现实正常的社会交往，并可能导致青少年逃避现实社会交往。

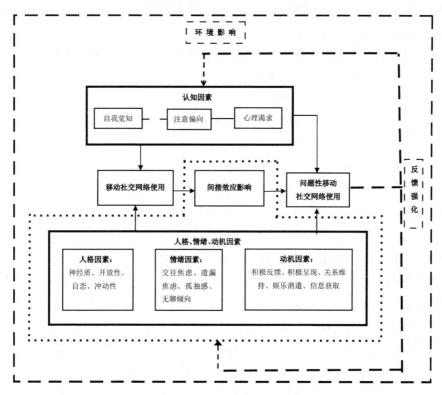

图7-1 问题性移动社交网络使用综合理论模型

　　青少年问题性移动社交网络使用是一个包含认知、情绪、行为和意志控制的复杂心理过程，以往研究分别从行为主义和认知心理学视角揭示了问题性移动社交网络使用的影响因素和发生机制。任何一个理论的提出都应"顶天立地"，既要依托已有理论和实证研究作为现有研究的基础，又要能够对现实实践问题有较高的解释效度，这才是一个好理论应该具备的。本书在已有相关理论和实证研究的基础上，提出青少年问题性移动社交网络使用综合理论模型（见图7-1），该理论模型在吸收了以往相关理论合理之处的基础上，从行为主义和认知心理学双维整合视角尝试性提出新理论模型，该理论模型认为：问题性移动社交网络使用受人格、情绪、动机和认知因素影响；人格、情绪和动机因素不但直接对问题性移动社交网络使用产生影响，而且人格、情绪和动机三者还存在相互作用，并对问题性移动社交网络使用产生间接影响；理论模型强调问题性移动社交网络使用受上述因素影响，且人格、情绪、动机和认知等因素相互作用与反作用，即理论模型是一个包含强化与反强化的动态过程；问题性移动社交网络使用受个体内部环境和外部环境的共同影响，内部环境的影响更具体，外部环境的影响更宏观。

整体来看，研究所提出的理论与以往理论解释框架相比有几个特点：一是研究提出的理论模型整合了行为主义与认知心理学的双维理论视角，以往研究多是从单一理论视角提出解释框架，要么从行为主义的强化理论视角提出解释框架，要么从认知心理学的信息加工理论视角提出解释框架，本书在考虑行为主义强化理论基础上，也尽量将个体的社会认知因素纳入对问题性移动社交媒体使用的解释框架中。在移动社交媒体上进行积极自我呈现和积极自我反馈的心理动机就是基于行为主义理论视角的解释，个体对移动社交媒体使用相关内容的选择性注意偏向和心理渴求感则是基于认知心理学信息加工视角的解释。二是研究提出的理论模型涵盖了大部分对问题性移动社交媒体使用有影响的心理变量，较之以往的理论更为全面系统。如在人格因素中包括了大五人格、冲动性人格和自恋人格等，在情绪因素中包括了交往焦虑、遗漏焦虑、孤独感和无聊倾向等负性情绪，在心理动机中包括了移动社交媒体积极自我呈现、积极自我反馈，以及信息获取、关系维持、避免焦虑、娱乐消遣、情感支持、自我展示等大部分心理动机，这些心理变量能较为全面地解释青少年问题性移动社交媒体使用的发生。三是研究提出的理论模型是一个动态理论模型，一方面人格因素、情绪因素、心理动机以及认知会影响问题性移动社交媒体使用的形成，另一方面问题性移动社交媒体使用也会反作用于人格、情绪、心理动机和认知。例如，具有问题性移动社交媒体使用倾向的青少年，在虚拟社交媒体中会出现更多的去抑制行为，使个体变得更加冲动；虚拟社交媒体的虚幻性会使长期沉迷其中的青少年感到更加焦虑和孤独；虚拟社交媒体使青少年倾向借助这一媒介来获得社会支持，从而忽视现实生活中的社会交往。四是研究提出的理论模型不但强调内部因素对问题性移动社交媒体使用的影响，还注重外部环境因素的作用，将理论模型的主体部分放置在大的环境背景之中，突出了环境的全方位和系统性的影响。

研究认为从行为主义和认知心理学双维视角提出对问题性使用的解释框架，是对以往相关理论模型的补充和扩展。但研究提出的理论模型仍存在难以避免的缺陷。一是该理论模型仅从行为主义和认知主义心理学理论视角出发，没能很好地将两类理论进行融合。事实上，问题性移动社交媒体使用的三类主要影响因素均与个体的社会认知存在关系，但本书却未能对他们之间的相互作用机制进行深入探讨，这需要在今后的研究中予以关注并深入探讨。二是问题性移动社交媒体使用不仅是社会心理学的研究对象，而且是认知神经科学、生物学、临床医学、新闻传播学、教育心理学、思想政治教育等诸多学科的研究对象。那么，从心理学视角为问题性使用行为提供单维视角的解释框架就显得较为简化和局限，这一问题应放置在更为广阔的视野下展开研究，学科交叉整合的视角则是对该问题进行深入研究的最好选择路径。未来研究，应更加注重自然科学、人文科学和社会科学的交叉整合。例如，问题性移动社交媒体使用的脑机制研究是未来重要的研究领域，揭示问题性使用者的脑结构变化，以及对个体心理行为的影响，这需要心理学、临床医学和神经科学等学科的相互协作；开展基于大数据背景下移动社交和线上线下学习研究，这需要新闻传播学、教育心理学、网络信息科学等学科的相互协作。多学科协作是未来研究的发展趋势，从多学科视角提出该问题性移动社交媒体使用解释框架，能够更全面和深入地理解这一问题。

第八章

问题性移动社交网络使用的社会治理路径

　　移动社交网络使用已经成为新媒体时代青少年生活的重要组成部分，移动社交网络所发挥的效应也远超出人们的预期。2008 年，微信上线以来的十年间，无论从社会交往、休闲娱乐、信息检索，还是便利的微信支付方面，以微信为代表的中国移动社交网络使用成为中国青少年乃至老年人智能手机使用的必备应用。伴随着"微时代"的到来，一种与网络成瘾类似的社会现象日益凸显，基于智能手机的移动社交网络使用也已经在很大程度上嵌入青少年的心理，在发挥积极效应的同时其消极效应也逐渐凸显。本书不但揭示了当前我国青少年问题性移动社交网络使用的现状、影响因素、认知特点等，而且尝试性的干预研究也取得一定积极效果。那么，基于实证和理论研究结论，我们有必要针对性地提出青少年问题性移动社交网络使用的引导或矫正对策建议。问题性移动社交网络使用主要是后天塑造的结果，那么我们可从青少年心理与行为产生重要影响的家庭教育、学校教育和社会教育三方面，展开青少年问题性移动社交网络使用的预防和干预。

第一节　青少年问题性移动社交网络使用的家庭教育

　　家庭教育是教育的起点，它具有启智、育德、培养个性的功能，使个体在家庭生活与人际交往中获得知识经验，形成情绪情感、伦理道德规范和行为习惯，而良好的家庭教育是优化孩子成长的催化剂。学前期家庭教育对孩子的习惯养成、品性修养、兴趣爱好等具有重要作用，学龄期家庭教育又与学校教育、社会教育相互衔接和相互补充，对孩子的身心发展产生持续的影响。可以说，家庭教育在孩子成长过程中发挥着无法替代的作用。那么，青少年行为习惯养成、品性修养和个性培养也均受家庭教育持续的和潜移默化的影响。从家庭教育的视角来看，认识家庭教育的重要性，并在家庭教育中给孩子营造积极向上的家庭环境，能为个体提供身心健康发展的优质"土壤"。青少年问题性移动社交网络使用作为一种问题性行为同样受家庭教育的影响。因此，基于家庭教育的视角，在家庭教育中预防或矫正青少年问题性移动社交网络使用，我们可从以下几方面着手：

一是依靠家庭教育塑造青少年积极健康的人格。青少年的人格特质是影响问题性移动社交网络使用的重要因素，尤其是神经质、开放性、自恋、冲动性等人格特质。虽然人格是相对稳定的心理特质，但它同样也会受后天环境的影响，越小的儿童受到的环境影响越大，且随着年龄增大不易改变。那么在孩子成长的过程中，给孩子创造温馨的成长环境就显得尤为重要。例如，对神经质和冲动性倾向的孩子给予耐心和宽容；对开放性倾向的孩子给予他们表扬与赞美；对自恋性倾向的孩子，让他们学会客观认识自我、自我与他人的关系。健康人格的塑造不是一朝一夕的事情，青少年在成长过程中，人格特质也会随着父母教养方式、家庭关系、家庭氛围等发生变化，针对不同人格特质的孩子给予不同的关注，在一定程度上能塑造孩子积极健康的人格特质，而健康积极的人格特质不但能促进个体的身心健康发展，还能避免青少年形成问题性移动社交网络使用。由此可见，家庭教育作为学校教育和社会教育的基础，它对个体的隐性影响巨大，尤其是在个体人格塑造方面发挥着不可忽视的作用。那么，针对某些消极人格特质的教育引导，家庭教育为个体塑造积极健康的人格奠定基础，同时更能规避问题性移动社交网络使用的风险。

二是依靠家庭教育塑造青少年良好行为习惯。习惯养成教育是家庭教育和学校教育的主要功能，家庭教育因先于学校教育对个体发生影响而显得更为基础，儿童习惯养成会持续影响人的青少年和成年阶段甚至终身。家庭教育中的习惯养成，主要依靠父母的示范及其相关强化。班杜拉的社会学习理论认为，儿童的学习行为起始于模仿并受强化的影响，当儿童的某一行为受到强化时，则再次发生的概率就会增加，尤其是及时的积极正强化对个体行为影响更为重要。问题性移动社交网络使用作为一种偏离社会常态的移动网络使用行为，在一定程度上受到家庭教育的影响。例如，父母下班后手机不离手"刷屏"，这一方面会增加孩子对这一不良行为的模仿概率，另一方面因父母与孩子的沟通交流减少，可能导致亲子关系紧张和家庭矛盾增多，从而使孩子产生逆反心理和行为。由此可见，家庭教育更注重孩子的启智、德育和个性培养，青少年行为习惯直接受早期家庭教育的影响。父母在家减少使用智能手机的频率，增加与孩子的互动交流，增进亲子关系，这一方面对培养孩子的个性品质、行为习惯等有积极作用，另一方面对规避问题性移动社交网络使用风险具有积极作用。

本书还发现，移动社交网络相关视觉线索会使个体产生选择性注意偏向和心理渴求感，这说明刺激线索对个体移动社交网络使用也具有诱发作用。那么，家庭成员避免在家频繁使用手机，避免视觉线索刺激也能有效规避问题性移动社交网络使用风险。

三是依靠家庭教育促进青少年积极情绪情感发展。本书发现，交往焦虑、孤独感、无聊感等负性情绪是问题性移动社交网络使用的重要风险性预测指标，这些消极情绪又多源于不良的人际交往。家庭教育在个体的情绪情感培养方面发挥着积极作用，良好的家庭教育环境有利于个体积极情绪情感的发展，而消极的家庭教育环境则会使个体产生更多的消极情绪情感，并引发一系列的心理与行为问题。因此，积极情绪情感的培养应是家庭教育早期关注的基本问题，通过父母教养方式和亲子关系的构建，促进积极情绪情感的发展。家庭教育不但要在青少年积极情绪培养方面发挥作用，还应在青少年情绪管理方面发挥效应。负面情绪是生活中的一部分，调节情绪、管理情绪，将负性情绪弱化，甚至是转换成积极情绪，需要在家庭情绪情感教育中，以潜移默化的方式完成。社交焦虑、孤独感、无聊感等负性情绪导致的人际交往障碍，是问题性移动社交网络使用的重要发生机制。那么，青少年问题性移动社交网络使用的引导和矫正，需要家庭教育担负起个体积极情绪情感发展和情绪管理，以及促进个体积极情绪情感发展的责任，这不但有利于个体身心健康发展，还有利于规避问题性移动社交网络使用的风险。

综上所述，作为三大教育主体之一的家庭教育，在儿童青少年积极健康人格塑造、良好行为习惯养成和积极情绪情感发展等方面发挥着巨大作用。从家庭教育的视角出发，家庭教育对青少年问题性移动社交网络使用的影响，或许并不够直接，但它的影响却是基础性和持久性的。因此，加强儿童青少年时期的家庭教育，促进个体积极个性品质、良好习惯养成和积极情绪情感发展，是学校教育和社会教育进一步发挥功效的基础，也是规避青少年诸多问题性行为风险的重要保障。

第二节　青少年问题性移动社交网络使用的学校教育

学校教育是家庭教育在时间和空间上的延续，它是由专业教师承担，在专门的教育机构，进行目的明确、组织严密、系统完善、计划性强的以影响学生身心发展为直接目标的教育实践活动。学校教育与家庭教育相比，在时间跨度上更长，在空间跨度上更广，大多数青少年的知识能力、社会情感、道德规范、社会技能、品格塑造等均深受学校教育影响。因此，学校教育是人成长当中最关键和最重要的教育，它在整个教育体系中处于主导地位。也正因为学校教育阶段时间长、跨度广，它对青少年生理、心理与行为的影响也最大。青少年由于正处在生理和心理发展期，他们的心智尚未成熟、价值判断不准确，问题性移动社交网络使用正是青少年这时期较易形成的一种消极行为。基于本书结论，青少年问题性移动社交网络使用不但受相对稳定的人格特质影响，受变化的负性情绪影响，受深层复杂的心理动机影响，同时还受上述因素的交互影响，而社会交往相关问题则成为诸多影响因素交互发生作用的典型心理变量。由于现实生活缺少积极关注来寻求移动社交网络关注的心理动机，以及表现为积极自我呈现的行为，这也是问题性移动社交网络形成的重要因素。因此，基于学校教育的视角，在学校教育中预防或矫正青少年问题性移动社交网络使用，我们可从以下几方面着手：

一是依靠学校教育培养青少年积极人际交往能力。积极的人际交往能力是青少年心理与行为社会化的重要组成部分，它对青少年社会心理与行为发展产生重大的影响。需要层次理论认为，个体发展需要依次经过生理需要、安全需要、归属和爱的需要（也称社会交往需要）、尊重需要和自我实现需要。在个体满足生理需要和安全需要后会产生社会交往需要，社会交往需要是对友谊、爱情以及归属关系的需求。从我国当前青少年社会交往能力发展现状来看，青少年缺乏有效的社交技能，自我中心倾向严重，分享与合作观念淡漠，这使青少年在人际交往中易产生人际交往障碍。尤其是新媒体时代的来临，移动社交网络更是替代了传统的面对面交流，网络社交中相关视觉线索的缺失，以及沟通的时间延迟，都使沟通相对容易，但这也使青少年过度依赖社交网络而淡漠了现实人际交往，导致现实社交技能缺失，使青少年不愿进行面对面的社会交往，而倾向于网络社交。问题的根源在于，青少年在现实生活中缺少正常社会交往所需要的心理素质与行为能力。正如本书结论所展现的一样，由社交能力缺失引发的社交焦虑，由自我中心倾向及过度自我关注引发的遗漏焦虑，会增加青少年使用移动社交网络的时间和频率。青少年社会交往能力的发展正是学校教育的重要任务，知识、情感和技能是学校教育的三大目标，技能也包括社交能力的培养。由此可见，为青少年创造良好的社会交往环境，鼓励青少年之间的交流、对话、沟通，给予一定的社会交往技能指导，这都会在一定程度上促进青少年积极人际交往能力的发展，不但有利于青少年身心健康发展，还能够规避问题性移动社交网络使用形成的风险。

二是依靠学校教育培养青少年积极健康的自我意识。自我意识发展是衡量青少年心理健康水平的重要指标，它对青少年的心理与行为起着指导作用。根据弗洛伊德的意识理论，我们的行为不但受意识的影响，还受潜意识的影响，意识是与直接感知有关的心理部分，而潜意识则是感知不到对心理与行为产生影响的意识。在弗洛伊德的人格结构理论中，自我是对现实自我的感知，它源于本我并受制于超我，当本我、自我和超我出现失衡状态时便会出现心理问题。如当本我占据主导时，个体将会以满足个体欲望为行为准则。埃里克森还提出自我发展阶段理论，该理论强调青少年时期面临最主要的挑战是自我同一性危机，即自我认同危机。当个体能够客观认识现实自我与理想自我，生理自我、心理自我与社会自我的关系时，便会形成同一性自我。由此可见，健康的自我意识在青少年成长中的重要作用。但在现实生活中，青少年往往因自我认识偏差而产生行为偏差，例如，本书结论指出，具有自恋人格倾向的个体更容易在社交网络中进行积极自我呈现，寻求积极关注，这些青少年也更易产生问题性移动社交网络使用。当个体过度关注自我，自我中心倾向凸显，而忽略社会他人时，便会形成自恋人格。当个体在社会互动或人际交往中体验到的积极关注过少时，也会产生社交需要无法满足的社交渴求性心理，从而寻求在现实或网络社交中的积极关注。学校教育在青少年自我意识培养方面发挥着重要作用，设置合理的心理健康教育活动课，教师人格魅力的感染，积极同伴关系的发展等，都会对积极自我意识发展产生积极的促进作用。那么，针对性地开设心理健康教育活动课，塑造青少年积极的自我意识，使青少年学会客观认知自我、学会合作、学会分享、学会换位思考等，这都有利于青少年积极自我意识的发展，同时也可以规避由自恋人格、缺乏积极关注等原因形成的问题性移动社交网络使用。

三是依靠学校教育培养青少年积极健康媒介素养。媒介素养是指正确地、建设性地享用大众传播资源的能力，能够充分利用媒介资源完善自我，参与社会进步，包括公众利用媒介资源动机、使用媒介资源的方式方法与态度、利用媒介资源的有效程度以及对传媒的批判能力等。按照"文化规范论"的观点，新兴媒体对个体的心理与行为都会产生巨大影响，人们会在不断的媒介接触中，逐渐将这种"规范力量"的图式内化为自己的思想意识，从而影响人们的行为。以往研究发现，新媒体时代，青少年对媒介的批判能力仍较弱，对媒介的使用不够充分，青少年的网络道德和法律意识还比较薄弱，这源于新媒体时代网络媒介传播快速发展，而相关媒介素养教育停滞或缺失。处在新媒体时代的青少年不可避免地受到新兴媒体的影响，如基于移动互联网的微信、微博、QQ 等新媒介，凭借开放性、交互性、便捷性、多样性等特点对青少年的认知方式、思维风格、行为习惯、思想观念等方面产生重要影响。在新媒体时代，学校教育的教育功能还应包括媒介素养教育，因为媒介素养会指导个体的网络信息选择、传播，以及指导个体实现心理与行为规范。那么，在各级学校开展媒介素养教育是新时期学校教育的新任务。在新媒体时代，良好的媒介素养教育可以使青少年更好地认识和选择媒介信息，树立正确的世界观、人生观和价值观。从媒介素养教育视角下来看，青少年问题性移动社交网络使用也是媒介素养教育缺失所导致的消极结果，培养青少年正确看待移动社交网络的工具属性，正确看待移动社交网络使用与自己学习生活的关系，培养青少年积极的移动网络使用素养，这不但有利于青少年正确处理移动社交网络与学习生活的关系，促进身心健康发展，还能够规避问题性移动社交网络使用形成的风险。

第三节　青少年问题性移动社交网络使用的社会教育

社会教育是家庭教育、学校教育及其以外的社会文化教育机构及有关社会团体或组织，对社会成员特别是青少年所开展的以政治、经济、文化、社会生活等为内容，影响个人身心发展的教育活动。社会教育比家庭教育和学校教育的范围更广，内容更丰富，途径和方法也更加灵活多样。社会教育是人生教育系统的重要组成部分，它的主要任务是继家庭教育和学校教育之后，帮助青少年顺利完成社会化。例如，确立社会意识、形成社会观念、塑造社会性格、养成社会能力、学会社会规范、了解社会文化、融入社会生活、培育社会影响力等，其最终目标是帮助青少年建立正确的世界观、人生观和价值观。从社会教育的过程来看，它并非松散的教育活动，而是针对青少年某些心理与行为特点，展开有系统、有目的、有组织的教育活动，同时社会教育也需要认真策划、精心设计和周密安排。从社会教育的形式来看，主要包括培训、讲座、媒体传播（广播、电视、报纸、杂志等）、展馆（图书馆、博物馆、科技馆、展览馆等）、自学等。随着新兴网络媒体的快速发展，基于移动互联网的网络社会教育逐渐成为一种新的社会教育形式，对青少年产生持续深刻的影响。问题性移动社交网络使用是伴随新兴移动媒体发展而形成的一种社会现象，它的形成除了受人格特质、负性情绪、心理动机的直接影响外，还受社会环境的影响。因此，在社会教育的视角下，预防或矫正青少年问题性移动社交网络使用可从几方面着手：

一是依靠社会教育的继续教育功能，塑造和培养青少年积极社会性人格、社会性情感和社会性交往。家庭教育和学校教育在青少年积极人格塑造和积极情绪发展方面发挥着巨大作用，而社会教育能在社会化过程中继续塑造、发展和完善青少年积极人格和积极情绪发展。在新媒体时代，移动社交网络使用是社会发展的产物，它给人们之间的沟通交流带来诸多便利，已经融入和嵌入人们的生活，人们对它的依赖性逐渐增加。但从研究来看，积极健康的人格特质能够对其产生抑制作用，例如，开放性人格特质能够反向预测问题性移动社交网络使用，这表明积极健康的人格特质能够"免疫"问题性移动社交网络使用。社会教育在青少年积极人格发展中发挥的作用是持续和相对稳定的。那么，通过参与各类培训、讲座，以及各类公益性活动，不但能塑造青少年善良、友善、热情、开朗、宽容等正面积极性格，促进积极的社会情绪发展，而且还能促进现实社会交往能力的发展。新媒体时代的"低头族"多表现为因负性情绪无心现实交往，而沉溺于自我中心的网络世界。社会教育的介入能够对青少年社会性人格、社会性情感、社会性交往等方面的发展起到积极促进作用，能够使青少年在社会化进程中变得更加成熟稳重，使青少年对自我的世界观、人生观和价值观有更充分的了解和认识，不因一时的好奇心、冲动性和欲望驱使，沉溺于自我中心的移动社交网络使用中。由此可见，社会教育是一种继续教育，对青少年的身心发展将产生持续影响，并不断修正青少年的世界观、人生观和价值观，促进青少年的全面发展。

二是依靠传统社会教育与社会教育网络新媒介促进青少年积极社会心理发展。传统的社会教育主要依靠社会机构、团体或成员对青少年施加影响并引起其心理与行为发生变化。传统的社会教育内容丰富、形式多样，对青少年身心发展和社会化教育起积极的促进作用。移动网络的快速发展，传统社会教育在信息传播的时效性、施加影响的覆盖面等方面的效率远不及基于网络的社会教育新模式。新媒体时代，社会教育模式正逐渐从现实向网络转移，使网络社会教育的形式满足了那些移动网络使用偏好的青少年，这也使青少年有更多的途径接触家庭教育和学校教育之外的教育并受其影响。例如，远程移动网络视频通信技术能使青少年接受异地培训和指导，移动信息平台的快速传播能使青少年在最短时间内获取相关信息。然而，移动网络信息的复杂性也使青少年面临诸多价值选择，表浅化阅读、肤浅理解也成为移动网络传播的后遗症。那么，充分认识社会教育的网络新媒介在社会教育中发挥的作用，我们将其与传统社会教育相互补充，发挥各自优势，使青少年身心潜移默化地发生变化。问题性移动社交网络作为社会发展的产物，它需要社会教育的介入，需要传统社会教育和网络社会教育通过多种形式进行预防、干预和矫正。例如，社会心理服务机构开展心理健康教育培训或讲座，传授身心放松、缓解压力、情绪调节的技术和方法，提升人们的主观幸福感，这都能够预防青少年沉溺于虚幻的移动社交网络世界。由此可见，结合传统社会教育与网络社会教育，通过形式多样的社会教育模式，开展青少年心理服务，一方面对促进青少年积极的社会心理发展具有积极意义，另一方面能在一定程度上规避青少年问题性移动社交网络使用风险。

　　三是转变社会教育思路，从围堵向引导和从矫正向预防转变。青少年心理健康教育包括发展性和补救性教育，以往有关青少年问题性行为的心理健康教育多为补救性教育，以往大多数中小学不注重青少年心理健康水平的发展，以成绩作为衡量标准的现状短时间很难完全改变。在 20 世纪 90 年代末开始的网络成瘾行为研究，我们所施行的教育模式多为补救性或矫正性的教育，网络戒断成为一个专门的心理治疗产业，这也使学校和家长"谈网色变"，错误地认为只要孩子接触网络就会变坏，大多数家长和学校采取"围堵"教育，然而"围堵"的效果有时会适得其反。造成这一结果的原因主要有二：一是家长和学校没有把握青少年的阶段性心理发展特点，例如，初中生、高中生和大学生在认知特点、思维方式和情感发展等方面都有各自的阶段特点，初中生自我意识逐渐独立但不成熟，他们对新鲜事物具有强烈的好奇心、猎奇心，情绪上也更易冲动，行为极易受外部环境影响，尤其是处在青春期的青少年，他们的心理过程复杂多变；二是社会相关部门机构没有及时澄清互联网对孩子积极和消极的影响，媒体上发布的多为网络使用给青少年造成消极后果的报道，这也使得家长和老师认为上网的弊大于利，因而采取完全"围堵"措施。今天面临类似的社会问题，青少年问题性移动社交网络使用能否继续使用"围堵"来解决呢？社会变迁与时代发展，新媒体时代和"微时代"已经到来，移动社交网络与生活融合嵌入度日益加深，青少年已经很难做到与移动社交网络隔绝，在这样的时代背景下，无论是家庭教育、学校教育还是社会教育，应该给予的不应是围堵而应是积极引导，不应在问题完全暴露出来后再进行矫正，而应在问题苗头出现阶段将其扑灭。也就是说，社会对青少年移动社交网络使用的态度应发生转变，应从围堵向引导和从矫正向预防转变。社会教育作为终身教育，不但是家庭教育和学校教育的延续，它还与家庭教育和学校教育形成互补之势，社会教育在态度和观念上对青少年移动社交网络使用的接纳和包容，不代表鼓励青少年无休止地沉溺其中，配合家庭教育与学校教育，对青少年移动社交网络使用行为采取积极引导，使青少年对其有客观认识，明晰网络与现实的联系区别，

235

从而做到线上线下生活交叉且不重叠，建立线下生活为主、线上生活为辅的移动社交网络使用观念。

综上所述，问题性移动社交网络使用是社会发展过程中形成的一种偏离社会常态的问题性行为，尽管它的影响因素和发生机制复杂多变，但仍受到家庭教育、学校教育教和社会教育的影响。那么，从家庭教育、学校教育和社会教育的视角出发，通过各个教育阶段的分层管理、协同管理，三者相互配合共同推进青少年问题性移动社交网络使用的预防、矫正和社会治理，尊重青少年身心发展特点，以问题性移动社交网络使用影响因素和发生机制作为依据，提出具有建设性的对策建议，对加强青少年问题性移动社交网络使用的有效预防具有积极作用。

主要参考文献

中文部分：

专著

［1］雷雳. 青少年网络心理解析［M］. 北京：开明出版社，2012.

［2］李翔昊. SNS浪潮：拥抱社会化网络的新变革［M］. 北京：人民邮电出版社，2010.

［3］汪向东，王希林，马弘. 心理卫生评定量表手册［M］. 增订版. 北京：中国心理卫生杂志社，1999.

［4］邹泓. 青少年的同伴关系：发展特点、功能及其影响因素［M］. 北京：北京师范大学出版社，2003.

期刊

［1］常蕐. 一种基于Rasch模型的Angoff方法及其应用［J］. 心理学探新，2008，28（4）.

［2］巢乃鹏. 青年人社交网站使用动机研究［J］. 图书情报工作，2012，52（2）.

［3］陈语，赵鑫，黄俊红，等. 正念冥想对情绪的调节作用：理论与神经机制［J］. 心理科学进展，2011，19（10）.

［4］崔丽娟. 用安戈夫方法对网络成瘾与网络游戏成瘾的界定［J］. 应用心理学，2006，12（2）.

［5］崔丽娟，赵鑫. 用安戈夫（Angoff）方法对网络成瘾的标准设定［J］. 心理科学，2004，27（3）.

［6］戴坤懿，马庆国，王小毅. 网络游戏成瘾者对成瘾相关线索的注意偏向：一项ERP研究［J］. 心理科学，2011，34（6）.

［7］邓林园，方晓义，吴杨，等. 视觉线索诱发的香烟渴求感研究［J］. 心理科学，2009，32（4）.

[8] 邓林园, 武永新, 孔荣, 等. 冲动性人格、亲子沟通对青少年网络成瘾的交互作用分析 [J]. 心理发展与教育, 2014 (2).

[9] 邓玉琴, 刘兴华, 梁耀坚, 等. 觉知抗抑郁训练对参与者抑郁情绪干预初探 [J]. 中国临床心理学杂志, 2010, 17 (6).

[10] 段文婷, 江光荣. 计划行为理论述评 [J]. 心理科学进展, 2008, 16 (2).

[11] 方杰, 张敏强, 邱皓政. 中介效应的检验方法和效果量测量、回顾与展望 [J]. 心理发展与教育, 2012, 28 (1).

[12] 贺金波, 陈昌润, 鲍远纯, 等. 青少年手机依赖的测量、危害和发生机制 [J]. 中国临床心理学杂志, 2012, 20 (6).

[13] 贺金波, 陈昌润, 贺司琪, 等. 网络社交存在较低的社交焦虑水平吗 [J]. 心理科学进展, 2014, 22 (2).

[14] 贺金波, 郭永玉, 柯善玉, 等. 网络游戏成瘾者认知功能损害的 ERP 研究 [J]. 心理科学, 2008, 31 (2).

[15] 花蓉, 武晓锐, 方芳. 手机成瘾大学生注意偏向的实验研究 [J]. 心理学探新, 2016, 36 (5).

[16] 黄海, 侯建湘, 余莉, 等. 大学生网络和手机依赖及其与心理健康状况的相关性 [J]. 中国学校卫生, 2014, 13 (11).

[17] 黄时华, 张卫, 胡谏萍. "无聊" 的心理学研究述评 [J]. 华南师范大学学报 (社会科学版), 2011 (4).

[18] 冀嘉嘉, 吴燕, 田学红. 大学生手机依赖和学业拖延、主观幸福感的关系 [J]. 杭州师范大学学报 (自然科学版), 2014, 13 (5).

[19] 姜永志, 阿拉坦巴根, 刘勇. 青少年移动社交网络使用态度研究 [J]. 思想政治教育研究, 2016, 32 (3).

[20] 姜永志, 白晓丽, 阿拉坦巴根, 等. 青少年问题性社交网络使用 [J]. 心理科学进展, 2016, 24 (9).

[21] 姜永志, 白晓丽. 大学生社交焦虑与手机网络过度使用行为的关系 [J]. 中国卫生事业管理, 2016, 33 (4).

[22] 姜永志, 白晓丽. 大学生手机互联网依赖对疏离感的影响：社会支持系统的作用 [J]. 心理发展与教育, 2014 (5).

[23] 姜永志, 白晓丽. 大学生手机互联网依赖与孤独感的关系：网络社会支持的中介作用 [J]. 中国特殊教育, 2014 (1).

[24] 姜永志, 白晓丽. 大学生手机依赖量表的初步编制与应用 [J]. 教育

生物学杂志, 2013, 1 (3) .

[25] 姜永志, 白晓丽, 刘勇, 等 . 大学生问题性移动网络使用行为量表编制 [J] . 教育生物学杂志, 2017, 5 (2) .

[26] 姜永志, 白晓丽, 刘勇, 等 . 社会适应能力对青少年移动社交网络使用的影响: 自我认同与心理和谐的链式中介作用 [J] . 中国临床心理学杂志, 2017, 25 (3) .

[27] 姜永志, 白晓丽, 刘勇 . 青少年移动社交网络使用动机调查 [J] . 中国青年社会科学, 2017 (1) .

[28] 姜永志, 李笑燃, 白晓丽, 等 . 大学生神经质人格、手机网络服务偏好与手机网络过度使用的关系 [J] . 心理与行为研究, 2016, 14 (2) .

[29] 姜永志, 刘勇, 白晓丽 . 青少年移动社交网络使用偏好及影响因素研究 [J] . 教育学术月刊, 2017 (1) .

[30] 姜永志, 刘勇, 王海霞 . 大学生手机依赖、孤独感与网络人际信任的关系 [J] . 心理研究, 2017, 10 (3) .

[31] 姜永志, 王晓超, 白晓丽 . 手机移动互联网依赖与大学生社会交往能力的关系 [J] . 教育生物学杂志, 2015, 3 (1) .

[32] 雷雳, 杨洋, 柳铭心 . 青少年神经质人格、互联网服务偏好与网络成瘾的关系 [J] . 心理学报, 2006, 38 (3) .

[33] 李彩娜, 党健宁, 王武, 等 . 依恋回避个体对依恋相关词汇的注意偏向研究 [J] . 中国临床心理学杂志, 2014, 22 (1) .

[34] 李晶, 张侃 . 文字与图片呈现形成想象空间记忆的比较 [J] . 心理科学, 2007, 30 (2) .

[35] 李丽, 梅松丽, 牛志民, 等 . 大学生孤独感和睡眠质量的关系: 智能手机成瘾的中介作用及性别的调节作用 [J] . 中国临床心理学杂志, 2016, 24 (2) .

[36] 李琦, 齐玥, 田莫千, 等 . 网络成瘾者奖赏系统和认知控制系统的神经机制 [J] . 生物化学与生物物理进展, 2015 (1) .

[37] 李献云, 费立鹏, 徐东, 等 . Barratt 冲动性量表中文修订版在社区和大学人群中应用的信效度 [J] . 中国心理卫生杂志, 2011, 25 (8) .

[38] 李晓敏, 辛铁钢, 张琳钰, 等 . 中学生无聊倾向自我控制与手机成瘾的关系 [J] . 中国学校卫生, 2016 (10) .

[39] 李笑燃, 姜永志, 刘勇, 等 . 大学生社会交往困扰与手机移动网络过度使用的关系 [J] . 中国健康教育, 2017, 33 (3) .

[40] 刘红, 王洪礼 . 大学生手机成瘾与孤独感、手机使用动机的关系 [J] .

心理科学, 2011, 34 (6) .

[41] 刘沛汝, 姜永志, 白晓丽. 手机互联网依赖与心理和谐的关系: 网络社会支持的作用 [J]. 中国临床心理学杂志, 2014, 22 (2) .

[42] 刘勤学, 杨燕, 林悦, 等. 智能手机成瘾: 概念、测量及影响因素 [J]. 中国临床心理学杂志, 2017, 25 (1) .

[43] 刘亚丽, 黎丹丹. 大学生手机依赖者的心理渴求感 [J]. 心理研究, 2016, 8 (1) .

[44] 刘勇, 陈健芷, 姜梦, 等. 多维状态无聊量表中文版在中国大学生中的应用 [J]. 中国临床心理学杂志, 2013, 21 (4) .

[45] 梅松丽, 柴晶鑫. 青少年使用手机上网与主观幸福感、自我控制的关系研究 [J]. 中国特殊教育, 2013 (9) .

[46] 牛更枫, 鲍娜, 范翠英, 等. 社交网站中的自我呈现对自尊的影响: 社会支持的中介作用 [J]. 心理科学, 2015, 38 (4) .

[47] 牛更枫, 鲍娜, 周宗奎, 等. 社交网站中的自我呈现对生活满意度的影响: 积极情绪和社会支持的作用 [J]. 心理发展与教育, 2015 (5) .

[48] 牛更枫, 孙晓军, 周宗奎, 等. 网络相关文字刺激和压力对网络成瘾者线索诱发渴求的影响 [J]. 心理发展与教育, 2016 (4) .

[49] 彭纯子, 龚耀先, 朱熊兆. 交往焦虑量表的信效度及其在中国大学生中的适用性 [J]. 中国心理卫生杂志, 2004, 18 (1) .

[50] 邱林, 郑雪, 王雁飞. 积极情感消极情感量表 (PANAS) 的修订 [J]. 应用心理学, 2008, 14 (3) .

[51] 宋美静, DING C, 等. 男女对面孔的注意偏向: 面孔性别和面孔吸引力的影响 [J]. 西南师范大学学报 (自然科学版), 2015, 40 (4) .

[52] 孙国庆, 于妍, 罗正里, 等. 中学生手机网络成瘾与网络使用自控力的研究 [J]. 中国健康心理学杂志, 2011, 19 (9) .

[53] 谭树华, 郭永玉. 大学生自我控制量表的修订 [J]. 中国临床心理学杂志, 2008, 16 (5) .

[54] 汤雅婷, 邹锦慧, 李敏, 等. 主观幸福感与大学生手机依赖: 自尊及自我控制的中介作用 [J]. 中国校医, 2015 (10) .

[55] 王福兴, 倪牧宇, 李卉, 等. 网络成瘾的诊断及其治疗 [J]. 心理科学, 2008, 31 (3) .

[56] 王欢, 黄海, 吴和鸣. 大学生人格特征与手机依赖的关系: 社交焦虑的中介作用 [J]. 中国临床心理学杂志, 2014, 22 (3) .

[57] 王月琴, 张宇. 大学生手机依赖与领悟社会支持和主观幸福感的关系 [J]. 中国心理卫生杂志, 2015, 29 (11).

[58] 谢其利, 宛蓉. 大学生羞怯与手机成瘾倾向：孤独感的中介作用 [J]. 贵州师范大学学报（自然科学版）, 2015, 33 (2).

[59] 熊婕, 周宗奎, 陈武, 等. 大学生手机成瘾倾向量表的编制 [J]. 中国心理卫生杂志, 2014, 28 (3).

[60] 熊韦锐, 于璐. 正念疗法：一种新的心理治疗方法 [J]. 医学与社会, 2011, 24 (1).

[61] 徐华, 吴玄娜, 兰彦婷, 等. 大学生手机依赖量表的编制 [J]. 中国临床心理学杂志, 2008, 16 (1).

[62] 杨秀娟, 周宗奎, 刘庆奇, 等. 自恋与社交网站使用的关系 [J]. 心理科学进展, 2017, 25 (9).

[63] 姚梦萍, 贾振彪, 陈欣, 等. 大学生生命意义感在无聊感与手机依赖行为间中介作用 [J]. 中国学校卫生, 2016, 37 (3).

[64] 姚梦萍, 贾振彪, 陈欣, 等. 大学生无聊倾向与手机依赖行为关系 [J]. 中国公共卫生, 2015, 31 (2).

[65] 余嘉元. Angoff 方法有效性的检验研究 [J]. 教育研究与实验, 2008 (1).

[66] 翟成, 盖笑松, 焦小燕, 等. 正念训练中的认知转变机制 [J]. 东北师大学报（哲学社会科学版）, 2016 (2).

[67] 张晓旭, 朱海雪. 正念认知疗法对手机依赖大学生的干预效果 [J]. 心理与行为研究, 2014, 12 (3).

[68] 章群, 龚俊, 李艳, 等. 大学生智能手机成瘾倾向影响因素调查 [J]. 中国学校卫生, 2016, 37 (1).

[69] 赵建芳, 张守臣, 姜永志, 等. 大学生无聊倾向冲动性与手机成瘾的关系 [J]. 中国学校卫生, 2016, 37 (11).

[70] 赵宇, 陈健芷, 刘勇, 等. 无聊倾向对大学生攻击行为的影响：特质愤怒和冲动性的多重中介效应 [J]. 中国临床心理学杂志, 2015, 23 (2).

[71] 钟佳涵, 李波, 刘素贞. 团体正念认知训练对大学生焦虑水平的影响 [J]. 中国健康心理学杂志, 2015 (7).

[72] 周浩, 龙立荣. 共同方法偏差的统计检验与控制方法 [J]. 心理科学进展, 2004, 12 (6).

[73] 周晖, 张豹, 陈丽文, 等. 自恋人格问卷的编制及信效度的初步检验

[J]．中国临床心理学杂志，2009，17（1）．

[74] 周扬，刘勇，陈健芷．大学生自尊和自我控制对手机成瘾的影响 [J]．中国学校卫生，2015，36（7）．

[75] 宗一楠，徐英．广州某高校大学生手机依赖倾向与人际关系的相关性 [J]．中国学校卫生，2014，35（11）．

其他

[1] 郝懿，张咏梅．ANGOFF方法的研究进展综述 [C] //中国教育学会教育统计与测量分会，中国心理学会心理测量专业委员会．全国教育与心理统计与测量学术年会暨第八届海峡两岸心理与教育测验学术研讨会论文摘要集．北京：北京教育科学研究院基础教育教学研究中心，2008：2.

[2] 孙远．正念认知疗法的兴起与发展 [C] //科研出版社，工程信息研究院．2013年心理学与社会和谐学术会议（CPSH 2013）论文集．武汉：江汉大学教育学院，2013：4.

外文部分：

专著

[1] SEGAL Z, WILLIAMS M, TEASDALE J. Mindfulness–based cognitivetherapy for depression：A new approach to preventing relapse [M]．New York：Guilford Press，2002.

期刊

[1] ANDREASSEN C S. Online Social Network Site Addiction：A Comprehensive Review [J]．Current Addiction Report，2015，2（2）．

[2] AUGNER C, HACKER G W. Associations between problematic mobile phone use and psychological parameters in young adults [J]．International Journal of Public Health，2012，57（2）．

[3] BAKER R V, OSWALD L D. Shyness and online social networking services [J]．Journal of Social and Personal Relationships，2010，27（7）．

[4] BEVAN J L, GOMEZ R, SPARKS L. Disclosures about important life events on Facebook：Relationships with stress and quality of life [J]．Computers in Human Behavior，2014，39（11）．

[5] BIAN M, LEUNG L. Linking Loneliness, Shyness, Smartphone Addiction Symptoms, and Patterns of Smartphone Use to Social Capital [J]．Social Science Computer Review，2014，33（1）．

[6] BILLIEUX J, MAURAGE P, LOPEZ-FERNANDEZ O, et al. Can Disordered Mobile Phone Use Be Considered a Behavioral Addiction? An Update on Current Evidence and a Comprehensive Model for Future Research [J]. Current Addiction Reports, 2015, 2 (2) .

[7] BŁACHNIO A, PRZEPIORKA A. Personality and positive orientation in Internet and Facebook addiction. An empirical report from Poland [J]. Computers in Human Behavior, 2016, 59 (2) .

[8] BRANDTZÆG P B, LÜDERS M, SKJETNE J H. Too Many Facebook "Friends"? Content Sharing and Sociability Versus the Need for Privacy in Social Network Sites [J]. International Journal of Human – Computer Interaction, 2010, 26 (11-12) .

[9] CARBONELL X, GUARDIOLA E, BERANUY M, et al. A bibliometric analysis of the scientific literature on Internet, video games, and cell phone addiction [J]. Journal of the Medical Library Association, 2009, 97 (2) .

[10] CARPENTER C J. Narcissism on Facebook: self-promotional and anti-social behavior [J]. Personality and Individual Differences, 2012, 52 (4) .

[11] CHEN W, LEE K H. Sharing, liking, commenting, and distressed? The pathway between Facebook interaction and psychological distress [J]. Cyberpsychology, Behavior, and Social Networking, 2013, 16 (10) .

[12] CHEN C, LEUNG L. Are you addicted to Candy Crush Saga? An exploratory study linking psychological factors to mobile social game addiction [J]. Telematics and Informatics, 2016, 33 (4) .

[13] CHEN L, YAN Z, TANG W, et al. Mobile phone addiction levels and negative emotions among Chinese young adults: The mediating role of interpersonal problems [J]. Computers in Human Behavior, 2016, 55 (PB) .

[14] CHEUNG C M, LEE M K. A theoretical model of intentional social action in online social networks [J]. Decision Support Systems, 2010, 49 (1) .

[15] CHEUNG L M, WONG W S. The effects of insomnia and Internet addiction on depression in Hong Kong Chinese adolescents: an exploratory cross sectional analysis [J]. Journal of Sleep Research, 2011, 20 (2) .

[16] CHIU S I, HONG F Y, CHIU S L. An Analysis on the Correlation and Gender Difference between College Students' Internet Addiction and Mobile Phone Addiction in Taiwan [J]. ISRN Addict, 2013.

［17］ CHEEVER N A, ROSEN L D, CARRIER L M, et al. Out of sight is not out of mind: The impact of restricting wireless mobile device use on anxiety levels among low, moderate and high users ［J］. Computers in Human Behavior, 2014, 37 (37) .

［18］ CHÓLIZ M. Mobile phone addiction: a point of issue ［J］. Addiction, 2010, 105 (2) .

［19］ CHÓLIZ M. Mobile - phone addiction in adolescence: The Test of Mobile Phone ［J］. Progress in Health Sciences, 2012, 12 (1) .

［20］ CHOU H G, EDGE N. "They are happier and having better lives than I am": The impact of using Facebook on perceptions of others' lives ［J］. Cyberpsychology, Behavior, and Social Networking, 2012, 15 (2) .

［21］ CHOI S B, LIM M S. Effects of social and technology overload on psychological well-being in young South Korean adults: The mediatory role of social network service addiction ［J］. Computers in Human Behavior, 2016, 61.

［22］ CORREA T, HINSLEY A W, DE ZÚÑIGA H G. Who interacts on the web: The intersection of users personality and social media use ［J］. Computers in Human Behavior, 2010, 26 (2) .

［23］ DUVEN E, MÜLLER K W, BEUTEL M E. Psychological perspective on problematic and addictive computer game use in adolescence ［J］. International Journal of Child and Adolescent Health, 2013, 6 (4) .

［24］ ECKLER D P, KALYANGO Y J P, PAASCH E. Facebook use and negative body image among U. S. college women ［J］. Women Health, 2016, 57 (2) .

［25］ ENOCK P M, HOFMANN S G, MC NALLY R J. Attention Bias Modification Training Via Smartphone to Reduce Social Anxiety: A Randomized, Controlled Multi-Session Experiment ［J］. Cognitive Therapy and Research, 2014, 38 (2) .

［26］ EPKINS C C, HECKLER D R. Integrating etiological models of social anxiety and depression in youth: evidence for a cumulative interpersonal risk model ［J］. Clinical Child and Family Psychology Review, 2011, 14 (4) .

［27］ EZOE S, TODA M, YOSHIMURA K, et al. Relationships of personality and lifestyle with mobile phone dependence among female nursing students ［J］. Social Behavior and Personality: an international journal, 2009, 37 (2) .

［28］ FARDOULY J, VARTANIAN L R. Negative comparisons about one's appearance mediate the relationship between Facebook usage and body image concerns. ［J］. Body Image, 2015, 12.

[29] FOX J, OSBORN J L, WARBER K M. Relational dialectics and social networking sites: The role of Facebook in romantic relationship escalation, maintenance, conflict, and dissolution [J]. Computers in Human Behavior, 2014, 35 (6).

[30] FOX J, MORELAND J J. The dark side of social networking sites: An exploration of the relational and psychological stressors associated with Facebook use and affordances [J]. Computers in Human Behavior, 2015, 45 (45).

[31] GENTILE B, TWENGE J M, FREEMAN E C, et al. The effect of social networking websites on positive self-views: An experimental investigation [J]. Computers in Human Behavior, 2012, 28 (5).

[32] GIANSANTI D. Introduction of medical apps in telemedicine and e-health: problems and opportunities [J]. Telemedicine and e-Health, 2017, 23 (9).

[33] GRIEVE R, INDIAN M, WITTEVEEN K, et al. Face-to face or Facebook: Can social connectedness be derived online [J]. Computers in Human Behavior, 2013, 29 (3).

[34] HAMES J L, HAGAN C R, JOINER T E. Interpersonal processes in depression [J]. Annual Review of Clinical Psychology, 2013, 9 (1).

[35] HAYES A F. Beyond Baron and Kenny: Statistical mediation analysis in the new millennium [J]. Communication Monographs, 2009, 76 (4).

[36] HILLS P, ARGYLE M. The Oxford Happiness Questionnaire: acompact scale for the measurement of psychological well-being [J]. Personality and Individual Differences, 2002, 33 (7).

[37] HONG F Y, CHIU S I, HUANG D H. A model of the relationship between psychological characteristics, mobile phone addiction and use of mobile phones by Taiwanese university female students [J]. Computers in Human Behavior, 2012, 28 (6).

[38] HONG F Y, HUANG D H, LIN H Y, et al. Analysis of the psychological traits, Facebook usage, and Facebook addiction model of Taiwanese university students [J]. Telematics and Informatics, 2014, 31 (4).

[39] HORVATH S, MORF C C. To be grandiose or not to be worthless: different routes to self-enhancement for narcissism and self-esteem [J]. Journal of Research in Personality, 2010, 44 (5).

[40] HUANG H, LEUNG L. Instant messaging addiction among teenagers in China: Shyness, alienation, and academic performance decrement [J]. Cyberpsychology, Behavior, and Social Networking, 2009, 12 (6).

［41］HUANG L Y, HSIEH Y J, WU Y C J. Gratifications and social network service usage: The mediating role of online experience ［J］. Information & Management, 2014, 51 (6).

［42］JEONG S H, KIM H, YUM J Y, et al. What type of content are smartphone users addicted to: SNS vs. Games ［J］. Computers in Human Behavior, 2016, 54.

［43］JOHNSON K, ISHAM A, SHAH D V, et al. Potential roles for new communication technologies in treatment of addiction ［J］. Current Psychiatry Reports, 2011, 13 (5).

［44］JOHN R B A, LUCILA O B. Personality traits as predictors of Facebook use ［J］. International Journal of Psychology and Counselling, 2016, 8 (4).

［45］JUNG E H, SUNDAR S S. Senior citizens on Facebook: How do they interact and why? ［J］. Computers in Human Behavior, 2016, 61.

［46］KANE M T. On the Use of IRT Models with Judgmental Standard Setting Procedures ［J］. Journal of Educational Measurement, 2010, 24 (4).

［47］KAYA T, BICEN H. The effects of social media on students' behaviors: Facebook as a case study ［J］. Computers in Human Behavior, 2016, 59 (C).

［48］KIM D, LEE Y, LEE J, et al. Development of Korean smartphone addiction proneness scale for youth ［J］. Plos One, 2014, 9 (5).

［49］KIM J H, SEO M, DAVID P. Alleviating depression only to become problematic mobile phone users: Can face-to-face communication be the antidote? ［J］. Computers in Human Behavior, 2015, 51 (PA).

［50］KOO H Y. Development and effects of a prevention program for cell phone addiction in middle school students ［J］. Journal Korean Academy Child Health Nursing, 2011, 17 (2).

［51］KUSS D J, GRIFFITHS M D. Online social networking and addiction: A review of the psychological literature ［J］. International Journal of Environmental Research and Public Health, 2012, 8 (9).

［52］KU Y C, CHU T H, TSENG C H. Gratifications for using CMC technologies: a comparison among SNS, IM, and e-mail, Comput ［J］. Computers in Human Behavior, 2013, 29 (1).

［53］KUO T, TANG H L. Relationships among personality traits, Facebook usages, and leisure activities: a case of Taiwanese college students ［J］. Computers in

Human Behavior, 2014, 31 (1) .

[54] LEE S Y. How do people compare themselves with others on social network sites? The case of Facebook [J]. Computers in Human Behavior, 2014, 32 (C) .

[55] LEE S, TAM C L, CHIE Q T. Mobile Phone Usage Preferences: The Contributing Factors of Personality, Social Anxiety and Loneliness [J]. Social Indicators Research, 2013, 118 (3) .

[56] LEE S, CAI L T, QIU T C. Mobile Phone Usage Preferences: The Contributing Factors of Personality, Social Anxiety and Loneliness [J]. Social Indicators Research, 2013, 118 (3) .

[57] LEE Y K, CHANG C T, LIN Y, et al. The dark side of smartphone usage: Psychological traits, compulsive behavior and technostress [J]. Computers in Human Behavior, 2014, 31 (31) .

[58] LEE-WON R J, HERZOG L, PARK S G. Hooked on Facebook: The Role of Social Anxiety and Need for Social Assurance in Problematic Use of Facebook [J]. Cyberpsychology, Behavior, and Social Networking, 2015, 18 (10) .

[59] LI C, DANG J, ZHANG X, et al. Internet addiction among Chinese adolescents: the effect of parental behavior and self control [J]. Computers in Human Behavior, 2014, 41 (6) .

[60] LIN H, FAN W G, CHAU P. Determinants of users' continuance of social networking sites: A self-regulation perspective [J]. Information & Management, 2014, 51 (5) .

[61] LIN Y H, CHANG L R, LEE Y H, et al. Development and validation of the Smartphone Addiction Inventory (SPAI) [J]. PLOS ONE, 2014, 9 (6) .

[62] LIN Y H, LIN Y C, LEE Y H, et al. Time distortion associated with smartphone addiction: Identifying smartphone addiction via a mobile application (App) [J]. Journal of Psychiatric Research, 2015, 65.

[63] LIU D, BROWN B B. Self-disclosure on social networking sites, positive feedback, and social capital among Chinese college students [J]. Computers in Human Behavior, 2014, 38 (3) .

[64] LOU L L, YAN Z, NICKERSON A, et al. An examination of thereciprocal relationship of loneliness and Facebook use among first year college students [J]. Journal of Educational Computing Research, 2012, 46 (1) .

[65] LOPEZ-FERNANDEZ O. Short version of the Smartphone Addiction Scale

adapted to Spanish and French: Towards a cross – cultural research in problematic mobile phone use [J]. Addictive Behaviors, 2017, 64.

[66] MALIK A, DHIR A, NIEMINEN M. Uses and Gratifications of digital photo sharing on Facebook [J]. Telematics and Informatics, 2016, 33 (1) .

[67] MANNING J C. The impact of internet pornography on marriage and thefamily: A review of the research [J]. Sexual Addiction & Compulsivity, 2006, 13 (2 – 3) .

[68] MCEWAN B. Sharing, caring, and surveilling: An actor–partner interdependence model examination of Facebook relational maintenance strategies [J]. Cyberpsychology, Behavior, and Social Networking, 2013, 16 (12) .

[69] MEIER E P, GRAY J. Facebook photo activity associated with body image disturbance in adolescent girls [J]. Cyberpsychology, Behavior, and Social Networking, 2014, 17 (4) .

[70] MERLO L J, STONE A M, BIBBEY A. Measuring Problematic Mobile Phone Use: Development and Preliminary Psychometric Properties of the PUMP Scale [J]. Journal of Addicttion, 2013 (6) .

[71] MODI Y, GANDHI I. Internet sociology: Impact of Facebook addiction on the lifestyle and other recreational activities of the Indian youth [J]. SHS Web of Conferences, 2014, 5 (2) .

[72] MOORE K, MCELROY J C. The influence of personality on Facebook usage, wall postings and regret [J]. Computers in Human Behavior, 2012, 28 (1) .

[73] NADKARNI A, HOFMANN S G. Why Do People Use Facebook? [J]. Personality and Individual Differences, 2012, 52 (3) .

[74] ONG E Y L, ANG R P, HO J C M, et al. Narcissism, extraversion and adolescents' self–presentation on Facebook [J]. Personality and Individual Differences, 2011, 50 (2) .

[75] OSHIMA N, NISHIDA A, SHIMODERA S, et al. The suicidal feelings, self–injury, and mobile phone use after lights out in adolescents [J]. Journal of Pediatric Psychology, 2012, 37 (9) .

[76] OWEN N, HEALY G N, MATTHEWS C E, et al. Too much sitting: the population health science of sedentary behavior [J]. Exercise and Sport Sciences Reviews, 2010, 38 (3) .

[77] PETER M, YELLOWLEES, MARKS S. Problematic Internet use or

Internet addiction? [J]. Computers in Human Behavior, 2017, 23 (3).

[78] REES H, NOYES J M. Mobile telephones, computers, and the internet: sex differences in adolescents' use and attitudes [J]. Cyberpsychology & Behavior, 2007, 10 (3).

[79] ROSEN L D, WHALING K, RAB S, et al. Is Facebook creating "iDisorders"? The link between clinical symptoms of psychiatric disorders and technology use, attitudes and anxiety [J]. Computers in Human Behavior, 2013, 29 (3).

[80] SUSSMAN S, LISHA N, GRIFFITHS M. Prevalence of the addictions: a problem of the majority or theminority? [J]. Evaluation & the health professions, 2011, 34 (1).

[81] TAKAO M, TAKAHASHI S, KITAMURA M. Addictive personality and problematic mobile phone use [J]. Cyberpsychology, Behavior, and Social Networking, 2009, 12 (5).

[82] TAMIR D I, MITCHEL J P. Disclosing information about the self is intrinsically rewarding [J]. Proceedings of the National Academy of Sciences of the United States of America, 2012, 109 (21).

[83] TANG J H, CHEN M C, YANG C Y, et al. Personality traits, interpersonal relationships, online social support, and Facebook addiction [J]. Telematics and Informatics, 2016, 33 (1).

[84] THOMÉE S, HÄRENSTAM A, HAGBERG M. Mobile phone use and stress, sleep disturbances, and symptoms of depression among young adults—a prospective cohort study [J]. Public Health, 2011, 11 (1).

[85] WALSH S P, WHITE K M, COX S, et al. Keeping in constant touch: The predictors of young Australians' mobile phone involvement [J]. Computers in Human Behavior, 2011, 27 (1).

[86] WANG C W, HO R T, CHAN C L, et al. Exploring personality characteristics of Chinese adolescents with internet-related addictive behaviors: trait differences for gaming addiction and social networking addiction [J]. Addictive Behaviors, 2015, 42.

[87] WANG J L, GASKIN J, WANG H Z, LIU D. Life satisfaction moderates the associations between motives and excessive social networking site usage [J]. Addiction Research & Theory, 2016, 24 (6).

[88] WEI P S, LU H P. Why do people play mobile social games? An examina-

tion of network externalities and of uses and gratifications [J]. Internet Reseach, 2014, 24 (3).

[89] WONJUN, LEE. An Exploratory Study on Addictive Use of Smartphone: Developing SAUS (Smartphone Addictive Use Scale) [J]. Journal of Convergence Information Technology, 2013, 8 (12).

[90] WRIGHT K B, ROSENBERG J, EGBERT N, et al. Communication competence, social support, and depression among college students: a model of facebook and face-to-face support network influence [J]. Journal of Health Communication, 2012, 18 (1).

[91] XU C, RYAN S, PRYBUTOK V, et al. It is not for fun: an examination of social network site usage [J]. Information & Management, 2012, 49 (5).

[92] YANG Z, ZHU Q, JACKSON T, et al. Selective Attention Processing Bias towards Pain-Related Cues in Abstinent Heroin Addicts [J]. Journal of Psychological Science, 2017, 40 (1).

[93] YAO M Z, ZHONG Z. Loneliness, social contacts and internet addiction: a cross-lagged panel study [J]. Computers in Human Behavior, 2014, 30 (30).

[94] YEN J Y, YEN C F, CHEN C S, et al. Social anxiety in online and real-life interaction and their associated factors [J]. Cyberpsychology, Behavior and Social Networking, 2012, 15 (1).

[95] YOO Y S, CHO O H, CHA K S. Associations between overuse of theinternet and mental health in adolescents [J]. Nursing & Health Sciences, 2014, 16 (2).

[96] ZHANG Z, LI Q, ZENG D, et al. User community discovery from multi relational networks [J]. Decision Support Systems, 2013, 54 (2).

[97] ZHENG F Z, GAO P, HE M D, et al. Association between mobile phone use and self-reported well-being in children: a questionnaire based cross-sectional study in Chongqing, China [J]. BMJ Open, 2015, 5 (5).

其他

[1] BURKE M, MARLOW C, LENTO T. Social network activity and social well-being [C]. Proceedings of the SIGCHI conference on human factors in computing systems. ACM. 2010: 1909-1912.

[2] LENTO T. Social network activity and social well-being [C]. Sigchi Conference on Human Factors in Computing Systems. ACM. 2010: 1909-1912.